한국 탈놀이 연구

한국 탈놀이 연구

이미원

연극과인간

머리말

본 연구는 실로 오랜 기간 숙고하였다. 우리 연극의 뿌리를 연구해야만 한다는 필자의 초기 강박관념 때문에도 상당히 오랜 기간 잡고 있었다. 항시 해야만 할 숙제로 안고 있으면서도, 진도가 나아가지 않았던 연구이기도 했다. 이는 탈놀이 연구가 초기 발굴이나 채록 이후, 크게 나아가지 못한 것과도 연관이 깊다. 70년대 탈놀이의 원리와 미학에 관한 연구가 일어나며 연구에 진전을 보이는 듯하다가, 거기서 크게 나아가지 못한 것과도 불가분의 관련이 있는 듯싶다. 다시 말하면 필자의 부족함과 게으름도 상당했겠지만, 한편 민속극으로 달랑 전해오는 몇몇 채록본만을 들고, 그 원리와 미학을 세우기가 만만치 않았던 것이다.

본 연구도 결국 하나의 체계적인 미학으로 탈놀이를 저술하지 못했다. 그보다는 상당히 많은 서구의 이론을 동원하여, 다양하게 바라 본 탈놀이를 기술했다고 보는 편이 옳다. 우리만의 고유 장르를 어째서 서구 이론으로 바라보았는가 하는 이견도 분분하겠지만, 일단 다양한 현대 이론으로 탈놀이를 조망해 본 후에야 진정 그 미학에 다가갈 수 있지 않을까 하는 믿음에서였다. 기실 많은 기존 논의는 귀납적이기 보다는 연역적이며, 논리적이기 보다는 직감적이며 당위론적으로 느껴졌었다. 그런 논리의 비약이 항시 거슬렸기에, 새로운 방법론을 찾고자 애를 썼지만 본 연구의 방법론도 여전히 의문으로 남는다.

각 장의 요지를 논의한다면, 제 1장 「탈놀이의 기본 이해」는 탈놀이를 전혀 모르는 사람에게라도 탈놀이에 대한 전반적인 지식을 소개하고 탈놀이를 이해시키는 요약이라고 하겠다. 광대한 탈놀이의 자료를 일목

요연하게 집약한 것으로, 필자의 독자적인 견해 없이 탈놀이에 대한 하나의 Introductory 장이다. 연구서에 넣지 않을까도 생각했었지만, 전체적인 탈놀이를 잘 모르는 독자에게는 이 장을 읽음으로써 다음 장의 이해를 도울 수 있다고 생각되어 함께 넣었다. 제 2장 「탈놀이의 기원」은 탈놀이의 주요한 기원을 풍요를 기원하는 무당굿에서 찾았다. 흥미롭게도 탈놀이는 세계적으로 연극의 제의기원설(祭儀起源說)에 두 쌍벽을 이루고 있는 풍요제적 요소와 샤머니즘적 요소가 함께 발견된다. 이로 미루어 볼 때 두 대표적인 제의인 풍요제와 샤머니즘은 통례적으로 이야기되었듯이 각기 독자적으로만 연극에 관련된 것이 아니라 종교문화의 특수성에 따라 한 연극장르 속에서 공존, 보필하고 있음을 알 수 있다. 별신굿탈놀이와 봉산탈춤, 즉 각기 다른 시대의 대표적인 두 탈놀이에서 제의적 요소와 극적 발전의 상관관계를 조명할 때, 탈놀이는 후대로 올수록 제의적 요소가 감소되며 극적 발전을 이룸을 알 수 있다. 이러한 추적은 탈놀이가 어떻게 제의에서 벗어나고 있는지를 논리적으로 보여준다. 제 3장 「탈의 기호」는 최근 기호학의 이론을 적용하여, 탈의 다양한 기의를 탈놀이에서 추적하고자 하였다. 이리하여 탈놀이에서 탈이 갖는 의미와 중요성을 살핌으로써 탈놀이의 이해를 돕고 탈의 기호화를 설명하고자 했다. 탈은 개개 배우의 얼굴보다 강한 도상성과 상징성을 띤다. 뿐만 아니라 상징은 자의성을 갖는다. 그러하기에 탈의 상징성과 이를 쓴 인물 간의 직접적인 연관성은, 그 인물 역시 실재적인 개인을 떠나서 어떤 유형으로 상징된다고도 하겠다. 제 4장 「탈놀이의 구조」는 총체적인 탈놀이의 구조를 파악하고자 했다. 각 지역 탈놀이에서 하나의 대표 탈놀이를 뽑아서 공연의 전체를 알아보기 쉽게 한 도표를 중심으로 보았을 때, 우리 탈놀이는 마치 그리스의 파로도스나 엑서더스와 같이 제의적 춤과 의식을 그 틀로 갖고, 그 안에 다양한 에피소드(과장)

가 전개된다. 에피소드들은 한 시대를 보여준다는 점에서는 공통적이나 어떤 필연적인 관련도 없다. 또한 각 에피소드들은 이렇다 할 이야기를 갖지 않은 '춤과장'들과 이야기를 가진 '이야기 과장'들로 나누어진다. '춤과장'들은 이야기의 서사구조와는 무관하니, 이들은 춤과 노래 그리고 재미있는 몸짓이나 재담을 병렬적으로 늘어놓으며 개개의 동작이나 재담을 엮어서 어떤 의미를 창출하고자 하지 않는다. 그러하기에 연희자들의 연행성이 무엇보다도 중요한 과장들이다. '이야기 과장'으로는 노장과장, 양반과장 및 할멈/할아범 과장을 꼽겠다. 이들 과장들은 서사성을 갖지만, 한편 반복구조, 병렬구조, 순환구조를 통하여 스스로 '열린 구조'를 갖는다. 이리하여 연기자의 즉흥연기가 가능하며, 관객마저 공연에 참여할 수 있다. 바로 이러한 유동성 자체가 여백으로 남아있는 열린 텍스트인 것이다. 제 5장 「탈놀이의 공간」은 탈놀이 연극공간의 원형을 '빈 공간'으로 간주했으니, 이 공간의 무형성은 자연히 다층적 층위를 갖게 된다. 즉 일상공간은 무대공간으로 바뀌고, 여기에는 신성공간과 극중 텍스트 공간이 얽혀서 의미를 만들어 낸다. 탈놀이 공간의 층위는 실로 다양한 의미를 공연에 부여하여, 공간 자체가 공연의 의미화 하고 있는 것이다. 르페브르 이후의 현대 공간이론을 적용하여 탈놀이의 공간을 의미화하고자 하였다. 제 6장 「탈놀이 비교 연구」는 서구 꼬메디아 델 아르떼와 우리 탈놀이 간의 대조와 분석이다. 두 장르 간의 교류가 없었기에, 두 연극의 세부적인 유사성보다는 일반적인 경향의 유사성을 논의하였다. 이들의 반아리스토텔레스적 입장과 특유의 구성 요소로 유형적 인물, 가면, 유형적 즉흥연기, 창의적 즉흥연기 및 연희자의 숙련도 등이 논의되었다. 제 7장 「굿탈놀이」는 굿에서 보이는 탈놀이에 대한 연구이다. 가장 보편적으로 널리 알려진 '영산 할아뱜, 할맘굿'과 '탈굿'을 통해서, 탈놀이와 굿의 밀접한 상관관계를 살펴보았다. 탈굿의 존재는 제의(굿)에서 연희로 넘어가는 실증적인 자료로, 매우 드문 현존하는 자료라고 하겠다. 제 8장 「한국 탈놀이의 '수행성' 연구」는 최근 '수행성' 이론을 통하여 탈놀이를 살폈으니, 탈놀이의 어떤 전반적 구성적 특질이 공연의 수행성과 밀접하게 상관되어 있는지를 가름하였다. '수행성'이 비록 서구적 이론에서 왔으나, 원래 우리 탈놀이에 내재되어 있던 중요한 작동원리라고 하겠다. 마지막 2장은 탈놀이의 현대적 수용을 다루었다. 제 9장 「탈놀이의 재구」는 근년에 시도되었던 기악(伎樂)의 재구를 기술하고 그 의의를 논한 것이며, 제 10장 「탈놀이의 현대적 수용」은 초기 마당극을 분석한 것이다. 아직 미진하지만, 탈놀이 연구의 연장선상에 있다고 느껴서 함께 묶었다.

이번에도 부족한 원고를 번듯한 책으로 묶어주신 <연극과 인간>에 감사드린다. 기실 이 연구의 여정은 필자를 고등학교 때부터 봉산탈춤을 전수자들과 함께 인간문화재 선생님들께 배우게 했던, 아버지 이두현님의 열정에서부터 시작했는지도 모르겠다. 아무도 배우지 않던 시절에 탈춤을 재미있어 하면서 배웠던 것을 보면, 내게도 광대의 기질이 있는 것 같기도 하다. 이제 김선봉, 오명옥, 양소운 선생님 등 그 인간문화재 선생님들도 대부분 영면하셨다. 이 미미한 책은 자상하셨으면서도 엄하셨던 이분들과 내게 큰 꿈과 과제를 심어주신 아버님께 바쳐야만 할 것이다. 이 연구는 사실 그분들의 그런 노력의 끝자락에 서 있기 때문이다. 아울러 아직도 건재하신 아버님과 어머님의 만수무강을 기원 드린다. 부디 천세를 누리소서, 만세를 누리소서.

2011년 여름의 끝자락에, 이미원

목차

제1장
서론: 탈놀이의 기본 이해

탈놀이는 민속극으로, 한국의 전통 연희 중에서 아마도 가장 연극적인(Theatrical) 장르라고 하겠다. 지역적으로도 전국에 걸쳐 폭넓게 분포되어 있어서 명실공히 한국을 대표하는 전통 연극이다. 많은 민속극이 그러하듯이 그 기원이나 역사에 대한 정확한 기록은 거의 없으며, 공연의 채록 시작도 20세기 이후에야 이루어졌다. 뿐만 아니라 서구의 꼬메디아 델 아르떼와 같이 공연 자체에 많은 즉흥성을 내포하고 있어서, 정확한 고정텍스트의 확정도 사실상 어렵다. 그러나 아크로바틱한 극장적 곡예와 당시의 삶을 포괄하는 문학성으로, 오늘날 가장 사랑받는 한국의 전통 연극이다.

1. 탈놀이의 기원 및 역사

탈놀이의 기원이나 역사에 대해서는 정확한 기록이 없으므로, 현존하는 탈놀이나 연기자의 구술 및 여러 제반 상황으로 미루어 짐작할 수 밖에 없다. 더구나 기원론은 세계 어느 연극도 그러하듯이, 어느 정도 이상의 논리적 근거 추정이 불가능하다고도 하겠다. 오늘날 학계에서 문제시 되고 있는 몇 개의 탈놀이 기원론을 소개하면 다음과 같다.

우선 무속 기원론을 들 수 있다. 우리나라 최초의 연극사인 조선연극사에서 김재철은 탈놀이는 무당굿에서 유래했다고 했으나 구체적인 검증은 없었다. 그러나 이후 후학들에 의해 검증은 계속되었으며 무속이 우리 예능에 미쳐왔던 여러 영향력을 고려할 때, 많은 학자들이 이에 동조하였다.(기본참고저서 1, 2)

다음으로 이혜구에 의해 주장되었던 기악(伎樂)기원설을 꼽겠다. 기악은 백제 때 연희로 오늘날 우리나라에는 전해오지 않지만, 일본에 기록이 남았다. 『일본서기』에 서기 612년에 백제인 미마지가 중국 오국(吳國)에서 배운 기악을 일본에 전했다 한다. 伎樂의 일본식 발음은 기가꾸로, 오늘날 그 가면과 간단한 내용이 『교오꾼쇼』에 전한다. 이혜구는 기악과 탈놀이의 구조와 내용이 비슷하다는데 주목했다. 기악은 탈놀이와 같이 과장으로 구성되어 있으며, 길놀이로 시작된다. 기악에도 파계승이 등장하고, 중에 대한 풍자골계가 있다. 뿐만 아니라 이혜구는 기악과 탈놀이의 대응되는 인물들로, 곤론(崑崙)과 노장, 고죠(五 혹은 吳 女)와 소무, 리끼시(力士)와 취발이, 다이꼬(大孤)와 할멈 등을 비교하였다. 그는 이러한 유사성에 주목하면서, 탈놀이의 기원을 기악에서 찾고자 하였다.(기본참고저서 5)

한편 종합적인 기원설도 이두현 등에 의해 주장되었다. 즉 무속의 춤과 음악에 기악의 구조가 첨가되는 한편, 조선시대 후반에 와서는 산대도감 관청에 몸 담았었던 직업적 배우들의 곡예까지 곁들어져서, 오늘날 전해오는 탈놀이를 이루었으리라는 추측이다. 이는 무당굿과 기악

기원설에 산대도감의 백희(百戱) 전통까지를 수용한 이론으로, 현존하는 탈놀이 형성의 다각적인 설명이라고 하겠다. 기존 무당굿과 기악 기원설에 산대도감의 전통을 더하여서, 일명 산대도감 기원설이라고도 한다.(기본참고저서 3, 4)

또한 탈놀이의 기원을 조동일은 농악대의 굿에서 찾기도 하였다. 농악대의 굿은 그 기원은 모르겠으나 그 자체는 일단 무당의 굿과 차이가 있다고 보았다. 농경사회의 풍농을 비는 농악대의 굿에서 탈놀이의 기원을 찾았으며, 탈놀이 내용의 갈등 구조(Agon)나 낡은 것을 버리고 새 것을 취하는 모티프 등을 근거로 보았다.(기본참고저서 8)

이상의 기본 기원설을 근거로 다양한 변종의 기원 논의가 있었다. 이들은 모두 탈놀이 기원 논의에 도움을 주었다. 기본 논의들이 기악 기원설을 제외하면 모두 민속 신앙을 모태로 하고 있다는 것이 주목된다.

이렇게 시작된 탈놀이가 오늘날 현존하는 형태로 형성된 것은 일찍이는 13세기 중엽이라고 보인다. 이 시기에 형성된 탈놀이를 오늘날 서낭제 농촌형 탈놀이라고 부르며 현존 탈놀이 중 고형(古形)에 속한다. 오늘날 하회 별신굿놀이나 강릉 단오제 별신굿놀이가 전한다. 특히 하회별신굿의 경우 목탈이 전해지는데, 이들을 탄소측정법으로 감정한 결과 13세기 중반의 것으로 밝혀졌다. 이렇듯이 목탈은 현존 탈놀이의 형성 연도 추정에 큰 도움을 주었을 뿐만 아니라, 그 미적인 탁월함으로 국보로 지정되어 있다.

서낭제 탈놀이는 독립된 연극으로 보기에는 아직 제의적인 성격이 너무 강하다. 탈놀이는 마을 부락제의 일부이며, 부락제와 별도로는 공연되지 않는다. 하회 별신굿놀이의 경우 그 공연 여부와 배우마저도 신탁에 의해 결정된다. 배우들은 온갖 타부를 지키며 합숙훈련을 받고, 마을 사람들은 신의 축복을 믿으며 이들에게 음식을 다투어 가져간다. '별신 굿놀이'라는 탈놀이의 명칭조차도 제의와 연극의 성격을 동시에 띠고 있으니, 이름대로 풀이한다면 신을 위한 특별한 굿과 놀이이다. 뿐만 아니라 생전에 별신 굿놀이를 보면 죽은 후에 좋은 곳에 갈 수 있다고 믿어서 공연 때에는 인근의 많은 사람들이 모여들었다. 가면은 신성시되어서 사당에 모시고, 꺼낼 때에는 반드시 제사를 올렸다. 내용에서도 벽사의 춤이나 풍요를 비는 주술적 모티프들이 많이 보인다. 따라서 이들 탈놀이는 농촌 공동체에서 공연되었으며 아직 제의적인 요소가 강하다.

오늘날 보다 널리 전해오는 탈놀이는 그 후대의 것으로 생각된다. 이들은 대체로 교통의 요지에 있는 상업도시나 행정도시에서 18세기에 발달했다. 오늘날 대표적인 탈놀이가 전해오는 양주, 봉산, 통영, 수영 등지는 모두 이러한 도시였다. 이들 탈놀이는 조선시대 연희를 관장했던 관청인 산대도감의 혁파이후, 새 후원자를 찾았던 전문 연희인들이 아마추어적인 지역 탈놀이와 만나서 형성되지 않았나 싶다. 따라서 이들을 도시형 혹은 산대도감형 탈놀이라고 일컫는다.

도시형 탈놀이의 공연 배경은 농촌형 탈놀이와 달리 제의와 분명히 분리된다. 석가탄신일이나 단오절에 정기적으로 공연되었으나, 이는 제의와는 독립적으로 명절의 오락으로 행해졌다. 뿐만 아니라 지방행정관의 부임일이나 지방 유지의 생일에도 초청되어 공연되었다고 하니, 그 공연이 제의와 분명히 독자적으로 행해졌다. 한편 농촌탈놀이에서 신성시 되었던 가면도 더 이상 숭배의 대상은 아니었으며, 일부 탈놀이에서는 공연 후 가면을 태우기도 하였다. 배우들도 무속계 집안에서 많이 나오기는 했으나, 신탁과는 무관했다. 1920년경에는 여성 역할을 기생들이 맡기도 해서, 금기였던 여성이 배우로도 등장했다.

내용에서도 벽사의 춤이나 풍요를 비는 주술적 모티프의 흔적이 보이기는 하나, 이야기 전개 속에 감추어져 있다. 이야기 전개 역시 보다 문학적 구성을 갖고 복잡하게 전개되며, 오락적 요소가 강해진다. 또한 화술적인 성격이 강하여져, 대사가 농촌형 탈놀이에 비하여 현저하게 늘어났다.

개별적인 탈놀이는 대부분 그 유래에 관한 설화를 갖고 있다. 이들 설화를 종합해 보아도 농촌형 탈놀이는 13세기에, 도시형 탈놀이는 18세기경에 시작되었다. 도시형 탈놀이는 19세기 말엽에 가장 널리 공연되었으나, 20세기 초 국권상실과 서구화의 물결에 밀려나면서 점차 쇠퇴해졌다. 즉 일제의 한국 전통문화 탄압과 서구식 연극의 등장으로 위축되며 간신히 그 명맥을 유지해 갔다. 그러나 한편 이 시기에 탈놀이의 구비 대사가 채록되는 등 탈놀이 연구가 시작되기도 했다.

탈놀이는 새롭게 그 존재 가치를 인정받게 된 것은 60년대 이후이다. 해방정국과 6.25 전란의 상처를 딛고 점차 사회가 안정되면서, 차츰 다시금 우리 것에 대한 뿌리찾기가 진행되었다. 여기에는 꾸준히 탈놀이를 정리, 연구했던 초기 학자들의 노력이 컸다. 탈놀이는 60년대 중반부터 하나 둘씩 대한민국 주요 무형문화재로 지정되기 시작하면서, 70년대 말까지는 각 지역의 대표적 탈놀이는 대체로 무형문화재로 지정되었다.

2. 탈놀이의 실제

1) 내용 및 지역적 분포

탈놀이의 구성은 과장으로 나눠지고, 과장 간에는 플롯의 필연적인 연결이 없다. 즉 아라비안나이트와 같이 에피소드식 구성을 갖는다. 지역적 분포에 따라서 일부 에피소드가 가감되기도 하고, 그 내용이 일부 변형되기도 한다. 그러나 각 에피소드를 같은 모티프의 변용으로 인식할 수 있을 정도의 변형이다.

탈놀이는 위에서 살폈듯이 그 역사적 유래에 따라서 고형인 서낭제 탈놀이(Village-type)와 근대형인 도시형 탈놀이(Town-type)로 나눌 수 있었다. 이들은 다시 지역적 분포에 따라 명칭마저 다르게 명명되며 내용적으로도 다양성을 보인다. 서낭제 탈놀이는 별신굿놀이라고 불리는데, 하회나 병산 및 강릉에 전해 온다. 도시형 탈놀이는 보다 다양하여 사자놀이, 야류, 오광대, 산대놀이, 탈춤 등으로 불린다. 사자놀이는 북청, 야류는 수영, 오광대는 가산 및 통영, 산대놀이는 송파, 애오개 및 양주, 탈춤은 봉산, 은율 등지에서 전해온다. 이들의 분포는 다음 장에 도표화했다.

이렇듯이 다양한 지역적 분포에 따라, 탈놀이는 각기 다른 과장을 가지고 있다. 그러나 모든 탈놀이에서 보이는 각 과장을 기본적인 모티프로 단순화 하면, 시작 의식무(儀式舞)과장, 먹중과장, 사당춤과장, 노장과장, 사자춤과장, 양반과장, 문둥이과장, 할멈 할아범 과장, 종결 의식(儀式) 및 의식무(儀式舞)과장 등의 9개의 과장으로 나눌 수 있다. 탈놀이 분포도인 다음 장의 도표는, 각 지역 탈놀이의 대표 탈놀이를 선정하여 각 과장의 유무를 대조한 표이다.

탈놀이는 구성상 의식적인 춤과 의례로 시작과 끝을 마감하고 있으며, 그 사이에 아크로바틱한 춤과장과 이야기를 지닌 과장들이 전개된다. 의식적 시작과 종결은 모든 탈놀이에서 공통적인데, 혹 도표에 의식무가 없다고 표시된 것은 탈놀이 자체가 전체 제의의 일부로 공연된 경우이다. 그러므로 모든 탈놀이는 의식적 시작과 종결을 갖는다고 하겠다. 탈놀이의 각 과장 이야기 모티프를, 각 지역의 대표 탈놀이를 뽑아서 대략적인 전개순서에 따라서 요약하면 다음과 같다.

〈탈놀이 과장 모티프 대조표〉

		도시형 가면극					농촌형가면극
		탈춤	산대	오광대	야류	사자	별신굿놀이
		봉산	양주	가산	수영[1]	북청	하회
의식무		○	○	○	×	○	○
먹중놀이		○	○	×	×	×	×
	음중/상좌	×	○				
	먹중/음중	×	○				
	연닢/눈끔쩍이	×	○				
	염불놀이	○	○				
	법고놀이	△	○				
	침놀이	×	○				
사당과장		○	×	×	×	×	×
노장과장		○	○	○	×	×	○
	노장	○	○	○			○
	신장수놀이	○	○	×			×
	취발이	○	○	×			×
사자춤과장		○	×	×	○	○	×
양반놀이		○	○	○	○	△	○
	움막놀이	○	○	○	○		○
	포도부장놀이	△	○	×	×		×
문둥이과장		×	×	○	×	×	×
할멈・할아범과장		○	○	○	○	×	○
	할멈・할아범	○	○	○	○		△
	첩놀이	○	×	○	○		×
사자(死者)의식		○	○	○	×[2]	×	×

표: o 과장이 있다 / x 과장이 없다 / △예전에는 있다고 전했으나 지금은 없거나, 유사한 과장이 있다.

1) 수영야류는 시작하기 전에 제물을 차려 수영의 토신지위(土神之位)와 독신지위(纛神之位)

의식무 과장: 이야기의 전개가 없이 전체 공연을 위해 벽사적인 춤과장이다. 대체로 느린 장단에 조용한 움직임의 춤이다.

먹중 과장: 경기지방의 산대놀이와 해서지방의 탈춤에만 있는 과장으로, 불교 낮은 계급의 중들이 등장한다. 뚜렷한 이야기 줄거리는 없으나, 중들의 세속적인 모습이나 파계적 행동을 단편적으로 보여주어서 불교 비판적 시각을 띤다. 한편 짧으나 유머스러운 재담과 다양한 춤으로 서민적 오락성의 면모를 보여준다.

사당춤 과장: 탈춤에만 있는 과장으로 후대에 삽입되었을 가능성이 높다. 노래가 주를 이루는 과장으로, 19세기에는 여자 기생이 얼굴 자랑을 위해 가면을 벗고 노래를 불렀을 정도로 여흥적 과장이다.

노장 과장: 3개의 이야기(Story)가 하나의 과장(Episode)을 이루고 있는데, 탈놀이에 따라서 이중 일부 이야기를 가지기도 한다. 즉 단순한 파계승의 이야기가 후대의 탈놀이에 올수록 복잡해지지 않았나 싶다. 제1장은 노장과장으로 도를 닦던 노승이 속세에 내려와 소무를 보고 사랑에 빠져 파계하는 이야기이다. 제2장은 원숭이와 신장수 이야기로, 제1장과 노장이 소무에게 신을 사준다는 연결은 있으나 직접적인 필연성은 없다. 주로 원숭이의 재롱을 즐기는 여흥적 장이다. 제3장은 마을의 한량 취발이가 등장하여 소무를 보고, 노장과 싸워 그를 쫓고 소무를 차지한다. 소무가 취발이의 아이를 낳고, 취발이는 아이를 어르며 글을 가르친다. 제2, 3장은 언어가 주된 의사 전달의 수단이나, 제1장은 일체 대사가 없이 춤으로 진행된다.

를 모신 제당에서 산신제를 지낸다. 다음으로 원수정(遠水井)에서 우물 고사를 지내고, 이어 최영 장군묘에 묘제를 지내고, 달이 뜨기를 기다려 야류 놀이를 시작한다. 이런 이유에서 또다른 의식무가 필요하지 않았을 것이다. 따라서 공연 전의 의식은 충분히 있다고 하겠다.

2) 야류, 사자놀이, 별신굿 놀이 모두는 탈놀이 외에 별도의 마치는 의식이 있다.

사자춤 과장: 신라 오기(五技)에서도 나왔던 사자춤으로, 곡예적인 춤 과장이다. 파계승을 벌주기 위해 부처님의 지시로 등장했다고 사자 등장의 이유가 설명되는 탈놀이도 있는데, 이는 후대에 앞뒤 과장 인과율의 부여라는 점에서 흥미롭다.

양반 과장: 양반과 하인이 등장하여, 하인의 풍자적 대사를 통하여 양반의 비리와 어리석음이 밝혀진다. 보통 3인의 양반이 등장하는데, 이들은 외양까지 병신인 경우도 종종 있다. 고형(古形) 탈놀이인 하회 별신굿놀이에서는 하인 대신 상층계급인 양반과 선비가 서로 스스로의 지체 높음을 자랑하는 가운데서, 이들의 어리석음이 폭로된다. 폭로자로 하인이 등장한다는 것은 그만큼 계급사회의 와해를 시사한다고 하겠다. 주로 언어를 사용하여 의미가 전달되고, 고도의 은유적 표현도 포함되어 주목된다. 모든 탈놀이에서 양반과장 모티프가 발견되는 만큼 탈놀이의 핵심과장이다.

문둥이 과장: 경남지방 오광대 탈놀이에만 문둥이 과장이 있는 만큼, 지역 풍토병과 관련이 깊은 과장이다. 우스꽝스런 문둥이 춤이 주를 이룬다. 불구가 웃음의 대상으로 등장하는 것은 세계적으로 민속극이나 희극에서 종종 나타나는데, 문둥이 과장 역시 이를 반증한다.

할멈. 할아범 과장: 할멈. 할아범 과장은 할멈. 할아범만 등장하는 경우와 여기에 첩이 등장하여 얽히는 경우로 크게 두가지 종류가 있다. 가부장제 아래서의 남성의 횡포와 서민의 애환을 희극적으로 다루었다. 첩이 등장하는 경우는 삼각관계 갈등이 죽음으로까지 이어진다. 그러나 이 죽음의 톤이 전혀 비극적이지 않으므로, 제의적인 송구영신(送舊迎新)으로 해석되기도 한다. 서구 콘포드(Cornford)가 주장했던 "Off with the Old, On with the New"라는 의미와 직결되는 해석이라 하겠다.

종결 의식 및 의식무 과장: 공연 전체를 제의적으로 마무리하는 과장이다. 이미 전체 제의의 일부로 탈놀이가 공연되는 경우, 이 과장이 생략되기도 한다. 대체로 무당굿이 공연되는데, 연기자와 관객에게 일체감을 불러일으키고 산 사람과 죽은 사람들까지의 화해를 이루어, 마을 모두의 안녕을 빈다. 할멈. 할아범 과장의 죽음으로 인하여 무당이 굿을 한다는 인과율적 전개는 연극적으로 발달하게 된 후대에 삽입된 이야기가 아닐까 싶다.

이상은 탈놀이 과장 모티프의 전체적인 개요로, 이들 모티프들이 가감되어 어울려서 다양한 탈놀이를 이룬다. 특히 모든 탈놀이에 양반과장이 보이고, 대부분 탈놀이에 할멈 할아범 과장과 노장과장이 보인다. 뿐만 아니라 이들 과장들은 언어가 주요한 의사전달의 수단이다. 즉 문학적 이야기를 가진 과장들로 탈놀이의 핵심부분을 이루는데, 이야기가 없거나 미약한 춤과장들과 대조된다. 아크로바틱한 연희의 전통에 차츰 언어적인 연극이 도입되며, 오늘의 탈놀이로 발전한 것이 아닌가 싶다.

2) 공연의 실제(Performing Context)

탈놀이에서 이야기 내용 자체만은 별 중요성을 갖지 못한다고 하겠다. 사실상 내용만으로는 심오한 문학적인 혹은 심리적인 감동을 느끼기는 어렵다. 탈놀이를 살아 움직이게 하는 것은 바로 공연성이다. 공연성은 숙달된 기예를 기저로 즉흥적 연기를 통해 순간적으로 빛을 발한다. 즉 오랜 단련으로 숙련된 춤과 몸짓이 필요하며, 음악은 공연 처음부터 마지막까지 요구된다. 공연성을 글로 재현할 수는 없겠지만, 이를 이루는 제반 요소들을 몇 가지로 나누어 살펴보겠다.

(1) 배우 훈련

고형 탈놀이는 마을 부락제의 일환으로 공연되었기에, 배우는 신탁에 의하여 그 해 부정한 일이 없는 집안의 남자로 정해졌다. 일단 신탁이 내리면 신의 뜻으로 받들어 배우 역을 받아들였다. 따라서 배우들은 아마추어였으나, 이미 어려서부터 익히 공연은 보아왔었다. 배우로 선정되면 이들은 격리되어 15일간의 합숙훈련을 받았다.

근대형 탈놀이의 배우는 보다 복합적이었지만, 역시 무속 집안이 핵심적인 역할을 하였다. 조선시대 예악(禮樂)을 주관했던 관청 산대도감이 임진·병자 양란이후 혁파되자, 여기에 몸담았던 직업적 배우들이 새로운 관객을 찾게 된다. 이들과 지방의 아마추어 배우들이 결합하여 소위 근대형 탈놀이를 이룬 것이 아니었을까 추정된다. 그러나 여기에도 역시 핵심 멤버들은 무속 집안 출신으로, 고도의 숙련된 연기 전수가 있었다.

배우 훈련에 특별한 방법이 있었다기보다는, 보고 반복하는 학습이었다. 대부분의 배우들은 어려서부터 공연을 보며, 무대 뒤의 잔심부름을 하며 자랐다. 10대 20대에는 무대 스텝의 역할이나 대역 등을 하다가, 30세가 넘어야 비로소 한 배우 역을 할 수 있는 경우가 대부분이다. 배우 전수생은 스승을 꾸준히 기계적인 반복을 통해 모방하며 수련을 쌓았다. 이러한 기술적 터득을 넘은 숙달 이후에야, 소위 공연의 흥취라고 할 즉흥적 연기가 허용되었다.

(2) 무대

탈놀이의 무대는 특별하지 않다. 어떤 널찍한 열린 공간이라도 관객을 수용할 수 있으면, 탈놀이가 공연 될 수 있다. 즉 배우들이 옷을 갈아입을 수 있는 개복청을 한 켠에 흰 천으로 둘러 만들고, 악사들의 자리를 깔면 공연장 준비는 완료된다. 고형 탈놀이의 경우는 마을 동사(洞舍) 앞마당에 서낭대를 세워 놓고 공연하였다. 근대형 탈놀이의 무대는 보다 다양하다. 산기슭 비탈진 곳에 관객들이 앉고 그 앞의 약간의 평지에서 공연하기도 하고, 가설무대를 설치하기까지 이른다.

봉산탈춤의 경우 경암루 앞 광장에 28개 구획을 가진 반원형 다락을 매고, 그 안마당에 멍석을 깔아 탈판을 마련하였다. 안마당 1층에서의 관람은 무료였으나, 반원형 2층 다락 좌석은 공연비용을 대는 상인에게 주어 그들이 단골손님을 초대하거나 음식을 사먹는 사람에게 한해서 자리를 주었다. 이로써 탈놀이는 유료 관객을 갖게 되었다고 하겠으며, 공동체적 경험에서 최초로 관객의 분화가 생겼다 하겠다.

(3) 춤사위

모든 탈놀이에서 춤은 중요한 비중을 차지한다. 뿐만 아니라 모든 동작은 양식화(Stylized) 되어서 춤에 가깝다고 하겠다. 고형 가면극의 경우 그 춤과 동작이 아직 정교하지는 않지만, 근대 가면극에 올수록 동작의 양식화가 분명하고 춤사위가 정형화되고 우아하다.

근대탈놀이도 지방에 따라 춤사위의 특징이 드러난다. 해서지방은 남성답고 힘찬 춤사위가 주를 이루는 반면, 경기도 산대 탈놀이의 춤사위는 여성적이며 우아하다. 경상도 지방은 이 두 지역의 춤의 중간적 특성을 지닌다.

(4) 음악과 노래

탈놀이는 그 시작에서 마지막까지 음악 반주와 함께 한다. 따라서 어떤 서양의 뮤지컬보다도 음악이 중요한 위치를 차지한다. 탈놀이의 반주는 농악대나 삼현육각이 연주한다. 남부지방의 별신굿놀이, 오광대,

야류에서는 농악대 반주가 사용되며, 그 밖의 다른 지방에서는 삼현육각 반주가 사용되었다.

농악대를 이루는 악기는 꽹과리, 장고, 소고, 징, 북과 나발이며, 가끔 태평소가 추가되기도 한다. 이들 중 태평소가 멜로디를 가진 악기이며, 나발정도가 단순한 음을 가진 반면, 나머지는 모두 타악기이다. 한편 삼현육각은 장고, 북, 두개의 피리, 대금(젓대), 해금으로 이루어진 일종의 오케스트라 라고 하겠다. 장고와 북은 농악대에서도 쓰였던 타악기며, 피리, 대금은 관악기, 해금은 현악기로 모두 멜로디를 가졌다. 따라서 삼현육각 반주가 보다 화려하다고 하겠다. 그러나 탈놀이는 장고의 반주만으로도 공연될 수 있다. 즉 그만큼 멜로디보다는 리듬이 반주의 핵심이라고 하겠다.

탈놀이의 노래는 플롯의 진행과 얽혀있기 보다는 별도인데, 주로 흥을 돋우는 역할을 한다. 구성상의 필연성이 없으므로, 어떤 배우가 노래를 잘 부르면 바로 그 역할에 노래가 많아졌다고도 한다. 그러나 봉산탈춤의 사당과장 같은 장은 노래를 즐기기 위한 장으로, 고도의 성악적 기술을 요구한다.

(5) 의상과 탈

탈놀이가 민속극인만큼 그 의상이 일본의 노(能)나 가부키처럼 정교하지는 않다. 한국인의 기본 옷인 저고리. 바지(남성), 저고리, 치마(여성)에 필요에 따라 덧옷을 걸쳤다. 다양한 덧옷들은 무당의 옷과 유사한 경우가 많으며 직접 무당의 옷을 빌려서 입은 경우도 있었다 하니, 무속의 영향을 의상에서도 느끼겠다.

탈은 실로 다양하다. 고형탈놀이에서는 탈을 신성시 하여 사당에 모시고 공연 때에만 제사 후에 꺼냈다 하니, 신성가면의 특징을 아직 보여준다. 대한민국 국보로 지정되어 있는 하회탈은 목가면으로 고려중엽(13세기)경에 만들어졌다고 추정된다. 근대형 탈놀이에서는 종이나 박을 이용하여 탈을 만들었다. 공연 후에 탈을 태우기도 했다고 하니, 여기에도 역시 무속적인 벽사와 정화 의식이 작용했다 하겠다. 그러나 하회탈의 신성탈적 성격은 근대 탈놀이에서는 연희탈로 변모되었다고 하겠다.

3. 탈놀이와 현대연극

탈놀이는 오늘날 대부분 주요 전통무형문화재로 지정되어 있다. 그러나 무형문화재 전수 발표회를 제외하면, 정기적인 공연을 찾기가 힘들다. 대부분 문화 관청이나 특정 관객의 요구에 따라서 공연되며, 대학가 일부 학생들이 이들 연희자를 찾아가며 배우고 있는 정도이다. 따라서 어떻게 최소한의 상업성을 갖춘 연극으로, 오늘에 동참할 수 있는가가 과제로 남았다. 전통 연희 상설 극장의 운영 같은 방안은 종종 거론되지만, 아직 확실하게는 실현되고 있지 않다.

이렇듯이 탈놀이 자체 공연은 오늘날 미미하지만, 탈놀이가 현대연극에 끼친 영향은 막대하다. 탈놀이는 우리 연극 전통의 뿌리로 존중되고 있으며, 탈놀이의 일부 춤사위나 탈이 삽입된 현대극을 보는 것은 별로 새로운 일도 아니다. 뿐만 아니라 그 서민성과 풍자 정신을 계승하여, 7, 80년대에는 마당극이란 독특한 체제 저항 연극이 생겨나기도 했었다. 최근에는 '박제된 전통'이 아닌 '살아있는 전통'이라는 구호 아래, 탈놀이를 오늘에 새롭게 되살리고자 하는 시도도 일고 있다. 실로 탈놀이는 한국연극의 창조적 보고(寶庫)로 무한한 가능성을 제시하고 있다.

4. 기본 참고 저서

1. 김재철. 『조선연극사』. 학예사, 1933.
2. 박진태. 『탈놀이의 기원과 구조』. 새문사, 1990.
3. 이두현. 『한국가면극』. 문화재관리국, 1969.
4. ______. 『한국의 탈춤』. 일자사, 1981.
5. 이혜구. 『한국 음악 서설』 서울대학교 출판부, 1967.
6. 장한기. 『한국민속극』. 정음사, 1976.
7. 정상박. 『오광대와 들놀음 연구』, 집문당, 1986.
8. 조동일. 『탈춤의 역사와 원리』. 홍익사, 1979.
9. 채희완 편. 『탈춤의 사상』. 현암사, 1984.
10. 최상수. 『해서 가면극의 연구』. 대성문화사, 1967.

제2장
한국 탈놀이의 기원: 탈놀이와 제의(祭儀)

연극과 제의(祭儀)와의 관계는 19세기 말경에 한창이던 소위 '미개종족'에 관한 인류학자들의 연구에 힘입어서 주목받기 시작한다.[1] 사실 연극이 문학, 음악, 춤 등 문화의 제반 요소를 포함한 종합적인 시간예술이기에 종종 제의와 많은 공통 영역을 갖게 된다. 연극과 제의는 모두 시간과 장소에 의해 제한받고 연희자와 관객을 동원하며, 종종 음악과 노래나 춤이 삽입되며, 전체적으로 갈등의 구조를 갖고 있는 등등 그 공통점이 많다. 특히 이러한 공통점은 고대 그리스 연극이나 동양연극을 비롯한 비서구적(非西歐的) 연극에서 두르러져, 이에 대한 많은 연구가 있어왔다.[2] 그리하여 어떤 특정한 제의에서 연극의 기원을 찾았는

1) 대표적인 업적으로 다음을 들 수 있다.
James G. Frazer, *The Golden Bough,* V. 12, London, Mac Millan, 1935.
Jane E. Harrison, *Ancient Art and Ritual*, London, Oxford University press, 1913.
T. H. Gaster, *Thespis: Ritual, myth and Drama in the Ancient Near East,* New York, Doubleday, 1961.

2) 대표적인 업적으로 다음을 든다.
G. Murray, *The Rise of the Greek Epic,* Oxford, Clarendon Press, 1907.
F. Cornford, *The Origin of Attic Comedy,* Gloucester, Mass, Peter Smith Inc., 1968.

데 가장 많이 거론된 두 제의를 든다면 풍요제의(Fertility Rite)와 샤머니즘이라고 하겠다.

우리의 탈놀이도 제의와 밀접한 관련을 맺어 왔음은 주지의 사실이며 또 선학의 연구도 있어왔다. 흥미롭게도 탈놀이는 연극의 제의기원설(祭儀起源說)에 두 쌍벽을 이루고 있는 풍요제적 요소와 샤머니즘적 요소가 함께 발견된다. 이로 미루어 볼 때 두 대표적인 제의인 풍요제와 샤머니즘은 통례적으로 이야기되었듯이 각기 독자적으로만 연극에 관련된 것이 아니라 종교문화의 특수성에 따라 한 연극장르 속에서 공존, 보필하고 있음을 알 수 있다.

본고에서는 탈놀이의 기원을 조명하고자, 이러한 제의 배경 및 제의와의 관계를 분석하고자 한다. 그 방법으로 현존하는 탈놀이 중 형성기가 완연히 다른 두 탈놀이를 골라 그 속에 어떤 제의적인 요소가 보이며, 또 그 제의적인 요소와 연극적인 요소를 분석하고 이들의 상관관계가 시대가 지남에 따라 어떻게 변해갔는가를 살피고자 한다. 하회별신(河回別神)굿 탈놀이와 봉산탈춤을 분석할 대상 탈놀이로 선정하였는데, 이는 하회별신굿 탈놀이는 가장 잘 보존되어 전해오는 고형(古形) 탈놀이이고, 봉산탈춤은 널리 알려졌을 뿐만 아니라 후대에 삽입된 놀이과장으로 보이는 「사당과장」이 있는 점 등을 꼽아서 후대 탈놀이의 대표로 뽑아도 무방하리라고 생각해서이다. 이상의 고찰은 제의와 관련된 연극기원설 및 제의와 연극의 상이점을 살핌으로써 시작하겠다.

E. T. Kirby, *Ur-Drama: The Origin of Theatre*, New York: New York University Press, 1975.

1. 연극과 제의에 대한 제반 이론

프레이저(Frazer)의 소위 '원시적'인 추수와 풍요제의에 관한 연구 이후, 해리슨(J. e. Harrison)이나 가스터(T. H. Gaster) 등의 학자들은 연극의 기원을 '절기적인 풍요제(seasonal fertility rites)' 속에서 찾았다. 그들은 자연의 풍요를 촉진시키기 위해 인간들은 자연의 현상을 극화하기 시작했다고 믿었다. 그리하여 낡은 것은 버리고 새 것을 받는다는 사고는(off with the old, on with the new) 이 기원설의 기저를 이룬다. 한 낡은 것의 파괴는 새 생명의 움틈과 풍요를 위한 신성결혼(神聖結婚, Sacred Marriage)의 예시 및 부활의 가능성을 부른다. 즉 새 것과 헌 것, 여름과 겨울, 홍수와 가뭄, 삶과 죽음 등으로 나타나는 자연 속에 양자 갈등(agon) 속에서 그들은 연극의 기본적인 갈등구조를 보았던 것이다. 그리하여 길버트 머레이(Gilbert Murray)는 희랍비극이, 프란시스 콘포드(Francis Cornford)는 희랍희극이 각각 이 풍요제에서 비롯되었다고 주장하며, 그 근거로 희랍비극 및 희극의 기본 패턴(pattern)은 절기적 풍요제의 그것과 유사하다고 말한다.[3] 허닝거(Hunningher) 역시 이 가설을 지지하면서 "여름과 겨울의 싸움은 원시 종교에서 뿐만 아니라 연극에 있어서도 일차적인 중요성을 갖는다."[4]고 말한다.

반면, 커비(E. T. Kirby) 등의 학자들은 연극의 기원을 샤머니즘의 제의에서 찾으려고 했다. 커비는 풍요제의의 갈등구조를 관찰하고 연극이 풍요제의 특유의 갈등구조에서 비롯되었다는 가설을 부정하여 다음과 같이 말한다.

---

3) G. Murray, 앞의 책과 F. Cornford, 앞의 책.

4) Benjamin Hunningher, *The Origin of the theatre*(New York, Hill and Wang, Inc., 1969). p.17. 번역 필자. 이하 인용번역은 필자.

> 소위 연극의 기원이 되었다는 '제의적 갈등구조'라는 가설은 결국 연극이 갈등과 해결의 행동구조라는 것에 대한 유추에 지나지 않는다. 왜냐하면 추수와 풍요제의 뿐만 아니라 어떠한 다른 종류의 제의에서도 그러한 일반적인 패턴은 추출할 수 있기 때문이다.[5)]

그러므로 커비는 풍요제의설을 반박하며 샤머니즘을 연구한다. 그는 샤머니즘은 단적으로 말해서, '정신적 영매상태(靈媒狀態, mediumship)'라고 정의하고 거기서 연극의 기원을 찾았다. 샤머니즘적 연극의 대표적 특징으로 영매상태의 춤과 불을 이용한 곡예, 부정 쫓는 행위(enactment), 가면의 사용과 심리적인 정화를 들었다.

우리 탈놀이에는 흥미롭게도 풍요제의적 요소와 샤머니즘적 요소가 함께 보이니, 두 힘의 갈등구조, 신성결혼, 부활 및 벽사(辟邪)의 춤과 동작, 불곡예, 영매상태의 춤, 가면의 사용 및 심리적 정화효과 등이 그것이다. 이에 대해서는 뒷장에서 상론하겠다.

그러면 제의와 연극의 기본적인 차이점은 무엇인가? 대부분의 학자들은 그 기본 차이를 공연의 기능에 두고 있다. 왜냐하면 제의는 항시 어떤 주술적 효능성을 목표로 삼으니 굿을 해서 병을 고치려 한다든가, 모의 성행위를 하여 자연의 풍요를 촉진시키려 한다든지 하는 것이 그 예이다. 반면 연극은 우선적으로 즐거움을 얻으려 한다. 다음의 연극과 제의와의 구별은 탈놀이과 제의를 구별하는 데도 적용될 것이다.

> 어떤 공연을 연극이냐 제의냐 규정짓는 것은 그 공연의 효능성과 오락성의 상관관계를 따지면 될 것이다.

---

5) E. T. Kirby, 앞의 책, p.xii.

제의(주술적 효능성)	연극(오락성)
결실 부재한 자들과의 만남 상징적인 시간 타인과의 화합 공연자는 영매상태에 있음 관객은 공연을 믿음 비평은 금기임 관객은 참여함 공동의 창조물	오락 참석한 자들뿐임 현재 강조 관객이 타인임 공연자는 자신의 행위를 인식함 관객은 공연을 감상함 비평은 격려됨 관객은 구경함 개인적인 창조물[6)]

> 우리를 항시 당혹시켜 왔던 예술[연극]과 제의와의 구분은 이제 분명해졌으니 그 각각이 우리 삶에 대한 관련과도 같다. 제의는 재현(再現)이요, 예시요, 다시 함이요, 미리 함이요, 인생의 재현이나, 무엇보다 가장 중요한 사실은 언제나 실제적인 목적을 갖고 있다는 점이다. 예술 역시 인생의 재현이요 감정이지만 … 그 목적은 예술 그 자체에 있다.[7)]

> 제의와 예술의 가장 기본적인 차이점은 제의는 그 자체로부터 어떤 결실이 유래할 것이라는 믿음이다. 반면 연극 공연에 있어서는 관중의 기대가 공연이 끝남으로써 끝난다. 연극에서는 인과관계가 공연 안에서만 얽혀있지만 제의에서의 공연은 공연 이후의 결과를 초래하는 동기가 된다. 제의는 꼭 결과를 얻으려 한다. 그러므로 어떤 공연이 공연 후의 효과를 기대하기보다 그 자체로 감상된다면 이는 제의에서 연극으로의 이양이라 하겠다.[8)]

다시 말하면 제의의 공연은 관중이 효험을 기대하며 신성시하는 반면, 연극공연은 감상하고 비판한다. 제의가 주술적 효험을 위해 공연의

6) Richard Schechner, *Essay on performance Theory, 1970～1976*(New York, Drama Book Specialists Publishers, 1977), p.75.

7) Jane E. Harrison, 앞의 책, p.135.

8) A. Graham-White, 「Ritual and Drama in Africa」, *Educational Theatre Journal* XXII(Dec., 1970), p.339.

시간과 장소를 제한한다면 연극은 그 공연의 시간과 장소를 쉽게 변경시킬 수 있다. 즉 제의와 연극의 가장 기본적인 차이점은 어떤 효험을 기대하는가 혹은 단순한 오락물인가에 있다고 하겠다. 이와 같은 제의와 연극의 상관관계를 우리 탈놀이에서 살펴보기 위해서는 우리의 민속제의를 알아야겠다.

2. 한국의 민속제의

우리의 가장 오래된 기저 민속종교는 샤머니즘이라고 하겠다. 샤머니즘은 복합적인 현상이나 종종 '영매(靈媒)의 기술'이라고 정의된다.[9] 커비는 샤먼(무당)은 영매상태에서 공연하는 영혼의 마스터로 제의로써 병든 자를 치료하려 한다고 한다.[10] 진정한 샤먼이란 그의 영혼이 육체를 떠나 지하나 하늘을 방황, 여행하는 동안 영매상태에 능통한 자로, 인간이지만 사자(死者)와 악마와 자연의 영(靈)과 의사소통이 가능하다. 엘리아드(M. Eliade)는 샤먼의 특징으로 "영혼(靈魂)과의 통교, 하늘과 지하로 주술적인 여행을 할 수 있는 영매적 능력, 불에 대한 주술적 숙달(mastery) 등등"[11]을 꼽았다. 이와 같이 샤머니즘은 복합적인 믿음이지만 한마디로 줄인다면 '영혼적 영매상태'라고 하겠다.[12]

대부분의 사회에서 샤먼은 엑스타시적 무병(巫病)을 통해 샤먼이 되나 한국의 샤머니즘은 '정치적 영매'보다 더욱 복잡한 현상을 띤다. 엘

9) M. Eliade, *Shamanism: Archaic Technique of Ecstasy*(Princeton: Princeton University Press, 1964), p.4.
10) E. T. Kirby, 앞의 책, p.1.
11) M. Eliade, 앞의 책, p.6.
12) E. T. Kirby, 앞의 책, p.2.

리아드가 말했듯이 한국 샤머니즘의 기원과 개념은 정의하기가 어렵다.[13] 이러한 복합적인 샤머니즘의 상태는 우리의 무당을 보아도 알 수 있다. 무병을 통한 강신무(降神巫) 뿐만 아니라 가계(家系)를 통해 내려오는 세습무(世襲巫)가 있다. 이러한 다양성은 한국의 샤머니즘에 대해 양 극단론을 나오게 한다. 하나는 전래되지 않은 종교, 즉 불교, 유교, 기독교를 제외한 모든 종교현상이 샤머니즘이라고[14] 주장하는 반면, 다른 하나는 비록 샤머니즘의 영향을 받았을지언정 우리의 것은 샤머니즘이 아니라고[15] 주장한다.

요약해 말한다면 한국의 샤머니즘은 애니미즘(animism), 풍요제의, 자연숭배 및 제반 원시종교 현상을 포함한다. 무엇보다도 연극의 기원에 대한 양대 이론이 나온 샤머니즘과 풍요 제의적 요소가 종종 함께 공존한다는 것은 괄목할 만하다. 샤머니즘 제의가 행해지는 경우만 보아도 이 두 제의의 밀접한 관계를 알겠다. 환자를 치료하기 위해서 뿐만 아니라 풍농이나 풍어를 위해 샤머니즘 제의는 종종 행해지는 것이다. 샤머니즘의 주요 신의 하나인 제석신(帝釋神)만 보아도 자연의 결실을 관장하는 풍요신인 것이다.

이러한 샤머니즘과 풍요제의가 쉽게 공존하는 것은 시로코고로프(Shirokogoroff)가 지적했듯이 샤머니즘이 다른 종교와 얼마나 잘 융화하는가를 생각하면 알 수 있다.

> 샤머니즘이 하나의 종교로 존재했다면, 다른 종교들의 반발을 받았을 것이다. 그러나 이러한 반대의 염려는 결코 없으니, 최근에 개종한 민족들에게 잘 나타나듯이 샤머니즘은 불교나 기독교와 잘 융화되며 존재한다. 실로 정신과

---

13) M. Eliade, 앞의 책, p.452.
14) 유동식, 『한국무교의 역사와 구조』(연세대 출판부, 1975), p.63.
15) 임석재, 「한국무속연구서설」, 『아세아 여성연구』(1970.12), p.55.

정신의 독립적인 존재 가능성을 부인하지 않는 모든 종교는 샤머니즘과 갈등을 갖지 않는다.16)

그러므로 기성종교로 정착하지 않은 풍요제의와 샤머니즘의 공존은 기성종교와의 융화보다도 더욱 용이하게 이루어졌으리라고 생각된다. 현존하는 부락제는 이러한 융화를 잘 반영한다. 고형 탈놀이는 부락제에서 발견되므로 이 제의는 연극사적으로도 중요하다. 부락제에는 두 가지 종류가 있는데 제의와 당(堂)굿이 그것이다. 알다시피 동제는 유교식으로 제주가 제문을 읽고 제수를 올리는 간단한 제의이며 당(堂)굿은 농악대와 무당이 동원되는 풍요제인데 부락제에서 이 두 제의가 종종 함께 거행된다. 당굿을 행할 때는 온 마을이 산주나 무당의 지시에 따라서 초긴장하며 결국에는 사악함을 쫓고 풍요를 부르는 무아경에서 끝이 난다. 장구의 장단과 꽹과리 소리에 집단적인 엑스타시가 무르익고 모의 성행위가 종종 행하여진다. 가끔 무당이 없이 진행되는 부락제도 있지만 이때에는 당굿보다 유교식 동제에 주력하는 경우이다. 부락제는 공동의 무아경을 통하여 풍년과 마을의 안녕을 빈다. 사람들은 새 것과 헌 것, 삶과 죽음, 홍수와 가뭄의 싸움에서 그들에게 유리한 것이 이기기를 초인간적 힘을 빌어서 기원하는 것이다. 그러므로 풍요제에서 발견되는 신성결혼 모티브나 재생(혹은 부활)의 모티브가 샤머니즘적 엑스타시에 융화되었다.

---

16) An approach to shamanism as a 'religion' among religions finds expression in the opposition of shamanism to their religions. However, such an opposition cannot be made, because shamanism may perfectly well survive side by side with Buddhism and Christianity, as they are understood by the ethnic groups recently converted. In fact, any religion which does not oppose the idea of spirits and the possibility of their independent existence is not in conflict with shamanism.
S. M. Shiroogoroff, *Psychomental Complex of the Tungus*, London: Kegan Paul, Trewch, Trubner and Co., 1935, p.276.

최고(最古)의 현존하는 탈놀이, 하회별신(河回別神)굿탈놀이는 특이하고도 분리될 수 없는 부락제의 일부분인데 반하여, 후대의 탈놀이는 부락제와는 독립하여 공연된다. 다음은 하회별신굿탈놀이와 봉산탈춤을 대표로 뽑아 그 제의적 요소와 연극적 요소 및 상관관계를 조명해봄으로써 탈놀이와 제의의 밀접한 관계를 살펴보겠다.

3. 탈놀이와 민속제의

1) 하회별신굿탈놀이의 경우

(1) 공연 배경과 제의성

하회(河回)에서는 20세기 초에 이르기까지 매년 마을의 안녕과 풍년을 기원하기 위한 동제(洞祭)를 행하여 왔다. 이 동제는 유교(儒教)식의 간단한 제의로 마을 전체의 축제나 탈놀이를 행하지 않았다. 이와는 달리 보통 3년, 5년 혹은 10년에 한번씩 마을 수호신의 신탁(神託)에 의해 별신(別神)굿이 행하여졌는데 문자 그대로 신을 위한 특별한 제의였다.

별신(別神)굿탈놀이(가면극)는 이 별신굿의 고유하면서도 없어서는 안 될 부분으로 이름 그대로 신에게 특별히 바치는 굿(즉 제의)이자 놀이(연극)인 것이다. 별신굿탈놀이를 보지 않으면 죽은 후에 극락에 갈 수 없다고 주민들은 믿었다. 그러므로 별신굿에는 인근에서 구름과 같이 사람들이 모여들었고 이 굿놀이에 관중으로 참여하여 보는 것만으로도 내세의 행복을 얻을 수 있다고 믿었으니, 이것이 곧 별신굿놀이의 주술적 역할을 단적으로 말해준다.

이미 선학에 의해 연구되었으나 별신굿탈놀이 과정을 되살리는 의미에서 약술하였다. 섣달 보름에 산주(山主)는 서낭당에 가서 동제를 행할지 별신굿을 행할지 신탁을 묻는다. 신탁이 내린 후, 산주는 그 뜻을 마을에 밝히고 부정(不淨)하지 않은 목수를 불러 서낭대를 만든다. 섣달 29일 산주는 마을 대표들과 부정됨이 없는, 즉 최근의 죽음이나 출산이 없는 집안의 남자들 중에 광대(배우)를 선정한다. 일단 광대로 지명되면 본인들은 그것을 신의 뜻으로 생각하고 받아들였다.

다음날부터 선정된 광대와 산주 및 무당이 합숙으로 들어가면 개인적인 행동은 금지된다. 이 15일 간의 합숙훈련 중에는 모든 타부가 엄격히 지켜지고 일체의 행동은 산주에 의해 지시받는다. 타부는 심지어 한 방에서 잠을 잘 때 눕는 광대의 순서가 있을 정도로 심했다. 식사는 마을 사람들이 교대로 제공하였는데, 이때 음식을 제공하면 복을 받는다고 하여 서로 다투어 음식을 날랐다고 한다.

정월 초이튿날 아침에 산주와 무녀 및 광대들이 서낭당에 모여 제수(祭需)를 차려놓고 서낭대를 세우고 강신(降神)을 빈다. 서낭대의 꼭대기 방울이 울리면 강신하였다고 믿고 다 같이 주악을 울리며 춤을 추고 국시당(堂)과 삼신당(堂)을 순례한다. 이때 동네사람들은 서낭대에 옷을 벗어 걸었는데 여기에 옷을 걸면 복이 돌아온다고 믿었다. 그 예로 새댁이 치마를 걸면 아들을 낳으리라고 믿었다고 한다. 구동사(舊洞舍) 앞 놀이마당에 이르러 서낭대를 세워 신령(神鈴)이 울림으로써 별신굿놀이가 시작된다. 이 놀이가 끝난 후에도 광대들은 전 별신굿이 끝나는 정월보름까지는 집에 돌아가지 못하고 합숙생활을 계속한다. 이 기간 동안에 광대와 무당들은 개인의 요청으로 그 집에 가서 놀이와 굿을 놀았다. 마지막 헛천굿 이후 비로소 모두 합숙을 풀고 귀가하게 된다.[17] 즉

17) 이두현, 『한국가면극』(문화공보부 문화재 관리국, 1969), pp.159~164.

다른 말로 하면 별신 제의의 종결이 곧 별신극의 끝이다.

이상에서 보았듯이 별신놀이(劇)와 별신굿(祭儀)을 분명하게 구분하기란 매우 힘들다. 공연의 전부가 별신제의의 테두리 안에서 일어난다. 우선 ① 산주는 신탁을 받아 별신극 공연을 결정하며 광대(배우)를 지명하고 ② 배우들의 합숙훈련은 산주와 무당들에 의해 지시되고, 또 온갖 엄격한 타부를 지켜야만 했으며 ③ 공연의 경우도 별신굿이 행해지는 경우로만 한정되었으며 ④ 무당들도 음악을 반주하고 춤을 추었으니 배우의 역할을 한다.

게다가 별신극의 공연은 단순한 오락이 아니라 풍년과 마을의 안녕이라는 주술적 효과를 기대한다. 관중들이 공연의 주술적 마력을 믿었기에 그들은 가면을 신성시하고 공연의 비용을 기꺼이 기부하였다. 그들은 그 기부금이 복이 되어 돌아오리라고 굳게 믿었으며, 나아가서 죽은 뒤에 좋은 곳에 가려면 별신굿놀이를 보아야만 한다고 생각했다.

별신극 공연의 제의적 배경에는, 우리 민속종교의 특징이기도 하지만, 샤머니즘적 요소와 풍요제적 요소가 함께 보인다. 산주는 영매자로서 공연의 신탁을 헤아리고 배우를 선정한다. 또 무당은 음악을 반주하며 춤을 추고 나아가 극에 관여했다. (삼석놀음 같은 것이 좋은 예이다.) 뿐만 아니라 별신굿은 세모(歲暮)에 시작하여 첫 보름에 끝나는데 이는 낡은 것을 물리치고 새 풍요를 맞는다는 절기적 제의의 특징을 보인다고 하겠다. 하회마을 사람들은 헌 것을 물리치고 풍요의 상징인 만월(滿月)을 맞는 것이다.

그러나 이상의 제의적 특징에도 불구하고 별신극 그 자체는 상당히 연희적이다. 즉 특별한 의상과 가면(무대화장)을 쓰고 극적 이야기를 행동으로 보여 주거나 춤을 통해 상징으로 표현하고, 판토마임을 행하고 대사를 말한다. 그리하여 공연이 행해지는 동안만이라도 관중들은 풍요의 촉진이라는 그 효능은 잊고, 극의 춤, 판토마임, 몸짓, 대사와 이야기를 즐기게 된다. 그러므로 별신굿탈놀이를 제의의 일부분이면서도 극이라 명할 수 있겠다.

별신굿탈놀이의 제의와 극의 양면성은 가면의 사용에서도 나타난다. 가면은 신성시되어 오던 신앙가면과 연희에 쓰이던 공연가면으로 나누어진다. 하회사람들은 가면을 별신극 공연에 사용함에도 불구하고 신성시한다. 샤머니즘에 젖은 주민들은 가면을 신성의 화신으로 보았기에 가면은 공연 후 사당에 보관되었으며, 어떤 제의 없이 가면을 꺼내면 마을에 재앙이 온다고 믿었다. 즉 하회별신굿탈놀이의 가면은 공연가면의 역할과 신앙가면의 역할을 동시에 행하고 있다.

별신굿탈놀이라는 이 극의 타이틀 역시 별신굿놀이의 제의와 놀이의 양면성을 단적으로 나타낸다. 별신굿놀이를 풀어 생각하면 신을 위한 특별한 제의극이라는 말이다. 즉 특별 연극일 뿐만 아니라 특별 제의인 것이다.

(2) 내용과 제의성

극의 내용도 상술한 공연의 배경과 같이 제의와 밀접한 관련을 맺고 있다. 사실 엄밀한 의미로 별신굿과 별신놀이를 구분한다는 것은 불가능하다시피 한데, 그것은 춤과 음악과 곡예들이 별신굿 전반에 걸쳐 행해지며 또 별신놀이도 많은 부분이 춤으로 이루어졌기 때문이다. 본고에서는 별신놀이는 광대에 의해서 가면을 쓰고 최소한의 이야기나 의미를 전하는 행위를 별신놀이(劇)라 한정하겠다. 그렇다면 그 내용에 있어서도 엑스타시의 경험, 벽사의 춤 및 신성결혼 모티브와 죽음과 재생 모티브 등등, 샤머니즘과 풍요제의적 요소가 보인다. 그러나 이러한 제의적 요소들은 어디까지나 별신극이라는 플롯의 범주 안에서 나타나니 궁극적으로는 연극적이다. 즉 각 과장이 처음, 중간, 끝을 가진(다른 말로 하면 possible-probable-necessary의 직선적 플롯으로 전개되는) 최소한의 통일된 플롯이나 의미를 갖는다. 또한 연극의 기본구조인 갈등과 긴장이 있고 등장인물들이 있으며 대사와 마임을 사용하였으며 공연을 위한 특별한 의상과 가면을 썼으니, 이는 연극 공연의 기본조건을 갖추었다 하겠다. 그러나 이러한 극적 요소는 어떤 과장에서는 매우 약하여 제의적 근원을 시사하기도 한다. 다음은 각 과장의 극적 요소와 제의적 요소의 분석이다.

첫 두 과장과 마지막 두 과장은 극적 요소가 약한데 이들은 벽사의 춤과 행위들로 별신극의 제의적인 틀을 마련한다. 「주지」과장과 「삼석」과장은 시작을 고하는 벽사의 의식무라고 하겠다. 「주지」과장에서 주지 두 마리가 벽사무(辟邪舞)를 추고 모의성행위(模擬性行爲)를 했다고 하니 이는 신성결혼의 모티브이다. 「삼석」과장은 무녀(巫女)가 나와 춤을 추었다 하니 샤머니즘적 영매의 경험이나 액막이라고 보겠다.[18]

마지막 두 마당, 「결혼」과 「신방」은 신성결혼 모티브의 재현이다. 광대들은 혼례식과 성행위를 사실적으로 연기하는데 이는 성행위와 자연의 풍요를 연결시켜 생각하였기 때문인 것 같다. 이 주술성을 높이기 위해 이 과장은 별도로 밤에 행해졌으며 여자들은 관람이 금지되었다 한다.

이와 같이 제의적 요소가 이 두 첫 과장과 마지막 과장에는 강력히 나타나서 극과 제의를 분리하기 조차도 힘들어 보인다. 예술과 제의의 경계점이 제의적인 춤에 있다는 해리슨의 이야기를 생각하게 된다.

---

18) 이두현, p.161. 이하의 모든 과장별 줄거리 내용은 『한국가면극』에서 참조하였으므로 일일이 주를 생략함.

> 우리는 이러한 제의적 춤에서 예술과 제의의 경계선을 발견하게 된다. 제의적이면서도 예술적인 미완성의 자료들이 적어도 하나의 형태로 발달되어 감을 이들에서 느낄 수 있다. 뿐만 아니라 이들 춤에서 현실과 소위 우리가 예술이라고 부른 현실의 재현을 연결하는 제의적 고리를 볼 수 있다.[19]

별신극의 첫과 끝, 각기 두 과장들은 악을 물리치고 선의 출현이라는 최소의 의미를 연결시키고 있다고도 하겠는데, 이 최소한의 의미를 커비는 극의 중요한 진화과정이라고 보았다.[20] 그러므로 극성(劇性)이 가장 약한 이들 과장이야말로 별신굿탈놀이의 최초의 과장들이 아니었나 생각된다. 나머지 마당들은 세월이 지나면서 차차로 첨가된 것이 아닌가 싶다. 특히 이본에 나타난 혼례마당에는 중이 각시와 공모하여 신랑을 살해하는 이야기가 있는데, 이는 원래의 결혼모티브에 후대에 첨가된 이야기 같다. 그러나 현존하는 별신굿탈놀이 가면이 현재 전해오는 모든 과장의 전 인물가면을 포함하고 있는 것을 보면, 가면 제작 시기인 12~13세기에는 이미 현존 대본이 완성된 듯싶다.

「백정」과 「살림살이」 과장은 좀 더 극적인 발전을 보여준다. 「백정」 과장에서는 백정이 소를 잡는 것을 사실적으로 재현하며 관중에게 가공의 염통과 우랑을 사라고 외친다. 그의 말에는 양반계급에 대한 날카로운 풍자가 들어있다. 마지막에는 마치 사람을 사형하고 두려움에 사로잡힌 듯이 춤을 춘다.

우선 첫눈에도 이 과장은 줄거리가 있다. 처음에 주인공이 황소를 죽

---

19) We shall find in these[ritualistic] dnacer the meeting-point between art & ritual, or rather we shall find in them the rude inchoate material out of which both ritual and art, at least in one of its forms, developed. Moreover, We shall find in pantomimic dancing a ritual bridge, as it were, between actual life and those representations of life which we call art. J. E. Harrison., 앞의 책, p.28.

20) E. T. Kirby, 앞의 책, p.23.

이고, 중간에 황소 간과 우랑을 팔고, 마지막에 영매상태와 같이 춤을 춘다. 그리고 관중에게 염통과 우랑을 파는 과정에서, 갈등과 긴장마저도 느끼게 한다. 또한 인물성격을 보여주는 대사까지 있으니 주인공은 양반계급을 풍자 비판할 정도로 그의 사고력이 발달했다. 그러나 아직 제의적 요소가 많이 보이니, 백정의 풍자가 끝나고 살생 후의 두려움에 떨 때는 극의 분위기가 제의적으로 바뀐다 하겠다. 또한 죽음과 부활 모티브와 샤머니즘적 영매상태를 보여주니, 즉 고통스럽고 낡은 삶은 물리치고(황소의 살육) 새 생명(우랑의 생명력)을 기대하며, 마지막의 신들린 듯이 두려워하는 장면은, 실제 「살생」이라고 불리는 굿과 밀접한 연관을 느끼게 하는데 이 굿에서는 무당이 신들려 실제 황소를 죽인다.

「살림살이」 과장에선 늙은 할미가 들어와 베를 짜는 시늉을 하며 인생고를 읊는다. 이 노래는 한 늙은 여인의 넋두리로 여성관중의 많은 호응을 얻었다 한다. 그러나 그녀는 늙음, 슬픔, 죽음의 상징으로 간주된 듯하니, 관중들은 돈을 거둬 그녀를 달래 쫓아 보내려고 했다. 이렇듯 나쁜 재수나 악령을 달래서 재앙을 막는 것은 샤머니즘의 기본적인 수법이라고도 하겠다. 살생과 살림살이에는 최소한의 줄거리와 성격창조가 있는 반면 영매상태와 같은 춤이 있으니 이 과장들은 제의적 요소를 많이 갖고 있다.

「환자(還子)놀이」 과장은 자세히 전하지 않고 있어 분석이 어려우나, 사회비판을 풍자적으로 한 소극(笑劇)으로 보겠다. 이 과장에는 관리인 별채가 나와 마을 사람들에게서 곡식을 받아들이면서 중간착취하는 것을 풍자하였다 하니, 그 주제가 우선 현실을 날카롭게 반영한다. 좀 더 자세한 내용이 전해지지 않아 정확한 분석은 어려우나 현실고발이라는 면에서 생각해볼 때, 제의적인 요소가 극소화되었으리라 짐작된다. 이 마당은 고발정신이라는 탈놀이의 중요한 전통이 일찍부터 이루어졌음을 알려주는 중요한 자료이다.

나머지 「파계승」과 「양반」 과장은 별신극의 가장 극적인 과장으로 전체 별신극의 연극적 요소를 강화한다고 하겠다. 그러나 역시 갈등구조나 신성결혼 모티브 등등 제의적인 요소가 보이기도 하나 이러한 모티브가 극중 이야기의 진행 발전과 혼합되어 숨겨져 있다.

「파계승」 과장은 판토마임을 이용하였는데 각시가 나와 춤을 추고 있으면 중이 등장하여 바라본다. 각시가 치마를 들고 소변을 보고, 다시 춤을 계속하면 중이 성적 흥분을 느낀다. 그는 소변 본 자리의 흙을 움켜쥐고 냄새를 맡다가 각시와 어울려 논다. 양반의 하인 초랭이가 등장하자 중은 각시를 업고 도망가고 초랭이와 이매(선비의 하인)가 웃으며 좋아하나 뒤이어 등장한 양반과 선비는 세상을 개탄한다.

이상과 같이 완전한 이야기 줄거리가 있으며, 나아가 플롯은 아리스토텔레스(Aristotle)가 말하는 복합플롯(complex plot)의 색채마저 띠니, 즉 주인공의 역전(reversal)이 있다는 것이다. 주인공인 중은 존경받는 중으로부터 일개 한 필부에로의 근본적인 변화, 역전이 있다. 그리고 다수의 인물이 등장하며 그들 사이의 갈등을 보여준다.

표면적으로는 파계승에 대한 풍자이지만 이 과장의 본질은 풍요의식이라고도 해석이 가능하겠다. 케임브리지(Cambridge) 학파의 이론대로 남신이 성적으로 흥분하여 여신의 오줌 냄새를 맡으며 그녀를 데리고 갔다고 해석하면 이 이야기는 '자연의 풍요를 위한 신성결혼'이라고도 하겠다. 이 모티브가 극적으로 발전하여 남신이 파계승으로, 여신이 부네로 바뀌었고, 마지막 하인들의 춤이 첨가되었으리라고 보겠다. 그러므로 이야기는 제의의 원형에서 점차로 세속화 되어가고 일상을 반영하였다. 이 가설은 「파계승」 과장을 후대 탈놀이와 비교하여 보면 더욱 그럴 듯하다. 봉산탈춤에는 부네가 소변을 보는 직접적인 성적 표현은 생략되고 파계승에 대한 풍자가 보다 날카로워진다. 이 마당의 또 다른 제의적 요소는 이 과장이 해리슨이 말했던 예술과 제의의 경계점이라고 할 수 있는 무언의 춤과 판도마임으로 행해졌다는 것도 들 수 있다.

「양반과 선비」 과장은 별신극 중 가장 극적으로 발전된 과장으로 많은 대사를 포함한다. 양반과 선비가 하인들을 데리고 등장하여 서로 인사를 하는데, 부네가 등장하여 춤을 추며 유혹하면 양반, 선비 사이에 사랑의 삼각관계가 벌어져 서로 부네를 얻으려고 지체와 학문 자랑을 한다. 그러나 그들의 자랑은 분명한 허풍으로 오히려 그들의 무식을 노출시킨다. 부네, 양반, 선비가 함께 춤추고 있을 때 할미가 나타나 그들과 함께 춤추려고 하다 쫓김을 당하고 화를 낸다. 이때 백정이 소 우랑을 가지고 나와 양기에 좋다고 하자 양반과 선비는 서로 사려고 하다 우랑이 터진다. 할미는 터진 우랑을 집어 들고 양반과 선비를 야단친다.

이 과장은 우선 극적으로 발전했고, 복잡한 플롯을 가지고 있다. 더구나 클라이맥스로의 분명한 발전이 있으니, 양반과 선비의 갈등은 우랑이 터지는 데서 절정을 이룬다. 결말로(resolution), 할미는 그들을 경멸하며 싸움을 말린다. 이 과장은 다수의 인물이 나오고 극적 갈등을 일으킨다. 나아가 어느 정도의 성격 창조가 보이니 부네의 요부스런 성질이나 양반과 선비의 자존심이 그것이다. 더 나아가서 이러한 성격들은 유기적으로 행동(action)의 발전을 돕는다. 일례로 양반과 선비의 자존심에서 각자의 지체 자랑이 나오고 그 자랑에서 그들의 무식이 탄로난다. 또한 분명한 주제를 가졌으니 소위 양반계급의 무지, 탐욕과 허욕을 폭로하여 풍자한다. 그리고 무엇보다도 다른 과장들과는 달리 대화로써 주 이야기가 전달되니, 대화에서는 고도의 언어유희(pun)까지를 사용했다. 예로 양반이 사대부의 가문을 자랑하자 선비는 있지도 않은 팔대부의 가문을 자랑하는데, 이는 4와 8의 언어유희이다. 이러한 언어유희의 사용은 이 과장이 극적으로 발전되어 언어에 대해 세심한 배려를 하였다는 증거이기도 하다.

이와 같이「양반과 선비」과장에는 극적 발전이 두드러지나 역시 제의적 근원을 시사하는 해석이 가능하며 늙음과 젊음, 죽음과 삶의 갈등 구조가 보인다. 양반과 선비는 땅과 풍요의 여신의 화신이라 할 수 있는 부네를 얻기 위해 경쟁하는데 부네의 대담한 성적(性的) 유혹은 일개의 여인의 차원을 넘어선다. 이러한 직접적인 성의 표현은, 풍요를 부르는 '신성 결혼'(sacred sexual intercourse)의 전주라고도 하겠다. 이 해석은 양반과 선비가 황소의 우랑을 얻으려고 싸우는 데서 더욱 분명해진다. 우랑을 얻으려는 싸움은 성기(性器) 숭배에 근거한 풍요에 대한 갈망이기도 하다. 이 싸움은 불모와 늙음의 상징인 할미가 터진 우랑을 줍는 것으로 끝난다. 이는 풍요제의 기본 갈등 모티브가 극화하여 복잡성을 띠게 되면서 양반과 선비가 갈등의 힘들을 대신하고 부네가 풍요의 여신을 대신하여 극화되었다고도 해석하겠다. 이와 같이 극적 발전이 분명한 양반과 선비, 파계승 마당에서도 제의적 모티브들이 이야기에 작용하고 있음을 보았다.

이상에서 분석해 보았듯이 최고의 현존하는 탈놀이인 별신굿탈놀이는 마을의 안녕과 풍요를 비는 샤머니즘적 부락제와 긴밀한 관계를 맺고 있다. 전 공연이 부락제의 테두리 안에서만 일어나며, 이야기의 내용에 있어서도 샤머니즘적 벽사의식이나 영매(trance) 모티브, 신성결혼 모티브, 죽음과 재생 모티브, 새 것과 낡은 것의 대결 모티브 등등 그 제의적 근원을 시사한다.

게다가 연극의 두 대표적 기원으로 꼽히던 샤머니즘과 풍요제의 두 제의적 요소가 별신굿에는 혼합 공존하니, 이 두 제의는 통례적으로 생각해오듯이 개개로 작용할 뿐만 아니라, 어떤 종교 문화적 상황에서는 함께 융합하여 하나의 연극에 영향을 준다고 하겠다.

이러한 제의적 요소들은 후대 탈놀이에서는 상당히 줄어들고 극적 발전이 분명해진다. 다음은 후대 탈놀이의 대표로서 봉산탈춤의 제의적 요소와 극적 발전 및 그 상관관계를 조명하여 보자.

2) 봉산탈춤의 경우

(1) 공연배경과 제의성

후대 대부분의 탈놀이가 그러하듯이 봉산탈춤도 서울과 중국을 잇는 길목에 위치한 하나의 상업도시에서 발달했다. 도시인들은 농사를 짓는 농민들보다는 자연의 재해에 거리감을 가질 수 있었으므로, 그들은 자연의 위력에 대한 공포심이 분명히 덜했다. 봉산은 하나의 부흥하는 상업도시로 자연을 달래서 조절하기보다는 오락을 더욱 필요로 했다. 농민에서 부유한 상인으로의 후원자가 바뀜에 따라 탈놀이의 발전에 큰 영향을 끼친 것 같다. 19세기 중엽 무렵에는 부유한 상인들이 시장의 분위기를 북돋우기 위해서도 탈놀이의 공연을 지원했던 것 같다. 그러므로 주술적 요구보다 오락적 요구가 중요해졌다. 이 변화는 봉산탈춤을 절기적(節氣的) 제의로부터 분리시켜 극적 발전을 촉진시키지 않았나 싶다.

공연의 배경으로 우선 공연 시기만 보아도 봉산탈춤의 기능이 주술에서 오락으로 이양됨을 알려준다. 즉 어떤 부락제의 일부분이 아니라 그 공연 자체로 독립되었다. 지금 알려진 바로는 처음에는 봉산탈춤이 해마다 석가탄신일에 정기적으로 공연되다가 차차로 신임사또 부임 등 특별 축하 공연이 늘고, 19세기 중반 이후부터는 시장에서 공연되거나 부잣집 경사에 공연되었다 한다. 19세기 말에 가서는 단오절에 해마다 정기공연을 하게 되었다. 단오가 절기적인 명절이기는 하지만 제의가 아니며 봉산탈춤은 이 명절의 그네뛰기, 씨름 등 놀이의 하나로 공연되었다고 하겠다. 아직은 완전히 독자적이라기보다 주로 행사(석가탄신일, 축하연, 명절 등등)에 동원되어 공연되었지만 하회별신굿탈놀이가 별신굿의 일부였음에 비하면 상당한 독립이다.

또 봉산탈춤은 별신굿탈놀이와 같이 배우가 신탁으로 결정되지 않는다. 그들은 하급관리인 지방 이속들이었고 간혹 평민들도 기부금을 내면 패에 끼일 수가 있었다 한다. 배우는 역시 모두 남자들만으로 구성되었으나 1920년 이후에는 기생들이 여자역도 놀았다 한다. 이러한 배우 신분의 융통성과 여자 배우의 등장은 탈놀이의 세속적 극적 발전을 알려주는 좋은 증거의 하나라 하겠다.

공연장소 역시 탈춤이 제의에서 독립하였음을 보인다. 별신굿탈놀이는 동사(洞舍) 앞 빈터에서 놀았으나 봉산탈춤은 임시 반월형 다락을 맨 가설극장에서 공연을 하게까지 되었다. 이 가설극장은 무대자체는 빈 공간이었으나 반월형 다락은 후원자를 위한 특별석이고 나머지는 무료 입장이었다고 한다. 이러한 관중의 구분은 엘리자베스시대(Elizabethan) 극장의 관중 구분과도 유사하다. 일단 관객의 좌석 차이에 의한 관객의 분화가 일어났으니, 공연은 마을 전체의 제의적 공동체적인 경험에서 소외된 경험으로 옮아갔다고도 하겠다.

이렇듯이 봉산탈춤 공연의 배경은 제의에 의해 규약 받지 않고 완연한 민속극(Folk Theatre)으로 옮아갔다. 그러나 역시 제의적 잔재를 보이니 전 공연의 과정은 별신굿과 놀이의 구조에 대응된다. 봉산탈춤을 시작하기 전에, 공연자들은 의상을 갖추고 공연장 주변에서 관객을 끌 겸 퍼레이드를 벌이는데 이것이 길놀이라고 익히 알려진 사실이다. 구조적으로 이 길놀이는 별신굿탈놀이에서 산주를 선두로 한 무당, 광대, 관중의 신당순례에 대응된다고 하겠다. 즉 별신굿탈놀이에서 종교적인 퍼레이드는 후대 봉산탈춤에 와서는 관중을 모으기 위한 공연 전의 퍼레이드가 되었다. 또한 이 길놀이 후에는 간단한 고사를 지내고 있으니 그 제의적 잔재를 보여준다.

탈의 경우를 보아도 탈을 신성시하여 보관한 별신굿과는 대조적으로 봉산탈춤은 공연 후 탈을 불태웠다. 탈을 태운다는 점은 탈 그 자체로서의 신성성을 잃었다는 증거이기도 하나 한편 소각 그 자체는 샤머니즘적 벽사의 의미를 지니기도 한다. 불은 샤머니즘에서 정화(淨化)의 의미를 갖고 있으며 악과 부정을 물리친다고 믿어진다. 낡음을 불태움은 새 것을 위한 자리를 만듦이다. 가면을 불태워 악을 물리치고 송구영신(送舊迎新, off with the old, on with the new), 즉 자연의 재생을 부른다고도 하겠다.

봉산탈춤의 일부 의상들도 무당에게서 빌려 썼다고 한다. 또한 음악의 악기는 무당이 음악에 사용하는 것과 같고, 또 같은 박자의 곡조를 사용하기도 한다. 일례로 장구와 징의 빠른 박자를 사용한 무당음악의 점층적이고 충격적인 리듬의 기법을 사용한다. 이런 음악에 빠져 관객은 굿에서 경험하는 무아경의 경지를 희미하게나마 감지하는 수도 있다.

불(火) 역시 중요한 무대효과를 연출하니 공연은 모닥불 밑에서 야간에 진행되었다. 어둠 속에 흔들거리는 붉은 불빛을 뒤로 하고 모닥불을 뛰어넘는 먹중의 춤은 유명했다 한다. 이러한 불의 역할은 샤머니즘과 연극에 대한 커비의 관찰을 상기시킨다.

> 샤머니즘에서 비롯된 범극장적 공연의 또 다른 특징으로, 한때 서구에서 거리 모퉁이나, 카니발, 혹은 서커스에서 행해졌던 전형적인 묘기인 불 속 걷기나

> 불 먹기를 꼽을 수 있다. …
> 이러한 공연 현상의 범문화적이고 기본적인 한 근원은, 한밤 타는 불길 아래에서 행해지는 샤머니즘적 영매상태의 벽사의식이다.[21]

즉 커비는 불의 곡예를 샤머니즘에 근거를 둔 공연의 특징으로 보았다.

결론적으로 봉산탈춤의 공연 배경은 어떤 제의에 종속되지 않고, 독자적인 민속극으로 발전했지만 아직도 몇몇 제의적 잔재를 보여 그 밀접한 관계를 시사한다.

(2) 내용과 제의성

봉산탈춤의 공연 배경뿐만 아니라 그 내용에 있어서도 독자적인 민속극으로의 발전을 보이나, 역시 샤머니즘적 부락제의 요소와 긴밀한 유대를 취한다. 봉산탈춤의 내용을 두 그룹으로 나눌 수 있으니 춤과장과 극과장이라 하겠다. 극과장은 말할 것도 없고, 춤과장도 시작, 중간과 끝을 가진 통일된 구조가 있고, 갈등과 긴장, 인물과 성격창조 및 대사, 마임, 노래, 음악과 장관으로서 의상과 가면이 있다. 그러나 역시 샤머니즘의 벽사(辟邪) 모티브, 신성결혼 모티브, 재생 모티브나 갈등 모티브의 잔재가 보인다.

별신굿탈놀이와 같이 봉산탈춤도 시작과 끝이 의식적인 춤과 행위이다. 즉 별신극의 경우처럼 그 내용에 있어서도 봉산탈춤은 제의와 유사

---

21) Another paratheatrical performance originating in shamanism is presented by fire-walking, fire-handing, and fire-eating, typical of the act once practical on the street corners, in fairs, carnivals, and circuses in the Western world…
One fundamental cross-culture source for these phenomena is a shamanistic trance ritual of exorcism held at night about a glaring fire.
같은 책, p.14.

한 틀을 갖고 있다고 하겠다. 봉산탈춤은 「사상좌」의 의식무로 시작하는데, 의식무이기는 하지만 20세기에 이르러서는 기생들이 얼굴자랑을 하느라고 탈을 벗고 추었다고 할 정도로 그 제의적 성격이 약화되었고 오락적 성격이 강하였음을 알려준다. 또 전 공연은 죽은 미얄을 위한 굿으로 끝나는데 이 굿 후에는 간략한 제사를 지내고 가면을 불살랐다고 한다. 이것은 분명한 제의지만 이 제의는 이야기 속에 완전히 융화되어 이질감을 느끼지 않게 되며 봉산탈춤의 극적인 발전을 보여준다.

「먹중」 과장은 물론 오락성이 짙지만 또한 벽사의 춤이라고도 하겠다. 악마 같은 가면을 쓰고 먹중이 하나하나 차례로 나와 앞선 먹중을 때려서 쫓는다. 반복되는 쫓음은 사악함을 쫓는 상징이라고도 보겠다. 게다가 한때는 모닥불을 뛰어넘는 곡예를 하였다니 이는 샤머니즘적 초인간 상태, 영매의 상태라 하겠다. 커비가 주목하기를 극적인 불의 곡예는 샤머니즘적 공연에서 종종 보인다고 했다. 그러나 이 과장의 오락성은 또한 중요하니 먹중의 묘기는 대단한 인기였다. 또 약하나마 이야기의 줄거리가 있으니, "먹중들이 종교생활에 싫증을 느껴 불자(佛者)의 도리를 버리고 춤과 노래를 즐긴다."가 그것이다.

별신굿탈놀이의 주지춤에 대응하여 「사자춤」이 있다. 불교의 사자는 부처의 심부름꾼으로, 사귀(邪鬼)를 쫓는 상서로운 동물이다. 이런 의미에서 이 과장은 벽사의 의미를 포함하며, 또 커비는 사자춤을 대표적인 샤머니즘적 곡예로 간주하였다.[22] 이렇듯이 이 과장이 사자의 춤으로 구성되었지만 별신굿탈놀이의 주지춤과는 달리 이야기 형태(storyline)를 갖추고 있다. 처음에 사자가 파계한 먹중들을 벌주러 등장하고 중간에는 먹중들이 자신의 과오를 뉘우치며 용서를 빌자, 마지막으로 그들은

22) 같은 책, p.23.

용서를 얻고 사자와 모두 즐겁게 춤을 춘다. 이 이야기는 먹중과 사자의 갈등을 정점으로 위기(crisis)를 갖춘 플롯으로 발전을 보이며 많지 않지만 대화도 사용했다.

「사당」 과장도 극이라기보다는 춤과 노래의 여흥이다. 사당이 거사들과 등장하여 노래를 같이 즐겁게 한다. 이 과장에 극적인 발전이 없지만, 또한 제의적인 의미도 없다. 관중은 춤과 노래를 즐기니, 이 과장은 가면극에 대한 종교적 의미의 감소와 그 오락적 욕구의 증대에 따라 나타난 과장이라 하겠다. 세월이 흐름에 따라 주술적인 욕구와 믿음이 약해지면서 사당과장과 같은 새 오락적 과장이 탈놀이에 첨가되는 반면, 백정, 결혼, 신방 같은 제의적인 과장이 없어지지 않았나 하는 가설을 생각할 수도 있겠다.

이러한 춤과장보다 극과장들이 더욱 분명하고도 복잡한 플롯을 가지고 있다는 것은 두말할 것도 없다. 봉산탈춤의 극과장은 노장과장, 양반과장, 미얄과장을 들겠다. 노장과장에는 먹중들이 노장을 인도하여 나오는데 노장은 소무를 발견한다. 결국에는 노장은 소무의 유혹에 넘어간다. 그들의 사랑의 수작은 춤, 몸짓 등으로 나타난다. 이때 신장수가 등장하여 원숭이를 확인하는 소극(笑劇)을 벌이고, 노장은 이 신장수에게서 소무의 신을 사는데 신장수는 신값을 떼이고, 매만 맞고 쫓겨간다. 그러나 오입쟁이 취발이가 나타나 노장에게 도전하여 소무를 빼앗고, 소무는 취발이의 아이를 낳자, 취발이는 아기를 어르며 글자를 가르친다.

이상의 이야기는 첫눈에도 복잡한 이야기의 전개가 있으니 처음에는 노장과 소무의 이야기, 중간은 신장수와 원숭이의 소극, 마지막은 취발이의 도전이다. 극구성상 각 장이 개연성을 띠고 연결되었으나 필연성은 없다. 즉 중간에 신장수와 원숭이를 둘러싼 소극이 있으나 이것이 다른 소극으로 대치되거나 혹은 생략되어도 무방하며, 취발이장과 그

순서가 바뀌어도 무방하다. 취발이가 소무에게 신을 사주고 신 값을 떼어 먹어도 극의 진행에는 큰 차이가 없다. 또 각 장 안에 있어서도 극의 전개가 꽉 짜여지거나 필수불가결한 요소들로만 이루어져 있지 않다. 가령 취발이가 노장으로부터 부채로 얻어맞고 중천에 뜬 솔개미가 자신을 고깃덩이로 착각했나보다는 이야기를 떠들어댄다. 이때 서산대사 및 팔선녀의 장광설이 나오는데, 이는 곧 「구운몽」 이야기의 삽입이다.

이와 같이 「노장」 과장은(나아가서는 탈놀이의 구조이기도 하다) 서구 전통극처럼 아리스토텔레스에 기저하여 인과율(possible-probable-necessary)에 의하여 짜여진 필연적 직선적인 발전이 아니라, 큰 테두리 안에서 블록의 연결이다. 일례로 취발이장은 취발이가 노장에게 도전하여 소무를 차지한다는 최소의 직선적 테두리에 소설(예 : 「구운몽」 이야기), 고사(예 : 진평이가 황금 삼만 냥을 초군 중에 흩었다), 속단(예 : 도깨비라는 놈은 방망이로 휜다)이나, 곡예, 춤, 노래 등을 구성블록으로 사용하여 형성된 장이니, 그 구조상 필요에 따라 구성블록을 가감하여 길게도 짧게도 공연이 가능한 것이다.

이러한 구성방식은 탈놀이가 희곡문학적인 입장보다는 공연예술의 입장에서 발전되었음을 이야기해준다. 이러한 입장은 제의와의 관련을 조금 더 손쉽게 이해하게 하니, 제의는 공연예술적인 성격은 가지고 있어도 희곡문학적인 성격은 희박하기 때문이다.

「노장」 과장의 주제는 일상생활에서 취하였으니 사랑의 삼각관계와 파계승에 대한 풍자라고 하겠다. 다수의 등장인물이 나오며 먹중 같은 엑스트라들도 있다. 또 성별적 육체적 특징을 넘어선 성격창조도 있으니 노장의 예를 들면 비록 그는 시종일관 말이 없지만 불도(佛道)의 계율과 욕망 사이의 갈등이 판도마임을 통해 전해오며, 신 값을 떼어 먹는 행동은 그의 탐욕적인 성격을 나타낸다. 또 먹중들의 조롱적인 대사에서도 노장이 스님으로 존경스럽지 않음이 나타나고, 나아가 다가올 파계를 시사한다. 또한 각각의 인물 창조에 있어서 한 계급의 유형을 그렸으면서도 일상의 사실성(life-likeness)을 잃지 않았다.

언어의 의식적인 사용이 눈에 뜨이니, 일례로 대사와 침묵을 유효 적절히 반복함으로써 플롯의 진행은 물론 극적 효과를 높인다. 즉 인물들은 말하는 자와 침묵하는 자로 나뉘는데 이로 인한 오해의 발생 등은 이야기에 유머와 복합성을 띠게 한다.

이렇듯이 잘 짜여진 과장이지만 역시 갈등이나 신성결혼 같은 제의적 해설이 가능하다. 노장을 늙음과 겨울로, 취발이를 젊음과 여름으로 본 해석은 이미 시도된 바 있다.[23] 또한 취발이는 직접적이고 대담한 성 표현을 하고 원숭이까지도 소무에게 수작을 한다. 성을 타부시한 유교 사회임을 생각할 때, 물론 오락적인 기능도 있었겠으나, 나아가서 풍요를 비는 신성결혼 모티브의 흔적으로도 해석할 수 있겠다.

소무(小巫)라는 여주인공 이름도 문자 그대로 작은 무당이라는 뜻이니 여주인공은 원래 신의 뜻을 헤아리던 무당이라는 의미를 강력히 내요한다. 또 취발이가 복화술로 아이 목소리를 내는데 이는 샤머니즘의 기술에서 영향 받았다고 하겠다.[24]

「양반」 과장은 가장 정교하고도 많은 대사를 사용한다. 말뚝이는 이 과장 내내 양반 삼형제의 탐욕과 어리석음을 조롱하여 그들을 웃음거리로 만드는데 그의 대사는 대담한 표현이나 이중의미(Double Entender)를 사용하는 등 재치에 차 있다. 별신굿탈놀이의 「양반과 선비」 과장과 이 「양반」 과장을 비교해보면 극적인 발전이 뚜렷하다. 별신굿놀이에서는

23) 조동일, 『한국가면극의 미학』, 일지사, 1975.

24) E. T. Kirby, 앞의 책, “Shamanism represents the actual, as well as the metaphorical or archetypal, origin of ventriloquism.”

양반과 선비가 풍요의 상징이랄 수도 있는 부네를 두고 싸우는데, 그러므로 상류계급의 무지와 탐욕이 폭로되기는 하지만 어디까지나 부수적인 것이고, 이들의 투쟁을 풍요를 기원하여 촉진시키는 제의적 의미로 해석할 수가 있다. 봉산탈춤에서는 풍요의 상징인 부네의 존재가 아주 없다. 부네의 생략은 이 두 과장의 기본 의미를 바꾼다. 즉 이야기의 관점이 풍요의 촉진과는 무관한 양반 부조리의 폭로에 있게 된다.

양반에 대한 풍자는 양반이 외모상으로도 불구로(샌님과 서방님은 언청이고 도련님은 입이 삐뚤어졌다) 나타날 정도로 심각해진다. 우선 첫 외양부터 존경받아야 할 양반의 풍채가 존경스러움과는 거리가 먼 불구자들인 것이다. 그러나 불구는 병이나 비정상의 악마적 재현과도 관련지어져서 샤머니즘적 연극의 특징으로 꼽히니, 양반과장도 제의적 요소를 갖고 있다고 하겠다.

이러한 샤머니즘적 요소는 이 과장의 기능에서도 엿보인다. 양반과장은 환적(環的)인 구조로 잘 짜여진 플롯을 가지고 세속적인 풍자를 하여 양반계급을 폭로하는데 이 폭로는 평민에게 평소의 불만을 해소시킬 수 있는 계기가 되었다. 이러한 기능은 바로 샤머니즘 제의가 한 사회 속에서 갖는 기능이기도 하다. 샤머니즘의 주술성이 사회적 고발로 대치되었으나 감정의 카타르시스라는 결과에서는 그 기능이 같다.

마지막 「미얄」 과장은 평민들의 일상을 반영하는데 잘 짜여진 연극이지만 역시 제의의 흔적을 가졌다. 미얄은 오래 전에 잃은 남편을 찾아 헤매며 등장한다. 그녀는 악사를 보고 남편을 찾으며 그의 못난 용모를 묘사한다. 그녀가 퇴장하자 그녀의 남편인 영감이 등장해 같은 악사를 보고 아내를 찾으며 그녀의 못난 용모를 묘사한다. 마침내 둘은 만나 즐겁게 춤을 추는데 성행위를 묘사하는 것이다. 춤을 춘 후, 미얄은 첩인 덜머리집을 발견하고 싸우다 결국 미얄이 죽는다. 무당이 들어와 죽은 미얄을 위해 굿을 한다.

낡음과 새 것의 갈등구조는 이 과장에도 분명하다. 또한 신성결혼 모티브나 동네 수호신의 모티브도 이미 지적된 바 있다.[25] 늙은 미얄의 죽음으로 끝나면서도 이 과장이 비극적 톤(tone)이 아님은 미얄의 영생(復活)을 믿고 행해지는 굿으로의 화합이 중요한 역할을 하기 때문이다. 이 굿은 미얄과장의 맺음일 뿐만 아니라 봉산탈춤 전 공연의 맺음이기도 한데, 이 맺음은 이제까지의 소극적(笑劇的) 분위기를 전환하여 제의적 경험으로 극을 끝낸다. 즉 별신굿놀이와 마찬가지로 시작과 끝에 의식무(儀式舞)와 굿을 사용함으로써 제의적인 테두리를 갖는다.

이 「미얄」 과장을 별신극의 「살림살이」 과장과 비교해볼 때 극적 발전이 두드러진다. 별신극에서는 한 노파(죽음의 상징이기도 하다)가 그녀의 불행한 일생을 노래로 읊조리는 반면, 관중들은 그녀를 달래서 쫓기에 바쁜데, 봉산탈춤에서는 다수의 인물들이 등장하여 노파 미얄을 중심으로 이야기를 엮는다. 그러나 여인의 고달픈 일상사를 반영한다는 기본 모티브는 같으니 별신극의 모티브가 제의적 요소를 제거해가며 극적인 발전을 이루어 「미얄」 과장으로 발전했다는 가설이 가능하다.

이 「미얄」 과장은 사실적인 극의 기법을 사용하지는 않았으나, 일상을 사실적으로 반영한다. 아들의 안부를 묻는 영감의 말에, 그들이 너무 가난하여 산에 나무하러 갔다가 배고픈 호랑이에게 물려갔다는 미얄의 답변은 그녀의 가난한 일상을 단적으로 표현하며 간접적으로는 그들을 버린 영감에 대한 항의이다. 영감의 이런 이기적인 성격은 후에 헤어지자고 재산분배를 할 때도 잘 나타나는데 여기서 본격적인 그의 탐욕성이 나타난다. 이와 같이 남성의 여성에 대한 횡포를 이 과장은 고발한

25) 조동일, 「미얄과장의 웃음과 눈물」, 『탈춤의 역사와 원리』, 홍성사, 1979.

다. 희극적 과장 수법을 써서 늙은 아내의 고통을 몇 배 사실적으로 전달하는 것이 이 과장의 묘(妙)이기도 하다.

공연 전체를 통해 나타나는 봉산탈춤의 제의적 영향으로는 우선 과장별 구조를 들겠다. 별신굿탈놀이와 같이 봉산탈춤도 과장별로 나뉘어 구성되었는데 이 구조는 굿이 각 거리로 구성되는 구조와 유사하다. 즉 샤머니즘 의식인 굿에서 각 거리가 독립성을 갖고, 각 거리의 가감의 여지가 있는 구조는 바로 탈놀이의 과장별 구조이기도 하다.

또 다른 샤머니즘의 영향으로는 '여행'의 개념이다. 샤머니즘의 하나의 특징으로 굿 중에는 무당의 영혼이 영매의 경지를 위해 다른 세계를 여행한다. 이 여행을 시로코고로프는 다음과 같이 묘사한다.

> 샤만은 북동쪽으로 산맥을 따라 내려가야만 한다. 거기서 그는 자신의 혼령과 갈등을 일으키는 다른 샤만의 혼령이나 다른 신령들과 마주치며 어려움을 겪을 수 있다. 여정 중 그는 작은 구멍을 지나가야만 하는데, 거기서 그의 혼령은 신령들이나 다른 샤만에 의해 사로잡힐 수도 있다. … 이러한 여정의 전 과정은 샤만의 노래로 보고된다.[26)]

봉산탈춤의 대부분의 인물들도 놀이판에 여행자로서 나타난다. 노장은 수도를 닦던 산으로부터 주저하며 등장하고, 양반과 말뚝이는 여행 중이라 새 처(處)를 찾고, 미얄 역시 남편을 찾아 헤매던 여정 중에 놀이판에 당도하는 것이다. 사자마저도 부처님의 세계에서 먹중을 벌주려고

---

26) The shaman must go down a mountain range (in a north-eastern direction), where he may meet with difficulties caused by the spirits of other shaman and other spirits which are in conflict with his own spirits. On his way he has to go through a small hole, near which the spirits and other shaman may capture his soul··· The journey is reported by the shaman, who sings all 'les peropeties' of his travelling.
S. M. Shirokogoroff, 앞의 책, p.307.

먼 길을 와서 나타났다. 즉 이들 등장인물들은 모두 어떤 여정(旅程)의 일부로서 놀이판에 당도하게 되는 것이다. 이것은 분명한 샤머니즘의 영향이라고 해석되겠으나, 등장인물들의 여행은 이야기를 진행하는 플롯의 일부분이며 눈에 띄지 않게 극화되었다고 하겠다.

이상에서 살폈듯이 후대의 봉산탈춤은 제의와 독립하여 민속극으로 발전했다. 즉 공연의 배경이 별신굿탈놀이처럼 제의에 종속되지 아니하고 내용 역시 극으로 손색이 없다. 그러나 역시 제의적인 해석이 가능하니 이는 탈놀이와 민속제의와의 밀접한 관계를 계속 시사하고 있다.

4. 사회비판 기능으로 계속되는 탈놀이의 제의성

탈놀이는 고유의 민속신앙과 제의와 밀접한 관련을 맺어왔다. 샤머니즘과 풍요제의가 서로 융화된 민속제의의 배경으로 인하여 이 두 제의의 특징들이 탈놀이에 함께 공존함을 보았다. 별신굿탈놀이와 봉산탈춤, 즉 각기 다른 시대의 대표적인 두 탈놀이에서 제의적 요소와 극적 발전의 상관관계를 조명할 때, 탈놀이는 후대로 올수록 제의적 요소가 감소되며 극적 발전을 이룬다. 공연의 목적이 풍요와 안녕을 비는 주술성에서 오락으로 바뀌어 간 것이 무엇보다도 탈놀이 발전에 큰 계기가 아니었나 싶다. 해리슨이 말했듯이 주술의 힘에 대한 대중의 믿음이 약해지면, 예술 표현에 있어서도 제의적인 측면이 사라지는 것 같다. 아테네의 '봄의 제의(Spring Rite)'의 쇠퇴에 대한 그녀의 관찰은 우리의 부락제에도 적용된다.

> 일단 작은 의심이 시작되어 사람들이 관습보다 경험에 의해 행동하기 시작

하면, 제의에 대한 열정은 사라지기 시작하며 집단적인 열광은 더 이상 남지 않는다.[27]

사족으로 이상과 같이, 탈놀이와 제의와의 밀접한 관계는 두말할 것도 없지만, 이러한 제의가 현존 탈놀이의 유일한 근원이요 형성요인이라고는 생각하지 않는다. 중앙아시아나 중국의 영향 및 궁중의 연희적 전통과 직업배우들도 현재의 탈놀이 성립에 제의와 비슷한 중요성을 갖는다고 믿어진다. 일례로 사자춤은 불교나 서역의 영향에서 비롯되었으리라고 생각되는데 그 이유는 한국에는 사자가 야생하지 않기 때문이다. 주지춤의 사자춤으로의 변화는 분명 외국의 영향으로 믿어진다. 본고는 탈놀이를 민속 고유의 제의적 측면에서 고찰하였지만 어떤 한 측면의 논리를 곧 그 기원의 전부로 돌려서는 안 될 것이다. 앞으로 외국의 영향과 탈놀이와의 관계, 궁중연희와 탈놀이와의 관계 등등 여러 각도의 연구가 계속되어야 하겠다.

탈놀이는 발전하면서 그 주술적인 효능을 잃었지만, 심리적인 치유라는 샤머니즘적인 기능을 완전히 잃은 일은 한 번도 없다. 세속과 일상에 대한 극적 관심은 날카로운 풍자를 통해 강력한 사회비판으로 발전하여 유교적 전통관에 억눌렸던 평민들의 불평을 해소할 계기를 마련했다. 즉 사회의 카타르시스라는 그 제의적 기능은 주술이 아니라 사회비판을 사용하여 계속되었던 것이다. 이 기능이야말로 아르또(Artaud)가 주장하였던 '사회 종양의 정화(the purgation of the abscessness of society)'라는 연극의 이상적 기능으로, 현대 서구 아방가르드 연극인들이 제기 추구하는 주요 관점이기도 하다.

---

27) Once the faintest doubt crept in, once men began to be guided by experience rather than custom, the enthusiasm would die down and the collective invigoration no longer be left. J. E. Harrison, 앞의 책, p.137.

제3장
탈의 기호

한국의 민속 전통 연희(Traditional folk theatre)로는 탈놀이가 대표된다. 탈놀이는 민속 연희일 뿐 아니라, 전해오는 전통 연극으로도 가장 대표되는 놀이이다. 그런데 이 공연의 명칭부터가 탈(Mask)-놀이(play)이다. 그만큼 탈은 탈놀이의 대표적인 기표라고 하겠다. 탈이 탈놀이에서 어떤 의미를 갖는가 하는 문제는 간단하지 않다. 퍼스가 기호를 분류했듯이, 탈은 도상적이면서도 지표적이고 동시에 자의성을 갖기에 상징적이다. 예를 들어 봉산 양반탈은 양반 인물을 나타내는 도상이면서, 언청이나 째진 코는 그들에 대한 풍자를 반영한 지표이며, 동시에 자의적이며 상징적인 모형으로 가령 벽사성은 탈의 한 상징이다. 본고는 탈의 이러한 다양한 기의를 탈놀이에서 추적하고자 한다. 이리하여 탈놀이에서 탈이 갖는 의미와 중요성을 살핌으로써 탈놀이의 이해를 돕고자 한다.

1. 어원이 의미하는 기의: 탈과 어원

탈은 가면을 의미하기도 하지만, 한편 어떤 문제나 사고, 질병 혹은 결함을 나타내는 말이기도 하다. 즉 탈이 순수한 우리말로 어떤 문제나 사고를 의미한다는 것은, 탈이 그러한 것들을 물리치기 위한 가면이었다는 말도 된다. 그리고 그러한 놀이라는 것은 이들을 물리치기 위한 일종의 벽사의 의식이었다고도 하겠다. 이러한 탈의 어원은 서구에서도 Mask의 어원에 해당하는 프랑스어 masque나 이탈리아어 maschera는, 중세 라틴어인 마스카 masca, 즉 마귀 Hexe에서 유래했다는 사실과도 연결지어 진다.[1] 가면의 어원이 마귀라는 사실은 우리나라에서 사고나 질병을 의미하는 것과 마찬가지로 무엇인가 재앙적이고 피하고 싶은 것을 나타냈다고 하겠다.

이는 탈놀이의 기원을 제의와 연결 지으며, 최초의 『조선연극사』를 쓴 김재철이 주장하였듯이 무당굿과의 관련성을 높여준다. 탈을 탈로써 물리치려는 의도였다고 할 수 있겠다. 그 예로써 처용설화를 상기할 수 있다. 처용의 관대함에 감복한 마마귀신이 처용의 형상만 보면 물러나겠다고 하여, 처용을 그린 그림으로 마마를 물리친다는 민간 신앙을 들 수 있다. 더구나 '처용무'는 유학의 칼날이 시퍼랬던 조선의 궁중에까지 전해오며, 왕까지 추었던 춤이다. 일종의 벽사 개념이 없이는 불가능했었다고 생각된다.

이렇듯이 탈은 일종의 벽사의식에서 놀이로 변해가는 과정을 시사해 준다. 즉 가면이 '신앙' 내지 '벽사' 가면에서 '놀이' 가면으로 변해갔듯이, 탈놀이도 제의적 근원과 연결되어 있음을 추측할 수 있다. 그리고

---

1) 김형기 외, 『가면과 욕망』(서울: 연극과인간, 2005), p.104.

이러한 추정은 현존하는 하회별신굿놀이를 생각할 때, 더욱 가능성을 뒷받침한다고 하겠다. 이 탈놀이가 원래 임시로 신탁에 의해서만 공연되었었다는 사실을 상기할 필요가 있다. '별신굿놀이'라는 명칭 자체도, 별신굿이자 탈놀이인 것이다.

이와 같이 탈의 어원을 생각할 때, 탈은 이 놀이를 벽사의 의식과 연결시킨다. "한국가면은 대륙 전래의 기악면(伎樂面), 무악면(舞樂面), 행도면(行道面), 불면(佛面) 등의 刀法에서 많은 영향을 받으면서 이루어졌을 것인데 현존하는 가면 중에서 아직 신성가면(神聖假面)의 성격을 한편에 남기면서도 예능가면(藝能假面)으로서 가장 오래된 것으로 생각되는 하회가면이나 병산가면"이라는 이두현의 주장도 탈의 예능성과 함께 주술성을 지적하고 있다.[2] 즉 탈이란 말 자체에 이미 탈을 물리치려는 주술성을 포함한다 하겠다.

탈놀이를 일컫는 또 다른 이름은 '덧뵈기'이다.[3] 현실에 더하여, 덧보여 주는 것이 탈놀이이다. 즉 탈은 본래의 얼굴에 덧한 것이며, 그 놀이는 덧뵈기이다. 그러하기에 탈을 쓰고 세상을 보면 평소에 보이지 않았던 삶의 실상들이 적나라하게 드러나며, 덧보이는 것이다. 일상을 덧보기에 평소에 품어왔던 불만을 털어 놓을 수도, 비판할 수도 있다. 그러나 결코 일상을 이탈할 수도 없는 일상의 덧씌워 보기인 것이다. 또한 탈을 평소 배우 얼굴에 더하여 쓰고 노니, 그 형상이야말로 덧뵈기인 것이다.

'덧뵈기'는 연극의 철학을 나타낸다고도 하겠다. 엘리자베스시대 이래로 '세상은 연극이다.'라는 사고가 널리 퍼졌듯이, 덧뵈기 역시 일상을 보는 덧입힌 연극이니, 결국 연극이 일상인 것이라는 것이다. 연극은 먼

2) 이두현, 『한국가면극』(서울: 문화재관리국, 1969), p.176.
3) 1920년대까지 민중오락을 제공해 왔던 남사당패에서는 탈놀이를 덧뵈기라고 불렀다.

어떤 곳의 이야기가 아니라, 바로 현실의 덧보기인 것이다. 그리고 실제로 탈놀이는 당시의 일상을 유형화 시켜 보여주고 있다.

이렇듯이 '탈'이라는 어원 자체에 주술적 벽사의식과 놀이 철학이 들어 있다. 탈을 '탈'을 써서 쫓고, '탈'을 쓰고 일상을 덧보는 것이다. 이미 언어 명명 자체에 탈놀이에서 탈의 핵심 역할이 들어있다고 하겠다.

2. 역할(Role)로서의 기의

1) 탈과 역할

탈은 가면을 의미하며, 이때 가면은 정태적인 모양에서 나아가서 아울러 연행자가 행하는 역할까지를 의미하게 된다. 원래 등장인물(le personnage)이라는 용어는 그리스어 'personna'에서 유래된 말로, 'personna'란 '가면'이라는 뜻으로 그리스극에서는 연기자가 맡은 '역할'과 동의어로 사용되었다.[4] 즉 탈놀이의 탈은 단순한 장식이 아니라 그 가면을 쓰는 순간, 그 인물로 변하게 된다.

> 가면을 쓰는 순간 배우는, 전에는 한 번도 생각해 본 일이 없는 새로운 존재가 그에게 밀려오는 것을 느낀다. 그의 얼굴이 변했을 뿐만 아니라 그의 모든 개성과 반응의 본질이 변한 것을 느끼며, 가면의 도움 없이는 결코 느끼거나 흉내내지 못했을 감정을 경험한다.[5]

---

4) Pavis, Patrice, *Dictuionnaire du theatre*(Paris: Messidor Editions sociales), 1987, p.279, 신현숙, 『희곡의 구조』, p.28에서 재인용.

5) Hardly has he[the actor] put it on when he feels a new being flowing into himself, a being the existence of which he had before never even suspected. It is not only his face that has changed, it is all his personality, it is the very nature of his reactions, so that he experiences emotions he could neither have felt nor feigned without its aid.
Jacques Copeau, "The Commedia dell'arte Ascending", *Mask* Vol. 3(Oct. 1912), p.124.

가령 말뚝이이면 말뚝이 가면을 쓰는 순간 말뚝이가 되는 것이다. 말뚝이란 인물은 다른 여러 공연에도 불구하고, 같은 가면을 쓰고 계속하여 같은 이름을 갖고 비슷한 의상을 입고 고유의 행동 범위를 지켜가며 나타난다. 이러한 한 인물의 특징은 오랜 반복을 통해 한 인물을 형성하고 배우와 관중이 함께 그 인물의 범주를 알고 있다. 따라서 어떤 자극에 대한 그 인물의 반응을 짐작할 수 있다. 예를 들어 말뚝이의 양면성은 양반의 전면적인 호령이 나왔을 때 일단 표면적인 복종을 가능하게 한다. 그 양면성은 말뚝이로 하여금 담배잎을 똥물이 아닌 꿀물에 축여 놓았다고 자신의 말을 번복하게 유도하며, 이 대답은 다음에 나오는 양반과의 성관계에 대한 풍자에서 재배를 드리고 드렸다는 대답을 더욱 기대하게 한다.

이렇듯이 탈과 그 역할, 즉 유형화된 인물과는 상보적이다. 탈은 탈을 착용함으로써 유형적 인물을 쉽게 가능하게 한다. 설령 좀 어설픈 행동을 하더라도 가면으로 그 인물을 알아볼 수 있는 것이다. 사실 하회별신굿놀이에서 아마추어 배우들이[6] 그 역할을 가능하게 할 수 있는 것도, 탈이 축척해 온 인물의 유형성과 그 탈이 전하는 인물의 직접성 때문이라고 해도 과언이 아니다. 사실주의극의 배우와는 다르게 탈놀이의 배우는 이미 유형화된 인물이 정해져 있으며, 이를 표상하는 탈을 씀으로써 그 인물과 합일하게 되는 것이다. 인물의 표현에는 두 개 주체, 배우와 배역이 존재하는데, 이 두 주체는 서로 겹쳐지기도 하고 또한 비판적인 거리를 두기도 한다. 탈놀이에서는 배우가 탈 즉 가면을 쓴다. 그로 인해 배우는 개인적인 원래의 얼굴을 잃고, 그 자리에 배역의 고

6) 하회별신굿놀이의 배우는 알다시피, 본인의 의사와는 무관하게 섣달 스무아흐렛날 동민 대표들이 동사에 모여 부정이 없는 사람들 중에서(그해 집안에서 죽음이나 출생(피)이 없는 집, 심지어는 가축이 새끼를 낳아도 제외되었다고 함) 배역에 맞춰 광대 12명과 산주 외에 유사 2명, 대 메는 광대와 청광대, 무동꾼 등을 선정하여 본인에게 통보한다.

정된 얼굴을 대치한다. 탈을 씀으로써 익명화되고, 탈은 배역의 얼굴을 더욱 명확히 한다. 즉 배우와 배역의 분리가 명백해지며, 배역이 전면에 등장한다. 탈을 쓴 인물들은 단순한 개인의 모방이 아니라, 유형화이다. 즉 하나의 개인을 형상화한 것이 아니라, 대표적인 특징들을 과장하여 엮어 놓은 유형들이다. 성별, 나이, 사회적 위치 등등의 특성은 물론 삶의 방식이나 행동범주까지가 유형화된 것이다. 개인이 아니라는 점에서 열려있는 인물이기는 하지만, 큰 범주는 한정되어 있다. 가령 말뚝이이면 말뚝이가 다른 여러 공연에도 불구하고 계속하여 같은 이름을 갖고 비슷한 의상을 입고 고유의 행동 범위를 지켜가며 나타난다. 이러한 한 인물의 특징은 오랜 반복을 통해 한 인물을 형성하고 배우와 관중이 함께 그 인물의 범주를 알고 있다. 따라서 어떤 자극에 대한 그 인물의 반응을 짐작할 수 있다.

다시 말하면 탈은 단순한 장식이 아니라 이러한 역할 혹은 인물 유형의 범주를 확고히 하는 기표이다. 가령 말뚝이를 쓴 인물이 다소 종래의 범주에서 벗어나더라도 우리는 그 탈로 인해서 하인이라는 인물의 유형을 쉽게 확정 짓는다. 이는 탈이 그 인물의 도상이기 때문에 가능한 것이라고도 하겠다. 이와 같은 인물의 분명한 한계와 유형은 배우로 하여금 개략적인 줄거리에서부터 즉흥연기까지를 보다 쉽고 가능하게 하여 주는 것이다. 이러한 면에서 탈놀이의 탈과 인물의 역할은 단순한 유형적 인물의 차원을 넘어 느슨한 플롯을 보조하는 주요한 구성원리로까지 비약되는 것이다.

2) 구체적인 탈과 탈놀이 유형인물

탈은 탈놀이마다 각기 다르다. 하회별신굿놀이, 봉산탈춤, 양주별산대놀이, 가산오광대, 수영야류 등등 지역에 따라 명칭이 다르듯이 탈의 모양이나 만든 자료도 각기 다르다. 고려 중엽(12세기 경) 쯤으로 추정되는 하회별신굿놀이나 병산별신굿놀이의 탈은 아직도 신성가면의 특징을 지니고 있어서, 후대의 예능가면 기타 탈놀이들과는 기본적으로 그 만든 재료나 정교성에서 큰 차이가 있다. 전대의 탈은 영구적이었기에 오리나무로 정교하게 깎아지고 옻칠과 채색을 하였다면, 후대의 탈은 조롱박이나 종이로 만들어졌으며 공연 후 벽사적 의미로 불태워지기 일쑤인 일회용이었다. 실제로 하회별신굿 탈의 경우 사당에 모시고, "평상시에도 가면을 보려면 산주가 제물을 차려놓고 고사를 지낸 다음에라야 궤 문을 열어 가면을 볼 수"가 있었으며 "그렇지 않으면 탈이 난다고 믿어 온다."[7] 뿐만 아니라 후대의 탈놀이에서의 탈은 유형인물 세분화와 다양화에 힘입어 보다 다양해지고 숫자도 많아진다.

우선 전대의 탈로서 비교적 잘 보존되어 있는 하회별신굿놀이에 나오는 탈들을 살펴보자. 양반, 샌님, 초랭이, 이매, 각시, 부네, 중, 백정, 할미 등 9명의 인물이 탈과 함께 등장한다. 총각, 떡다리, 별채의 탈은 유실되었다고 하니, 탈의 상실과 함께 주요 인물군에서 사라졌다고 하겠다. 이들이 정확하게 어떤 역할을 수행했으며, 어떤 구체적 유형 인물이었는지도, 탈의 유실과 함께 오늘날 그 기억이 희미하다. 반면 9명의 인물은 남아있는 탈과 같이 그 인물 유형이 비교적 정확하다.

이들을 행위자의 이름으로 분류해 볼 수 있다. 양반, 샌님, 백정, 중은 명칭이 곧 사회적 신분이요 직함을 나타내며, 각시와 할미는 신분이자 나이의 적고 많음을 나타낸다. 반면 초랭이, 이매, 부네는 개별적인 이름을 가졌다. 현실에서 하찮게 보는 하인과 여인네는 오히려 이름을 가

7) 이두현, 앞의 책, p.164.

져서 자칫 흐려지기 쉬운 존재를 분명하게 부각시켰다 하겠다. 그러나 사실 이들 이름이 사실주의의 주인공처럼 개별화 되었다고는 보기 힘든 면이 많다. 지금도 까불고 나대는 사람에게 촐랑대지 말라고 하는 말은 초랭이에서 유래된 것이 아닐까 할 정도로 초랭이라는 인물은 유형화되고 일반화되었다.

그러므로 각 인물은 대체로 사회적 유형으로 약호화되어 유형화되었다고 하겠다. 이렇게 약호화된 역할들에서는 심리적인 면이 제거되고 단지 사회 생활내에서의 어떤 인물 유형을 제시할 뿐이다. 그리고 탈의 형상(신체적 특징)마저 이러한 사회적 유형이 표현하고자 하는 무엇을 대변하고 있다. 우선 하회탈은 대표적인 특징으로 절악(切顎)을 꼽는데, 이는 턱을 따로 노끈으로 매어 달아 움직이는 것이다. 절악이 유용한 것은 입이 크게 뚫려 대사 전달이 용이하다는 것이 가장 큰 이점이라고 하겠다. 그런데 여성 탈의 경우는 절악이 아니다. 즉 탈의 형상은 당시 가부장 사회를 반영하여, 여성은 말하는 자에 속하지 않았음을 나타낸다고도 하겠다. 뿐만 아니라 양반의 하인 신분인 초랭이 역시 절악이 아닌데, 이는 초랭이가 말해도 별로 들어지지 않았다는 상징이 아닌가 싶다. 즉 사회에서 말하는 자는 남성이며, 하인인 초랭이는 남성이면서도 말할 수 있는 자가 아니었다. 한편 할미는 절악은 아니지만 비교적 입이 크게 뚫려 있는데, 이는 여성이 나이를 먹어가면서 약간의 발언권은 있었다는 상징이 아닌가도 싶다. 또한 선비의 하

초랭이 탈

인인 이매는 턱이 아주 없는데 이에 따른 전설도 전설이지만,[8] 이 역시 당시 막힌 언로에 대한 하층민의 역설적인 표현이 아니었을까 추정할 수도 있다.

탈의 표정도 인물의 유형과 범주를 나타내고 있다. 양반은 웃는 실눈에 조화된 좌우대칭으로 전체적으로 밝고 온화하고 고상하고 여유스럽다. 하회탈놀이에서 비록 양반이 풍자되었으나 그 권위 자체를 전복하는 풍자가 아니듯이, 그는 고상한 인물이라는 사회적 범주를 나타내고 있다. 각시는 어딘가 쌀쌀맞고 새촘한 표정이다. "처녀의 굳은 표정"을 한 각시는 처녀답게 "실눈으로 떴고, 좌안은 우안보다 모양이 약간 커서 좌우불상칭의 수법을 고려하였고 움직임에 따라서 살아서 생동하는 듯한 표정"을 가졌으니, "전형적인 한국 사람의 얼굴"이라고 묘사된다.[9] 실제로 각시는 탈놀이 내내 말하지 않는 인물로, 새촘하게 풍요를 나타내는 성적인 상징으로만 존재하면 된다. 그러하기에 그녀는 전형적인 한국 처녀의 얼굴로 굳은 표정으로 표현되었다. 반면 부네는 좌우상칭의 얼굴로 실눈을 뜨고 고혹적이고 유혹적인 미소가 얼굴 전체에 흐르고 있다. 그 웃음은 "주변을 울릴 정도의 크기를 갖고 있는 것이 아니라, 그녀 앞에 서 있는 한 사람에게나 들릴 정도의 음량을 갖추고" "은밀하게 한 사람을 향한 듯한 분위기가 무엇보다도 강한 유혹을 느끼게 하는 것"이다.[10] 그러하기에 그네는 양반과 선비를 그녀에 대한 욕정으로 다툼에 이르도록 유혹하는 인물인 것이다. 특히 초랭이는 그 촐싹거림과

8) 이매탈에 대하여 재미있는 전설이 전해 오는데, 탈의 제작에 관해 <허도령 설화>가 그것이다. 허도령이 신탁을 받고 혼신의 힘으로 탈을 제작했는데, 마지막 이매탈을 만들 때 그의 애인이 금기를 깨고 엿보았기 때문에 허도령이 피를 토하고 죽었으며, 열 번째 이매탈은 미완성인 채 턱 없는 탈이 되었다고 한다. 허도령의 혼을 위로하기 위해 성황당 근처에 단을 세워 매년 제를 올린다.

9) 이두현, 앞의 책, p.165.

10) 안동문화연구소 편, 『하회탈과 하회탈춤의 미학』(서울: 사계절출판사, 1999), p.24.

방정맞음이 얼굴에 잘 표현되어 있다. "하회탈 모두가 나름대로의 놀라운 형상성을 얻고 있지만 초랭이탈은 더욱 그러하다. 초랭이탈은 병신스러움이 하나의 얼굴 형상으로 완벽하게 표현된 전형이라고 할 만하다."는 감탄은 결코 과장이 아니라고 하겠다.[11] 그의 병신스러울 만치 촐싹대는 몸짓과 언어는 초랭이 탈의 표정과 일치하고 있다. 다만 선비탈이 신분적 고상함에 어울리지 않게 눈을 부릅 뜬 얼굴로 음흉하기까지 한데, 이는 외골수 선비라는 사회적 신분이 세상에 대해 갖고 있는 분노를 표현한 것이 아닐까? 이렇듯이 탈의 표정들은 그 유형적 인물들과 불가분의 관계에 있다.

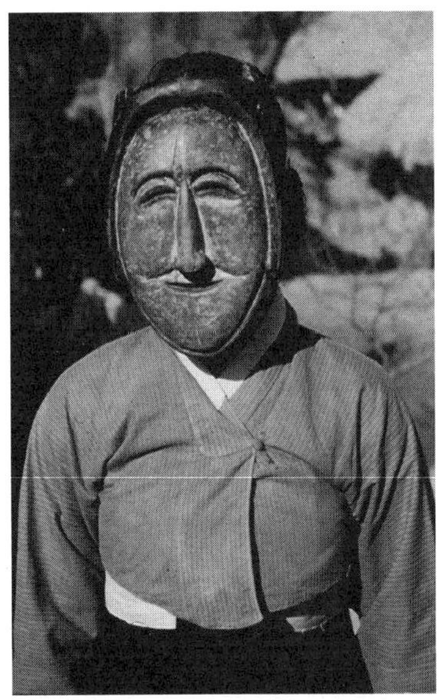

각시 탈과 부네 탈

후대의 탈은 보다 세분화된 인물 유형을 보이고 있으나, 여전히 탈은

11) 같은 책, p.49.

그 인물을 표현한다. 가령 봉산탈춤의 경우를 살펴보면, 30명에 가까운 인물들은 여전히 그 사회적 신분으로 불리운다. 상좌, 노장, 먹중, 양반, 소무, 신장수, 영감 등이 그러하며, 이름이 있더라도 개별화되었기보다 일반화 되고 있다. 취발이나 말뚝이, 미얄이 개별적인 이름이라면 이름을 가졌는데, 취발이는 술에 취했다고 취발이로, 말뚝이는 "벼슬아치를 모시고 말고삐를 잡고 다니던 하인"을 이르는데 "말구종들이 썼던 말뚝 벙거지에서 유래된 이름인 것 같"으며,[12] 미얄 할멈은 "어원은 미상이나 혹시 미아리댁에서 유래된 것인지도 모르겠다."[13] 다른 지방 탈놀이의 경우 할멈이라고 일반명칭으로 명명되고 있다.

취발이, 말뚝이, 미얄들이 미약하나마 개별적인 이름을 가진 것은 사실상 이들이 봉산탈춤에서 가장 강조되는 중요한 인물들이기 때문일 것이다. 이들은 사회적 약자이면서도 꿋꿋한 삶으로 오히려 봉산탈춤에서 주인공들이니, 취발이는 종교를 상징하는 노장에게서 소무를 빼앗고, 말뚝이는 양반을 조롱하며, 미얄은 가부장제 아래서의 여성의 삶을 항변한다. 제의적이거나 가무적인 과장들을 제외하면 이들이 탈놀이의 주제를 대변한다고 하겠다. 즉 이름이 사회적 신분에서 개별화로 변화되어 가면서, 개별성을 가진 이름이 주요 인물로 부각하고 탈놀이의 주제를 전하고 있다 하겠다.

후대의 탈은 전대의 하회탈보다 보다 명확한 색체적 기의를 갖는다. 하회탈이 오리나무로 조각되어 채색되었다고는 하나 오랜 세월 바래서 무채색적 느낌이 강하다면, 봉산탈춤은 매번은 아니더라도 근래에 새로 제작되었으며, 종이를 덧칠하여 만들고 채색을 하였기에 색깔이 선명하

12) 이두현, 『한국가면극선』(서울: 교문사, 1997), p.65.

13) 같은 책, p.196.
'용산 삼개 (지금의 마포나루) 덜머리집'처럼 '댁'이나 '집'은 여자의 친정동네나 주거지 이름 밑에 붙이어 그곳에서 온 부인 또는 여자라는 뜻으로 쓰는 칭호이다.

다. 봉산탈춤의 탈은 상위 신분이나 젊은 여성에 속하는 탈은 흰색 계통을, 늙음이나 타락 혹은 고통을 나타내는 탈은 검정 계통을, 건강한 민중을 나타내는 탈은 붉은 색을 띈다. 즉 상층 신분인 양반이나 신선격인 남강노인 그리고 가부장의 수장인 영감은 흰색 탈을, 타락한 노장이나 늙은 미얄은 검정색 탈을, 건장한 민중 취발이나 먹중들은 붉은 탈을 쓴다. 또한 사상좌, 소무, 덜머리집 등의 젊은 여인들은 모두 흰 탈이다. 양반의 하인 말뚝이는 황갈색 탈을 쓰는데, 이 역시 붉은 색과 검정색의 섞임이다. 죄 없는 쇠뚝이를 잡아다가 금전을 양반과 함께 갈취하려고 하는 만큼 적당히 타락도 했고, 양반 밑에서 고생도 했으나, 여전히 민중이기에 이러한 색깔을 띤 것이 아닌가 싶다. 뿐만 아니라 붉은 색은 아시아 공통적으로 벽사의 의미도 갖고 있는데, 먹중이나 취발이 탈들이 붉은 색이다. 이 탈들이 벽사적인 제의성을 띤 과장된 형상의 탈이라는 점과 연결된다.

형상적으로 봉산탈춤의 탈은 제의적 요소와 사실적 요소를 갖고 있다. 이미 봉산의 탈은 벽사가면에서 예능가면으로 바뀌었으나, 그 흔적이 남아있다는 말이다. 먹중이나 취발이 가면은 그 형상에서 대표적으로 벽사가면의 제의적인 요소가 남아 있다고 하겠다. 다음은 첫째 먹중탈에 대한 묘사이다.

> 주황색 바탕으로 안면 하반부에 흑색 반점을 무수히 찍었고 이마에 뿔과 같은 혹 두 개와 미간에 두 개, 양볼 아래에 두 개 아래턱에 하나, 모두 7개의 혹이 있고 혹 위에는 금지를 발랐다. 이마의 혹은 귀면의 뿔을 연상케 하며 금색은 일본가면에서는 초인적인 존재인 귀면에 사용하고 있다. 눈썹은 흑백선으로 표시하였고 검은 두 눈동자는 튀어나왔으며 가장자리에 금색, 그 다음이 검은색, 그 아래로는 흰색으로 눈자위를 나타내고 검은 테를 돌렸다. 입은 열리고 코는 막혔다.[14)]

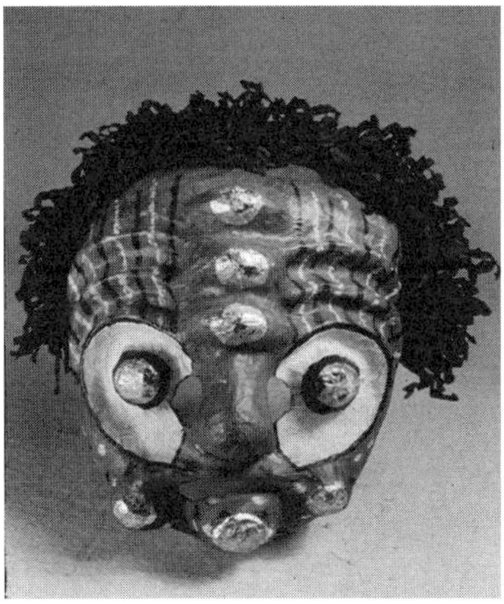

먹중 탈과 맏양반 탈

위의 묘사는 먹중 탈이 귀면(鬼面)과 유사함을 나타내고 있다. 특히 눈 가장자리에 금색 테를 두르고 혹 위에는 금지를 바른 것은 신라 곤우총(壼杅塚)에서 발견된 "눈은 황금환으로 둘러 있고 두 뺨에도 황금으로 된 정구형의 장식을 붙인 이 호화로운 가면은 매장의례에 사용된 방상씨 가면의 일종"과 비슷하다.[15] 사실 먹중들의 힘찬 춤사위 뿌리치기는 악귀를 쫓기 위함이라는 연희자들의 구술은 널리 알려져 있다.[16] 뿐만 아니라 "최근까지 황해도 봉산, 기린, 재령, 송화 등지에서는 탈춤놀이를 놀면 그 해에 마을에 병이 없고 풍년이 든다고 믿어왔고 또 탈을 문에 걸어 마귀가 침범하지 못하게 하는 습속이 있어 왔다."는 기술은 먹중탈의 벽사적 기능을 더욱 분명하게 말해주고 있다.[17] 취발이 탈 역시 먹중 탈과 유사한 제작법으로, "이마에 혹이 네 개, 미간에 여섯 개,

14) 이두현, 『한국가면극』, p.282.
15) 같은 책, p.27.
16) 70년대 봉산탈춤을 배우던 때에 인간문화재 고 김선봉 선생님과의 대화에서도 필자가 여러번 확인하였음.
17) 이두현, 『한국가면극』, p.280.

미얄탈

양 입가에 두 개의 혹이 있"으며 "얼굴의 길이가 제일 길고 크다."[18] 이렇듯이 취발이 탈 역시 도상성보다는 상징성이 강조되어서, 먹중 탈과 함께 탈놀이의 벽사적인 기호로 작용하고 있다.

반면 양반이나 소무 탈들은 대체로 사실적으로 표현되었다. 그러나 이들은 사실성을 바탕으로 한 가운데서도 인물을 바라보는 풍자가 드러난다. 가령 양반 탈들의 경우 상위 신분을 나타내듯 흰색으로 비교적 사실적으로 형상되었으나(하회 양반 탈과 비교할 때 더욱 그러하다), 어떤 한 부분은 양반에 대한 풍자를 반영하듯이 일그러져 나타난다. 맏양반 샌님은 "콧등에(또는 코밑에) 두 줄로 홈처럼 파인 상처가 입술까지 연결" 되었으며 상처는 적황색 칠을 하였다. 둘째 양반 서방님은 "콧등에서부터(혹은 코 밑이) 입까지 한 줄로 째졌다." 이것은 "둘 다 창병에 걸린 것을 나타낸다고 한다."[19] 셋째 양반 종가집 도련님에 대한 풍자는 한술 더 떠서, 코와 입이 아주 삐뚤어져 있다. 이러한 형상들은 이들에 대한 풍자의 지표라고 하겠다. 소무 탈과 미얄 탈은 좋은 대조를 이룬다. 소무 탈이 거의 무표정하게 연지, 곤지를 찍고 새촘한 모습이라면, 미얄은 풍상의 세월을 나타내듯이 검은 색의 얼굴에 "난간이마에 조개턱과 우묵눈"이다. 즉 미얄 탈이 세월에 닳은 보다 풍성한 표정을 갖고 있다고 하겠다. 그러나 이러한 사실

18) 같은 책, p.286.
19) 같은 책, p.287.

적 표현에도 불구하고, 미얄 탈, 양반 탈 등 많은 탈에서 눈가에 금테나 금칠을 한 경우가 많은 것은 역시 방상씨 가면 같은 남아있는 벽사의 흔적이 아닐까 생각된다.

이렇듯이 탈과 인물 유형에는 불가분의 관계가 있다. 인물은 탈을 쓰고 상연하기에 그 인물의 시각적 기표라고도 하겠다. 탈의 현존 여부가 그 탈놀이에서 그 인물 역할의 비중을 말해 준다고 해도 과언이 아니다. 실제로 한 역할로 분장한 배우가 그 역할의 도상이 될 수 있음에도 불구하고 탈을 착용한 것은 보다 강력한 상징이 필요해서가 아닌가 싶다. 그리고 그 상징이 탈놀이에서는 벽사적 제의성과 사회적 비판이 아닌가 싶다. 그리하여 탈은 항시 경외의 대상이 되었거나 어떤 벽사성을 나타내고 있다. 또한 대체로 사회적 신분에 따른 인물 유형들은, 그 탈의 형상에 표현된 조롱과 풍자를 받아들이며 탈의 형상처럼 비판되면서도 사랑받았다.

3. 탈과 담화 구조 및 대사

탈의 입모양과 인물의 대사와는 상관관계가 깊다. 가령 절악(切顎)의 활용으로 대표되는 하회별신굿탈놀이에서도, 침묵하는 인물들은 턱이 따로 떨어져 있지 않다. 각시와 부네가 그 대표적 인물이다. 각시는 파계승 마당 및 혼례 마당과 신방 마당에 등장하는데, 모두 대사가 없고 몸짓만으로 의미를 전한다. 특히 파계승 마당에서 소변을 보며 춤으로 중을 유혹하는 장면은 어떤 대사보다도 고혹적이다. 양반과 선비를 유혹하는 부네의 춤은 더욱 요사스럽다. 즉 이들은 대사 없이 효율적으로 의미를 전달하는 인물들이다. 위에서 언급했듯이 말할 수 없는 처지에 대한 간접적인 항변이면서도, 탈놀이 전체에서 침묵을 독특한 한 대사 형태로 만들고 있다.

초랭이탈 형상과 그의 대사는 더욱 상관성이 높다. 하인이라는 말할 수 없는 처지를 나타내기 위해 절약은 아니나, 촐랑대는 대사는 촐싹거림과 방정맞음이 표현된 탈의 표정과 일치한다 하겠다. "나도 아는 육경, 그것도 몰라요? 팔만대장경, 중의 바라경, 봉사 안경, 약방의 길경, 처녀 월경, 머슴 새경"[20]이라는 대사는 그의 무식을 폭로할 뿐만 아니라 그의 사고(思考) 반경을 나타내기도 한다. 더구나 그는 시키지도 않은 말을 양반과 선비 대화 중 끼어들어 말하기에, 이 언술 행위는 그 내용이나 조건에 있어서 초랭이의 인물을 십분 표현하고 있다.

보다 정확한 대사가 채록된 후대의 탈놀이에 이르면, 대사와 탈의 상관성은 보다 분명해진다. 후대의 탈은 턱이 모두 얼굴과 붙어 있는데, 이는 종이나 조롱박으로 만들어서 대사의 전달이 오리나무로 만들었을 때처럼 크게 문제가 되지 않아서인지도 모르겠다. 봉산탈춤의 경우, 우선 전 인물을 말하는 자와 말하지 않는 자로 나눌 수 있다. 말하지 않는 자는 제의적 기능을 하거나 유혹하는 자들이다. 따라서 탈들도 대체로 귀면형이거나 젊고 아리따운 여성 탈들이다. 사상좌는 춤으로 탈판을 정결케 하는 의식무를 춘다. 먹중 과장에서는 첫 먹중 역시 춤만 추는데 이는 다른 먹중에 비하여 제의적 의미가 많기 때문이다. 노장은 종교적 권위 때문에 말이 없으며, 탈 역시 제의 가면과 사실 가면의 중간 형태를 가졌다 하겠다. 소무나 덜머리집은 유혹하는 자들로, 직접 몸을 써서 표현한다. 이는 여성을 성적(性的) 함의로만 보았던 당시 민중들의 사고를 그대로 드러낸 것이라고도 하겠다. 그러하기에 이들은 결실을

20) 유한상, 「하회탈 별신 가면무극 대사」, 『국어국문학』 제20호.

유도하는 풍요제의의 기의도 가졌다. 유혹하는 동시에 젊음과 풍요를 상징하는 것이다. 뿐만 아니라 젊은 여성은 말하는 자에 속하지 않는다는 점은 하회별신굿탈놀이와 상통한다. 사자와 원숭이는 동물이라서 대사가 없겠지만, 이들도 몸짓으로 의사 표시를 한다. 어쨌거나 탈놀이 언술행위의 방식으로 '말하지 않는다'는 방식이 확고하게 의사를 소통하고 있다.

말하는 자들도 두 종류로 나뉜다. 그 하나는 목중들이나 사당과 거사들 같이 탈놀이의 언술 내용과 이야기 진행이 직접적으로 상관이 없는 경우이다. 목중들은 대사는 하되, 이들 내용은 현재 탈놀이의 시간과 장소와는 무관하다. 가령 "산중에 무력일(無曆日)하여 철가는 줄을 몰랐더니, 꽃 피어 춘절이요 잎 돋아 하절이라. 오동 낙엽 추절이요 저 건너 창송녹죽(蒼松綠竹)에 백설이 펄펄 휘날리니 이 아니 동절이냐"라는 둘째 목중의 대사나, "이 곳에 당도하여 사면을 돌아보니 담박령정(澹泊寧靜) 네 글자 분명히 붙여 있고 동편을 바라보니 만고성군 주문왕이 태공망 찾으려고 위수양 가는 경을 역력히 그려 있고, 남편을 바라보니 춘추적 진목공은 건숙이를 찾으려고 농명촌 가는 경을 역력히 그려 있고, 서편을 바라보니 전국적 오자서는 손무자 찾으려고 나부산 가는 경을 역력히 그려있고 …(중략)…"라는 셋째 목중의 대사 등은, 사시사철 시간의 흐름이나 중국의 고사를 나열하고 있다. 또한 사당과 거사들의 대사는 이야기의 진행과는 무관하게 노래를 즐기는 장이라고 하겠다. 이러한 대사들은 분명 탈놀이의 분위기나 스케일을 형성하는 데는 도움이 되겠으나, 현실을 반영하여 이야기의 진행에는 별 도움이 되지 않는다. 그래서인지 목중 탈들도 사실적이기보다는 오목불록의 굴절이 심한 비사실적 귀면형이어서, 그 제의적 기원을 시사하고 있다. 목중이 앞 목중을 "때려서 쫓는 식으로 차례로 반복하는 등퇴장 형식은 벽사무(辟邪

舞)의 모습을 남긴 것" 같다는 해석은 이를 입증한다 하겠다.[21)]

반면 양반과장 및 미얄과장 등 사실적인 마당에서의 인물들은 비교적 사실적으로 묘사된 탈을 쓰고, 현실을 풍자 반영하면서 실질적으로 이야기를 진행시킨다. 그러나 이들 과장의 대사에서 주목되는 것은 담화 형태가 대체로 반복된다는 것이다. 특히 양반과장의 경우는 이 특징이 더욱 두드러지는데, 양반의 풍자가 반복된다. '양반의 위엄, 말뚝이의 항거, 양반의 호령, 말뚝이의 변명, 양반의 안심'으로 구성된 구조가 반복되면서 과장을 이루지,[22)] 이야기의 전진적 전개는 없다. 비교적 직선적인 플롯 전개를 가진 미얄과장 역시, 미얄과 영감이 반복 형태로 서로를 찾고 만나기에 반복적 구조가 강하다. 또한 같은 춤이나 노래가 반복되면서, 이러한 담화의 반복성을 더욱 강화시키고 있다. 이러한 반복구조는 민속극의 특징이기도 하다. 이때 탈이 갖는 도상성이 한 개인 배우보다는 더욱 강력하게 유형인물을 드러내어, 이러한 반복구조를 더욱 강화한다고도 하겠다.

다만 유독 취발이탈의 경우는, 취발이가 사실적이고 일상적인 희롱을 하는 대사를 하는 것에도 불구하고 그 탈이 비사실적 귀면형이다. 사실 취발이가 등장하는 <노장과장>의 대사 형태는 다른 과장에 비해 독특하다. 노장과 소무의 의사소통은 일체 몸짓으로만 진행된다. 그리고 취발이가 등장하는데, 이때 취발이만이 대사를 활용하며 장광설을 늘어놓는 반면, 노장과 소무는 여전히 침묵하면서 몸짓으로 소통한다. 즉 침묵과 언어가 유효 적절히 교차되면서, 침묵을 둘러싼 오해의 발생 등으로 이야기에 유머와 복합성을 더한다. 그러나 취발이탈이 사실적이기보다 귀

---

21) 이두현, 『한국가면극』, p.279.
22) 조동일, 「봉산탈춤의 양반과장과 구성의 원리」, 채희완 편, 『탈춤의 사상』(서울: 현암사, 1984), p.44.

면형인 것은 이러한 일상적인 의미 이면에 또다른 의미를 내포하고 있기 때문이 아닐까 싶다. 즉 풍요제의설에 의거한 또다른 해석으로 늙음과 젊음의 대결로 보는 입장이다. "Off with the Old, on with the New"라는 관점으로 볼 때, 늙은 노장과 젊은 취발이의 대결이 취발이의 승리로 끝난다는 것은 풍요를 가져온다고 볼 수 있겠다. 뿐만 아니라 취발이는 직접적이고 대담한 성(性)표현을 하고, 원숭이까지도 소무에게 수작을 한다. 성을 타부시한 유교사회였음을 생각할 때, 물론 오락적인 기능도 있었겠으나 나아가서 풍요를 비는 신성결혼 모티브의 흔적으로도 해석할 수 있겠다. 그러하기에 사실적인 이야기 과장임에도 불구하고, 취발이탈은 물론 노장탈까지도 귀면형의 흔적이 남아있는 것이라 하겠다.

4. 탈과 공간: 여정으로의 등장과 탈 현실화된 공간

탈놀이의 많은 인물들은 지나가는 나그네나 어떤 여정 중에 놀이판에 나온다. 하회별신굿탈놀이에서는 정월 초이틀 아침에 산주와 무녀와 연희자들이 서낭당에 모여 제사를 지내고 신이 내리면 국시당과 삼신당을 다녀서 구(舊)동사 앞 놀이마당에 이르러 신령(神鈴)이 울리면 놀이가 시작된다. 즉 탈놀이 시작 앞에 긴 여정이 있다. 상세한 채록 대본이 남아있지 않다고 생각되어, 구체적으로 인물들이 어떤 연유로 등장하는지가 고대의 탈놀이에는 불분명하다고도 하겠다.[23)]

그러나 후대의 탈놀이에는 인물들의 대사에서 그가 어떤 여정 중에 이 놀이판에 등장했음이 밝혀진다. 가령 봉산탈춤의 경우, 하회별신굿탈

23) 현존하는 최고(最古)의 채록 대본으로 여겨지는 유한상의 대본도 구체적인 언급은 많이 생략되어 있다.

놀이처럼 공연 앞에 긴 여정은 없으나 등장인물들이 구체적으로 자신들이 어떤 여정에 있음을 밝힌다. 목중들은 방황하는 노장을 "모시고 나왔"고, 신장수는 신을 팔러 "불원천리 하고 왔"으며, 취발이는 술에 취해 어디론가 가는 도중에 등장했다. 말뚝이는 양반님네들을 모시고 나와, 새처(숙소)를 찾는다. 미얄과 영감도 서로를 잃고 방황하다 길에서 만난다. 이들은 반드시 그래야만 하는 필연적 당위성이 없는데도, 일종의 나그네로 등장하는 것이다.

이러한 여정은 샤머니즘의 영매적 여정에 견줄 수 있으며, 탈은 이러한 여정을 더욱 확실히 표현하는 도구일 수 있다. 등장인물들은 나그네이며 어디론가 향하는 여정 중에 있다. 탈의 벽사성이 샤머니즘에서 유래한 것임은 쉽게 짐작할 수 있듯이, 나그네로서의 등장 역시 샤머니즘에 근거하였다고 볼 수 있다. 그리고 탈의 착용은 이러한 맞물림을 더욱 견고히 하는 것이다. 탈놀이가 무당굿에서 유래되었다는 김재철의 주장을 다시 한 번 상기시키기도 한다.

뿐만 아니라 제의성을 띤 과장에서는 장소에 관한 지표적인 표시들을 아무 곳에도 나타내지 않았다. 이러한 지시 대상의 부재는 공연되는 장소를 탈 현실화 하여, 그 제의성을 높인다고도 하겠다. 그리고 탈의 착용이 맞물려 그 제의성을 높이는 것은 물론이다. 가령 하회별신굿은 공연 전에 긴 여정은 물론 주지마당이나 백정마당에서도 그 공간이 현실을 알 수 없는 무형의 공간임으로 쉽게 제의적 공간으로 이행할 수 있다. 또한 봉산탈춤의 사상좌춤은 사방에 대한 의식무로, 그 춤이 행해지는 공간은 신성공간에 가깝다. 따라서 장소에 대한 지표적인 언급은 없으며, 그 무형성으로 보다 쉽게 신성한 가상공간으로 변한다고도 하겠다. 또한 마지막 미얄의 죽음으로 무당이 등장하여 무당굿을 한다. 미얄과장 이야기 전개의 일부이면서도, 정작 무당굿은 미얄의 진혼굿에서 나아가 탈놀이 전체를 제의로 마무리 하는데, 이 공간 역시 탈현실적 공간으로 옮아간다고 하겠다. 즉 이러한 과장일수록 공간의 현실에 대한 지표적인 지시를 자제하여, 공간의 이동을 쉽게 하고 있다. 그리고 탈의 착용이 그 상징성으로 인하여, 이러한 비현실적 공간 창출에 도움을 주고 있는 것이다.

5. 탈과 정형화된 움직임과 춤

탈놀이의 등장인물들은 일상적인 움직임이나 제스처를 하지 않는다. 그들의 행동은 춤사위로 표현되거나 적어도 어떤 정형화된 움직임을 갖는다. 제의적인 과장이 춤으로 표현되는 것은 그렇다 치고, 어째서 일상적인 이야기에서도 정형화된 몸짓이나 제스처를 갖는 것일까? 그것은 탈과 불가분의 관계에 있다고 생각되는데, 이는 탈이 갖는 상징성 때문이 아닐까 싶다. 즉 탈을 쓰는 순간 아무리 일상적인 인물도 탈의 상징성과 연계되기 때문이다. 그리하여 일상의 동작을 하지 못하고, 일정한 정형화된 움직임을 하는 것이 아닌가 싶다.

뿐만 아니라 "가면의 착용은 중성화된 얼굴과 끊임없이 움직이는 신체 사이에 대립을 가져온다."는 지적을 상기할 필요가 있다. 즉 가면은 얼굴 표정의 세세한 심리적 내면을 포기한 대신, "연기자의 신체에 관심을 집중시키는 효과를 낳는다."[24] 그러하기에 일상보다 과장된 움직임이나 제스처를 기본 동작으로 삼는다. 탈을 쓴 배우는 "흉내내는 몸짓기호를 통하여 '얼굴표정'을 변화시킬 수가 없다. 그렇기 때문에 고정가면

24) 김형기 외, 『가면과 욕망』(서울: 연극과인간, 2005), p.103.

을 쓴 배우는 그 밖의 운동역학적 기호들, 즉 몸짓과 움직임을 특별한 방식으로 도입하여 표현 가능성을 넓히게" 되는 것이다.[25)]

제의성이 강한 고형 탈놀이는 그렇다고 치고, 가령 봉산탈춤에서도 가장 일상적인 <미얄과장>을 생각해 보자. 할아범은 굿거리 장단에 춤을 추며 팔짓자 걸음으로 등장하고, 미얄 역시 굿거리 장단에 궁둥이 춤을 추며 등장한다. 가부장제 아래의 일상적인 대사를 제외하면, 거의 모든 동작이 정형화 되었다. 이 과장의 영감탈과 미얄탈은 비교적 사실적으로 표현되었지만, 한 개인 배우의 도상보다는 강력한 유형인물의 도상으로 표현되었다고 하겠다. 그리하여 그 탈은 일정한 상징성을 갖게 되고, 따라서 인물들의 동작도 자연히 일상 동작을 벗어나서 정형화 되지 않았나 싶다. 뿐만 아니라 일상에서 필요한 얼굴표정을 세세히 변화시킬 수 없으니, 특별한 방식의 몸짓 표현이 필요하다고 보겠다.

영감탈과 미얄탈의 제의적 상징성은 다음의 대사에서도 잘 나타난다. 미얄이 밤낮 없는 부부 싸움에 동네에서 쫓겨 나겠다고 엄살을 떨자, 영감이 난대 없이 "그러나 저러나 너하고 나하고 이 동네를 떠나면 이 동네에 인물 동티난다. 너는 저 웃묵에 서고 내가 아랫묵에 서면 이 동네에 잡귀가 범치 못하는 줄 모르더냐?"라고 대꾸한다.[26)] 이 대사를 사실적으로 해석하기란 여태까지의 두 사람의 대화에서 난대 없다. 이는 이들이 한 평범한 개인이 아닌 마을을 지키는 천하대장군과 지하여장군으로 해석하지 않으면 곤란하다. 즉 은연중에 민간 신앙을 이들 인물들의 연륜에 접붙여서 설파하고 있다. 이후 대사는 별 설명도 없이 어떻게 지내었냐는 일상으로 돌아간다. 이러한 제의적 상징성도 탈이라는 상징에 힘입어, 더욱 자연스러울 수 있다고 사료된다. 그리고 이러한 탈

25) 같은 책, p.116.
26) 이두현, 『한국가면극』, p.321.

의 상징성이 인물들의 동작을 더욱 정형화 시키는 것이다. 이러한 사례는 외국의 예에서도 잘 드러난다. 꼬메디아 델 아르떼의 경우 탈을 쓴 인물들의 동작이 탈을 쓰지 않은 연인들보다 정형화 되었으며, 노(能)나 가부키 역시 고도의 정형화된 춤과 동작으로 표현된다. 뿐만 아니라 가면에 가까운 짙은 분장을 하는 경극에서도 정형화된 동작이 많다.

6. 탈 기호의 보편성: 서구 꼬메디아 탈과의 비교

탈놀이 탈의 다양한 기의의 일반성을 살펴보기 위해, 서구의 꼬메디아 델 아르떼의 탈의 기의와 대조하여 보겠다. 어쩌면 이 작업은 본 논의에서 초점을 벗어난다고도 하겠으나, 이러한 대비를 통해서 그 다양한 기의가 더욱 드러날 수도 있을 것이다.

꼬메디아에서는 빤따로니, 닥떼르, 까피따노, 하르르껜, 브리겔라 등이 탈을 쓴다. 젊은 연인은 이야기의 주인공으로 등장하지만, 탈을 쓰지 않는다. 다시 말하면, 과장된 인물 유형들은 탈을 쓰고, 과장되지 않은 인물들은 탈을 쓰지 않는다. 하회별신굿탈놀이의 경우 신탁에 의해 공연되고 탈이 신성시 되었던 만큼, 탈을 쓰지 않은 인물은 없었으며 탈과 과장성이나 정형화에는 큰 차이가 없다. 그러나 꼬메디아와 같이 전문 연희자에 의해 공연된 봉산탈놀이의 경우는 비록 모두 탈을 착용하나, 젊고 아름다운 여인들(예: 소무, 덜머리집)이 비교적 과장이 적은 사실적 탈이었었다는 점은 꼬메디아와 대비될 수 있겠다. 뿐만 아니라 후대에 와서 봉산탈춤의 경우 기생들이 얼굴 자랑을 하기 위하여 심지어는 탈을 착용하지 않고 사상좌춤을 추기도 했다는 구술은, 꼬메디아의 젊은 연인들이 탈을 착용하지 않은 사실과 상통한다고 하겠다. 탈의 상징성으로 말미암아 탈을 쓴 인물들은 일상의 인물에서 어느 정도 과장되지 않을 수 없었으며, 탈을 쓰지 않거나 사실적 인물탈을 쓴 인물들은 그만큼 과장되지 않았거나 덜 과장된 인물로 행동한다.

꼬메디아의 탈도 탈놀이의 탈처럼 인물성격의 위장용이나 장식품이 아니라 그 인물의 유형창조를 돕고 있다. 이러한 의미에서 탈은 단순한 장식물의 차원을 넘어서 느슨한 플롯을 보조하는 극의 구성원리 중의 하나가 된다고도 하겠다. 즉 탈은 각 공연에서의 인물의 유형성을 부각시킨다. 가령 빤따로니면 빤따로니, 취발이이면 취발이가 다른 여러 공연에도 불구하고 계속하여 같은 탈을 쓰고 비슷한 의상을 입고 고유의 행동범위를 지켜나간다. 예를 들어 빤따로니의 호색적인 성향은 미녀를 얻을 듯싶어 보이는 기회를 결코 그냥 보내지는 않을 것이며, 취발이 역시 그러할 것이다.

꼬메디아와 탈놀이의 유형 인물 중 특히 사회 상층계급들과 하인들과는 많은 유사성을 보인다. 하인형들은 줄기찬 민중의 생명력을 보여주며 무도덕하기까지 하다는 점에서 공통적이다. 하르르껜이나 브리겔라와 말뚝이는 모두 항시 복종하는 체하면서 뒤에서는 딴전을 부리고 또 자신에게 이익이 날성 싶으면 주인을 배반하거나 동료를 팔기를 주저 않는다. 하르르껜은 빵 한 조각에 주인을 팔고, 말뚝이는 금전 몇 잎을 위해 동료 쇠뚝이를 무고하게 잡아들인다. 이들은 교활하고 때론 어리석어 보이기도 하지만, 재치 넘치게도 주어진 어떠한 환경 속에서도 살아남는 꿋꿋함과 끈질긴 생명력을 보인다. 바로 이러한 삶의 찬미가 그들의 무도덕성을 용서하고 그들을 좋아하게 하는 원동력인 것이다. 흔히 비극이 현상을 초월한 절대적인 진리를 추구한다면 희극은 현상계의 질서와 생명력을 추구한다. 이러한 의미에서 꼬메디아와 탈놀이가 궁극적으로 희극임은 결코 우연한 일이 아닐 것이다.

빤따로니나 닥떼르와 우리 탈놀이의 양반과의 대비 역시 흥미롭다. 빤따로니는 중늙은이로 종종 젊은 처녀를 짝사랑하거나 오쟁이진 남편으로 등장하며 가끔 연인의 아버지로도 등장한다. 그는 탐욕스럽고 호색적이나 바보스럽고 젊은이에게 종종 속는 얼간이이다. 한편 닥떼르는 빤따로니와 쌍을 이루는 인물로 그의 친구나 적수로 등장한다. 빤따로니와 같이 안정된 사회적 지위를(의학박사나 법학박사) 갖고 있으며 박식한 척하는 그의 허풍은 오히려 그의 무식을 탄로할 뿐이다. 이들은 두 명의 하인, 하르르껜과 브리겔라와 대조되는 인물들이다. 이들과 대비되는 인물인 탈놀이의 양반과 선비는 역시 안정된 사회적 지위를 가졌으며 탐욕스럽고 호색적이며 바보스럽다. 그들은 유식한 척하나 그 허풍은 오히려 무식만을 폭로할 따름이다.

이와 같이 꼬메디아와 탈놀이의 주인형 인물과 하인형 인물들은 유사성을 보이며, 사실적이기보다는 과장된 인물이라는 점에서도 상통하는 것이다. 즉 역할들이 미리 약호화 되고 고정된 인물 유형으로 나타나고, 탈은 이러한 범주를 확고히 하는 기표이다. 가령 빤따로니나 양반의 탈을 쓴 인물이 다소 종래의 범주에서 벗어나더라도 우리는 그 탈로 인해서 그 인물들의 유형을 쉽게 확정 짓는다.

행동의 정형성 역시 탈놀이와 마찬가지로 꼬메디아의 과장된 유형 인물들에서 두드러진다. 꼬메디아에는 라찌(Lazzi)라는 유명한 즉흥연기가 있는데, 웃음을 유발하기 위한 무대 위에서의 동작이나 속임수로 한 특정한 이야기와는 전혀 관련이 없다. 예를 들면 하르르껜이 날아가는 파리를 잡아서 그 날개를 떼고 차례로 맛있게 먹는 시늉을 한다든지, 따귀 맞는 극적 효과를 보이기 위하여 풍선을 불 듯이 입모양을 하거나 물을 가득 머금고 있다든지 하는 동작 등등이다. 이러한 동작들은 이야기 진행과는 직접적인 관련이 없이, 배우가 갑자기 자신의 이야기 진행에 대한 재치라 떨어졌을 때나, 침체된 극중 분위기를 살리기 위해 의존하는 유형적 즉흥연기이다. 우리 탈놀이에도 이미 정해진 춤동작이라든지, 잘 알려진 고전의 나열이라든지 같은 것을 이에 비교할 수 있겠다. 가령 취발이는 잘 알려진 고전소설 <구운몽>의 팔선녀 이야기를 길게 구술하여 흥을 돋우는데, 이는 유형화된 즉흥 연기의 일종이다. 이러한 즉흥연기는 꼬메디아에서 탈을 쓰지 않는 연인들보다는 탈을 쓴 인물들이 활용한다. 또한 일정한 스타일의 포즈, 제스처나 춤도 역시 그러하다. 이는 탈놀이에서와 마찬가지로, 탈은 인물들에게 일정한 상징성을 부여하여 일상적인 동작에서 멀어지게 하기 때문이라 하겠다.

그러나 꼬메디아의 탈은 완전히 예능가면으로 굳어져서, 어떤 제의적 특성을 찾기 어렵다. 반면 탈놀이의 탈은 하회탈의 경우 벽사가면으로서의 기능을 많이 보유하고 있고, 후대 봉산탈의 경우도 예능가면이 되었다고는 하나 위에서 언급하였듯이 곳곳에 벽사가면의 잔재를 내포하고 있다. 따라서 꼬메디아의 탈은 인물의 유형과 일치하며 그 유형을 나타내기에, 탈이 언어 연기에 방해가 안 되도록 턱이 없다고도 하겠다.

탈은 탈놀이의 대표적인 기표이며, 위에서 살폈듯이 다양한 기의를 갖는다. 탈은 개개 배우의 얼굴보다 강한 도상성과 상징성을 띤다. 뿐만 아니라 상징은 자의성을 갖는다. 그러하기에 탈의 상징성과 이를 쓴 인물 간의 직접적인 연관성은, 그 인물 역시 실재적인 개인을 떠나서 어떤 유형으로 상징된다고도 하겠다. 탈놀이라는 제목처럼 탈은 이 놀이의 핵심에 위치하는 것이다. 탈은 제의적 믿음이 되기도 하고, 또 현실을 덧보여서 보여주는 놀이의 원천이기도 하다. 현대극에서 탈의 등장이 드물고 또 탈이 사용되었어도 장식으로 그치고 있는 것은, 바로 탈에 숨은 상징성이 약화되어서가 아닌가 싶다.

제4장
탈놀이의 구조

1. 서어

탈놀이의 구조에 대해서는 70년대 말의 연구에서 별 진전이 없다. 조동일의 「봉산탈춤의 양반과장의 구성의 원리」, 여석기의 「산대가면극의 파르스적 특성」, 송동준의 「서사극과 한국민속극」, 김열규의 「굿과 탈춤」 등의 논문들이 나오면서, 일단 탈놀이가 "시공적으로 유치한 점이 많다."느니 "공간개념을 무시한 것이니" 등의 논란은 사라졌다고 하겠다.[1] 그 간 세계 연극사에서 동양연극이 또다른 연극으로 연극의 개념이 넓혀져 가면서 약진을 하게 되자, 서구식 논리에 우리 탈놀이를 끼워 맞추는 식의 언급은 사라졌다. 뿐만 아니라, 부분적으로 탈놀이의 여러 전통들이 현대극에 도입되기도 했다. 그러나 과연 우리 탈놀이의 구조는 어떠한가에 대한 연구는 대단히 미흡하다.

본 연구는 탈놀이 구조를 살피기 위해 전 탈놀이를 지역별로 나누고,

1) 강용권, 「한국가면극본의 고찰」, 『동아논총』 제3집(동아대학교, 1966), p.213.

각 지역의 대표 탈놀이를 하나씩 선정하였다. 이들을 비교 검토하고 가장 완성된 탈놀이를 고려하면서, 총체적인 탈놀이의 구조를 논의하고자 한다.

2. 탈놀이 지역별 분포와 과장분류

탈놀이의 구조를 살피기 위해 우선 어떤 탈놀이를 대상으로 할 것인가가 문제 된다. 탈놀이에는 보다 고형으로 분류되는 하회별신굿탈놀이를 비롯하여, 탈춤, 산대놀이, 오광대, 야류 등 여러 종류의 탈놀이가 전한다. 그러므로 우선 고형인 농촌형 탈놀이와 18세기경으로 추정되는 도시형 탈놀이로 분류할 수 있다. 농촌형 탈놀이는 하회나 병산 별신굿탈놀이 등을 꼽을 수 있고, 도시형 탈놀이에는 황해도 지역의 봉산, 은율, 강령 탈춤 등을, 경기도 지역의 송파산대놀이나 양주별산대놀이 등을, 낙동강 동쪽으로 수영 야류나 동래 야류 등을, 낙동강 서쪽으로 통영 오광대나 고성 오광대 및 가산 오광대 등을 꼽을 수 있다. 도시형 탈놀이가 발달한 지역이 지방의 관청이 있던 곳이거나 상업적 집결지였음에 주목하여 도시형 탈놀이라고 명명한 것이다. 탈놀이는 판소리가 성행했던 전라도와 충청도에서는 전승되지 않았음도 주목할 사항이라고 사료된다.

각 지역 탈놀이에서 하나의 대표 탈놀이를 뽑아서 공연의 전체를 알아보기 쉽게 한 도표는 제 1장에 있다. 이 도표는 구조의 분석에도 매우 중요함으로 다시 한 번 도표를 실었다. 여기에는 탈놀이의 모든 과장을 나열하고, 각 지역 탈놀이에서의 그 존재 여부를 살피고자 하였다. 그리고 도표에서 왼쪽에 위치한 탈놀이로 갈수록 과장이 많아지는데, 이는 보다 발전된 형태로 좀 더 후대의 탈놀이가 아닐까 추측된다. 탈놀이의 시작과 끝은 일종의 의식적인 춤이나 굿이다. 수영 야류만 시작에 의식무가 없는 것으로 되어 있는데, 이는 탈놀이의 시작을 어디로 보느냐에 딸려 있다고 하겠다. 기존의 과장 나눔에 의존하지 않으면, 탈놀이 시작 이전의 긴 제의를 일종의 의식으로 간주할 수 있다. 다음은 수영 야류 이전의 의식이다.

> 대보름 낮에 출연 분장을 한 수양반이 주동이 되어 풍물을 대동하고, 제물을 차려 수영의 토신지위(土神之位)와 독신지위(纛神之位)를 모신 제당에서 산신제를 지낸다. 다음으로 원수정(遠水井)에서 우물 고사를 지내고, 이어 최영 장군묘에 묘제를 지내고, 달이 뜨기를 기다려 야류 놀이를 시작한다.[2]

즉 채록된 수영 야류 대본에는 시작 의식무가 없으나, 이전의 의식들을 생각하면 의식무가 있다고 간주할 수도 있다. 또한 마치는 제의적 과장 역시 야류, 사자놀이, 별신굿놀이에 없는 것으로 되어 있는데, 이 역시 이후의 제의를 생각할 수 있다. 야류는 산신제의 일부로 행해지며, 놀이가 끝나면 "탈과 고깔 등을 태워 소제(燒祭)를 지낸다."[3]는 점을 감안 할 때, 별신굿놀이는 헛천 거리굿으로 끝맺음을 하는 것을 볼 때, 그리고 사자놀이는 탈놀이의 일종의 약식 탈놀이라는 점과 "사자로서 잡귀를 쫓고 동리의 안과태평을 비는 것이며 가가호호를 순회하면서 벽사"하는 놀이였음을 감안할 때,[4] 모두 일종의 마무리 의식이 있었다고 하겠다. 그러므로 탈놀이는 제의적인 의식으로 시작하고 끝난다. 다시 한 번 과장 분류에 따라서 앞에서 제시한 탈놀이 도표는 다음과 같다.

---

2) 이두현, 『한국가면극선』(교문사, 1997), p.364.
3) 같은 책, p.393.
4) 이두현, 『한국가면극』(문화재관리국, 1969), p.381.

〈탈놀이 도표〉

	도시형 탈놀이					농촌형 탈놀이
	탈 춤	산 대	오광대	야류	사자놀이	별신굿놀이
	봉산	양주	가산	수영	북청	하회
의식 무	○	○	○	×(길놀이)	○	○
먹중 춤	○	○	×	×	×	×
옴중/상좌	×	○				
먹중/옴중	×	○				
연잎/눈끔쩍이	×	○				
염불놀이	○	○				
법고놀이	△	○				
침놀이	×	○				
사당 춤	○	×	×	×	×	×
노장과장	○	○	○	×	×	△
노장	○	○	○			△
신장수/원숭이	○	○	×			×
취발이	○	○	×			×
사자 춤	○	×	×	○	○	×
양반 과장	○	○	○	○	△	○
움막놀이	○	○	○	○		○
포도부장	△	○	×	×		×
문둥이 과장	×	×	○	×	×	×
할아범/할멈 과장	○	○	○	○	×	△
할멈/할아범	○	○	○	○		△
첩	○	×	○	○		×
죽은자를 위한 의식	○	○	○	×	×	×

표: o 과장이 있다/ x 과장이 없다/△예전에는 있다고 전했으나 지금은 없거나, 유사한 과장이 있다.

탈놀이에서 의식무나 제의를 앞뒤로 세우는 것은, 그리스 비극과 희극의 처음과 끝인 파라도스나 엑서더스에 비교될 수 있겠다. 그리스 연극이 예외 없이 파라도스로 시작하고 엑서더스로 끝나듯이, 탈놀이도 예외 없이 제의적인 춤이나 의식이 그 시작과 끝을 알린다. 그만큼 이러한 춤과 의식들은 전형적으로 탈놀이의 시작과 끝을 알리는 형식적 틀이라고 하겠다. 그리고 그리스 비극에서 에피소드가 이어지듯이, 탈놀이에서는 과장들이 이어진다. 그러나 탈놀이의 과장들은 한 시대를 비춰보여 주기는 하나 이들 사이에는 인과관계가 없다. 그러하기에 서구식 플롯 개념으로는 전체적인 통일성이 결여되었다고도 하겠다.

그렇다면 우리 탈놀이는 어떤 구조를 갖고 있는가? 어떤 구성으로 설명되며, 어떤 미학을 갖고 있는가? 가령 부조리극들이 아리스토텔레스적인 모방(minetic)의 구조로 설명되지 못하고 오히려 이미지의 구조로 잘 설명 되는데, 일례로 <고도를 기다리며>의 경우 고고와 디디의 모든 짓거리들이 실존에 갇힌 존재의 기다림이라는 하나의 이미지를 반복한다고 설명할 때 그 의미가 선명해진다. 우선 우리 탈놀이는 제의적 춤과 의식을 그 틀로 갖고, 그 안에 다양한 에피소드(과장)가 전개된다. 에피소드들은 한 시대를 보여준다는 점에서는 공통적이나 어떤 필연적인 관련도 없다. 또한 각 에피소드들은 이렇다 할 이야기를 갖지 않은 춤과장들과 이야기를 가진 이야기 과장들로 나누어진다.

춤과장들을 살펴보면, 크게 먹중춤, 사당춤, 사자춤과 문둥이춤 과장이다. 먹중 춤은 유독 양주별산대놀이의 경우 다양하다. 그 내용은 불교와 별 상관이 없으니, 대사들은 거의가 음담패설이나 풍자가 섞인 재담이다. 이러한 대사들은 점진적인 이야기의 진행을 의도하지는 않았다. 즉 그 순간순간의 재치와 춤으로 흥겹다. 다만 간간히 중들이 장삼을 휘둘러 예기치 않게 뿌려 치는데, 이는 악귀를 쫓는 벽사의식의 흔적이라고도 하겠다. 이러한 후려치는 동작은 봉산탈춤에서 더욱 분명히 나타나는데, 먹중들이 등장할 때마다 앞의 먹중을 후려쳐서 퇴장시킨다. 그러나 먹중 춤은 어떤 의미를 전달하기 보다는 다양한 먹중들이 등장하여 선보이고, 춤을 즐기는 과장이라고 하겠다. 먹중 춤은 양주별산대놀이나 봉산탈춤의 기본 춤이 되는 점을 보아도, 어떤 내용이나 의미보다 춤이 중심이 됨이 확실하다.

사당춤은 봉산탈춤에만 있는 과장으로, 노래의 기량을 뽐내는 장이다. 아무런 이야기의 전개가 없고, 전통 소리인 놀량이나 타령이 불려진다. 더구나 노래의 전달을 위해 탈을 반쯤 벗었으니, 이는 후대에 놀이를 위해 첨가된 과장인 듯싶다. 그러하기에 봉산탈춤을 가장 뒤늦게 놀이화되고 상업화된 탈놀이로 간주한다.

사자춤은 후대 많은 탈놀이에서 보여진다. 하회별신굿놀이에도 주지춤이 있었으나, 이는 사자와는 별개의 춤이라고 생각된다. 주지춤은 무속적 춤으로 토속적이고, 사자춤은 신라시대 최치원이 읊은 '오기'에서도 나오는 바, 서역지역에서 불교의 전래와 함께 들어온 것으로 추정된다. "우리 목중들이 선경에서 도를 닦는 노승을 꾀어 파계 시킨 줄로 알고 석가여래의 영을 받아 우리들을 벌을 주려고 내려왔느냐?"는 봉산탈춤의 마부의 대사에서도 불교와의 연관성이 드러난다.[5)]

문둥이 춤은 오광대에만 보이는데, 이는 이 지역에 유독 이 병이 창궐했다는 사실과 관련이 깊은 듯싶다. 지금도 친근감을 나타내는 지방어로 '경상도 이 문둥이야'라는 말이 있는 것을 보아도 알 수 있다. 더구나 신체적 불구는 세계 각국의 희극에 자주 등장하는데, 이슬람 문화권의 곱사등이는 유명한 캐릭터이기도 하다. 이는 희극이 '우리보다 못한

---

5) 이두현, 『한국가면극선』, p.184.

인물'을 그린다는 아리스토텔레스의 희극이론을 상기시킨다.

이렇듯이 춤과장들은 이야기의 서사구조와는 무관하다. 그나마 먹중춤 과장이 약간의 재담을 가지고 있으나, 역시 서사구조는 아니다. 그 자체로도 서사구조가 없을 뿐더러, 탈놀이 전체에도 아무런 이야기를 보태지 않는다. 이들은 춤과 노래 그리고 재미있는 몸짓이나 재담을 병렬적으로 늘어놓지, 개개의 동작이나 재담을 엮어서 어떤 의미를 창출하고자 하지 않는다. 그러하기에 연희자들의 연행성이 중요한 과장들이다. 연희자의 개성이 드러나고, 누가 어떻게 춤을 잘 추느냐를 온전하게 즐기는 과장들이기 때문이다.

의식과 춤 과장들을 제외하면, 노장과장, 양반과장 및 할멈/할아범 과장이 남는다. 이들은 각기 이야기의 진행, 즉 서사성을 갖고 있을 뿐만 아니라, 탈놀이에 폭넓게 분포되어 있다. 위의 도표에서 △를 친 것은, 전에는 있었다고 전하나 현재 행해지지 않는 과장이거나, 그 일부나 유사성을 가진 이야기가 전개된다는 것을 의미한다. 가령 하회별신굿놀이에서 노장과장의 경우, '파계승 과장'은 부네의 오줌을 냄새 맡으며 흥분되어 부네를 옆구리에 차고 도망간다. 이는 후대의 노장과장 같이 사랑의 수작들이 잘 묘사 진행되어 있지는 않지만, 그러한 모티프의 근간이 된다고 할 수 있다. 또한 하회 탈놀이의 할미 마당은 할미만이 등장하여 생활의 고달픔을 이야기하는 데, 후대 탈놀이에서도 할아범이나 첩이 등장하는 등 이야기가 복잡하여 지지만 생활의 고달픔을 호소한다는 점에서는 너무도 같다. 북청 사자놀이에서도 양반과장은 등장하지 않지만, 양반이 사자를 치유하고 놀리는데 중요한 역할을 한다. 이는 상층계급의 풍자를 겨냥했던 타 양반과장과는 그 의미가 다르지만, 역시 양반이 등장하여 한 과장의 진행에 주요한 역할을 한다는 점에서 △를 받았다. 결국 노장과장과 양반과장 및 할멈/할아범이 우리 탈놀이의 서

사이며, 지역적인 변이는 있어도 같은 모티프로 볼 수 있는 정도이다. 그렇다면 이들 과장의 구조를 살펴서, 전체적으로 춤과장과의 상관관계를 연관 지을 때 탈놀이의 구조가 보다 명확히 드러나리라고 사료된다.

3. 주요과장의 구조

1) 춤, 노래 과장

춤과 노래의 과장으로는 우선 처음의 의식무인 사상좌춤이나 오방신장무 등과 목중춤, 사자춤, 사당춤, 문둥이춤 정도가 있다. 그리고 마지막에 할미의 죽음으로 행하는 굿도 별도의 춤과장으로 넣는 것이 타당할 것이다. 역시 가장 발달했다고 할 봉산탈춤을 예로 들어 살펴보면, 이러한 춤과 노래의 과장은 대강 의식무와 오락무로 나뉜다고 하겠다.

의식무 과장은 사방을 향한 반복 순환적 구조로 춤이 이루어졌다. 즉 반복되는 기원을 기본동작을 중심으로 반복해서 나타냈다. 같은 의식무라고 할 무당춤은 엑스타시로의 몰입을 위해 역시 반복이 계속된다. 의식무에서 결국 반복이 가장 두드러졌는데, 이는 민속춤의 특징이라고도 하겠다.

의식무와 오락무 중간에 위치한 목중춤 과장도 8명의 먹중이 차례차례 같은 유형의 대사와 춤을 순환 반복한다. 첫목만이 다른 목중춤과 확연히 다른데, 이는 처음을 깨뜨린다는 벽사의 의미가 담겼다 하겠다. 그러나 첫목이 일단 바닥에서 일어난 후에는 다른 목중춤과 크게 다르지 않다. 봉산탈춤을 배울 때 먹중의 기본 춤을 우선 배울 만큼, 춤동작은 정형화되어 있으며 목중춤은 이러한 기본 동작의 반복으로 구성되어 있다. 첫목을 제외한 목중 하나하나가 유사한 대사를 하고, 앞의 목중을 장삼으로 후리쳐 쫓는다. 반복구조가 의식무에서보다 더욱 분명하게 나타났다고 하겠다.

오락무에 해당하는 사당춤에는 반복구조가 별로 보이지 않는데, 이는 노래를 위주로 하는 과장이어서 각기 다양한 민요가 불려지기 때문이다. 물론 노래의 후렴 등 반복은 있으나 이는 미미하다. 다른 탈놀이에는 보이지 않는 과장으로, 오락을 위해 후대에 삽입되지 않았나 싶다. 그러하기에 여타 춤과장에서 보였던 반복구조가 거의 없다. 같은 오락무라고도 할 사자춤에는 간간이 반복구조가 보인다. 사자의 기본 동작이 있고 이를 반복하며 변이가 나타난다.

이렇듯이 춤과 노래 과장의 두드러진 구성은 반복 구조이다. 춤 자체가 기본 동작의 반복과 그 변이이며, 민속춤의 특성이라고도 하겠다. 이런 춤과장에서는 무엇보다도 연희자의 연행성이 그 공연을 결정짓는다. 그러하기에 특별한 서사 없이 매번 반복되는 춤은 연희자의 개성이나 연희 능력에 따라 다르게 나타나기에 관중들은 새롭게 즐길 수 있다.

2) 노장과장

노장과장의 구조는 이 과장이 가장 잘 발달된 봉산탈춤과 양주별산대놀이를 기준으로 논하겠다. 첫 경은 노장이 속세에 내려와 소무의 아름다움을 보고 파계한다는 이야기이다. 그런데 우선 목중들이 노장을 모시고 속세로 나온다. 이 장면은 먹중과장의 연장으로도 볼 수 있는데, 역시 재담의 연장이라고도 하겠다. 그러나 양주별산대의 경우는 먹중과장 이후에 노장과장이 이어지나, 봉산탈춤의 경우는 먹중과장 다음에 사당춤과장이 있고 이후 노장과장이 이어져서 반드시 앞 과장과의 연결을 위한 재담은 아니다. 즉 과장 간의 이야기 연결을 위해서 목중들이 노장을 모시고 나오는 것만은 아니라고 하겠으나, 탈놀이의 전 과장 중 유독 노장과장만은 먹중과장과의 연결에 어느 정도 신경을 쓴 것도 사실이다. 다시 말해서, 과장 간의 서사적 연결에 대한 관심이 보인다.

노장과장은 3장으로 구분된다. 1장은 노장과 소무과장이다. 속세에 내려온 노장이 소무에게 반하여 파계를 하게 된다는 서사가 춤과 움직임만으로 확실하게 전달된다. 그 의미를 놓칠 수 없다는 점에서 춤이 아니라 연극이다. 2장은 신장수과장이다. 여기서부터 동작과 대사가 대비된다. 신을 사고자 하는 노장의 의사는 신장수에 의해 여러 가지로 오해되다가 드디어 소무 신을 사고자 하는 의사를 파악한다. 여기서 주목되는 것은 침묵과 장광설의 대조이다. 신장수는 끊임없이 떠드는 반면 노장은 침묵한다. 3장은 취발이과장으로, 취발이가 노장에게서 소무를 빼앗는다. 역시 취발이의 장광설과 노장의 침묵이 의사소통의 주요한 장치이다. 소무는 취발이의 아이를 낳고 취발이는 아이에게 글을 가르친다. 이때 취발이는 복화술까지를 활용한다.

전체적인 구조를 생각할 때, 노장과장은 직선적인 플롯과 병렬적인 구조가 적절히 안배되어 있는 과장이라고 하겠다. 노장이 소무의 아름다움에 파계를 하여 놀고, 그녀에게 신을 사주고, 다시 마을의 한량 취발이에게 소무를 빼앗기는 이야기는 직선적인 플롯 구조이다. 이야기의 시종이 분명하니, 전진적이고 직선적인 플롯이다. 그러나 동시에 괴테가 말한 후퇴적 모티브도 이야기의 한 장을 차지할 정도로 많으며,[6] 또 곳

6) 괴테는 줄거리를 진행시키는 모티브를 5가지로 분류하고, 그중 어떤 것은 서사양식에 어떤 것은 극양식에 혹은 어떤 것은 그 모두에 잘 적용된다고 보았다. 전진적(Progressive) 모티브, 후퇴적(Retrogressive) 모티브, 억압적(Retardative) 모티브, 회고적(Retrospective) 모티브, 예기적(Anticipatory) 모티브가 그것인데, 전진적 모티브는 줄거리를 촉진시키는데

곳에 삽입된다. 즉 줄거리를 진행시키는 여러 모티브 중 대표적인 것은 전진적(Progressive) 모티브와 후퇴적(Retrogressive) 모티브인데, 전진적 모티브는 줄거리를 진행시키는 반면 후퇴적 모티브는 줄거리 진행을 방해하며 다른 주변적인 이야기를 끼워 넣는다. 신장수과장은 소무를 중심으로 노장과 취발이가 벌이는 삼각관계의 이야기에는 신장수 이야기는 후퇴적 모티브로, 어떤 상황의 끼어들기로 이야기의 진행을 늦춘다. 사실 꼭 신장수 이야기가 아니더라도 어떤 이야기라도 가능하다. 그런 의미에서 직선적 플롯과 끼워 넣기의 다른 병렬식 구조가 더해진 것이다.

과장으로 나타날 뿐만 아니라 노장이나 취발이의 행동에서도 병렬식 구조가 엿보인다. 가령 취발이는 등장하여 장광설을 늘어놓는데, 자신이 팔선녀와 놀아난 이야기라든가(구운몽 소설의 일부이다) 소리개가 자신을 고깃덩이로 알고 덤빈다든가 하는 이야기가 그것이다. 이러한 삽입이야기의 직선적 진행을 오히려 방해하는 요소들로 병렬식 구조의 편린을 보여준다. 관중의 반응을 보아가며 이러한 삽입이야기를 얼마든지 더하거나 줄일 수 있다.

민속극의 특징인 반복구조 역시 드러난다. 노장과 소무의 수작은 반복구조를 갖고 있으니, 반복되는 춤동작으로 사랑의 수용이 드러난다. 취발이와 소무의 수작 역시 같은 반복구조를 갖고 있다. 신장수와 원숭이의 수작이나 노장과 취발이의 대결 역시 반복을 되풀이한다. 이렇듯이 노장과장은 직선적 구조를 기본으로 병렬적이거나 반복적인 구조가 더하여졌다.

극양식에 두드러지게 사용되며, 후퇴적 모티브는 줄거리의 진행을 제어하는 모티브로 거의 소설에서만 국한되어 사용된다. 나머지 모티브는 극과 소설 모두에 쓰인다.
괴테, "서사시와 극시"(Epic and Dramatic Poetry), Barrett H. Clark Ed. *European Theories of Drama*, 1959), p.338.

3) 양반과장

한편 양반과장은 반복적인 순환적 구조가 가장 눈에 뜨이는 과장이다. 특히 가장 후대의 것으로 추정되는 봉산탈춤의 경우 이러한 순환적 구조는 더욱 두드러진다. 봉산탈춤 양반과장은 이미 조동일에 의해 연구된 바대로 1) 양반의 위엄 2) 말뚝이의 항거 3) 양반의 호령 4) 말뚝이의 변명 5) 양반의 안심으로 구성된 구조가 반복된다.[7] 그리고 각 대사 사이에는 춤이 대사가 없었다는 듯이 즐겁게 반복된다. 뿐만 아니라 대사 블록 사이에 필연적인 인과관계도 없다. 조동일이 예를 들어 설명했듯이, 다음의 대사는 양반의 위엄, 말뚝이의 항거, 양반의 호령, 말뚝이의 변명, 양반의 안심이라는 구조를 정확하게 드러내고 있다.

1) 말: 양반 나오신다아!
2) 말: 개잘양이라는 양자에 개다리 소반이라는 반자 쓰는 양반이 나오신단 말이요.
3) 양: 이놈 뭐야아!
4) 말: 이생원네 삼형제 분이 나오신다고 그리하였소.
5) 양: 이생원이라네

이러한 대사 후에 한바탕 흥겨운 양반과 말뚝이의 춤이 이어지고, 다시금 이러한 대사가 이어진다.

1) 양: 양반을 모시고 나왔으면 새처를 정하는 것이 아니고 어디로 이

---

7) 조동일, 「봉산탈춤의 양반과장과 구성의 원리」, 『탈춤의 사상』(채희완 편, 현암사, 1984), p.44.

리 돌아다니느냐?

2) 말: 문을 하늘로 낸 새처를 잡아 놨읍니다.

3) 양: 이놈 뭐야!

4) 말: 자좌오향에 터를 잡고 난간팔자로 오련각에 집을 짓되,

2) (담배를) 돼지 똥물에다 축축 축여 놨읍니다.

3) 양: 이놈 뭐야!

4) 말: 꿀물에다 추겨 놨다 그리하였소.

5) 양: 꿀물에다 추겨놨다네.[8)]

제시한 구조에서 변이는 있었으나, 역시 같은 구조의 반복이다. 그리고 그 반복은 단순히 춤이나 재담의 되풀이라기보다는 구조적으로 순환의 양상을 띤다. 즉 양반과장은 거의 완벽한 순환구조이며, 그 완충으로 춤이 들어간다. 그리고 위의 예에서 보이듯이 각 구조는 하나의 독립된 풍자이다. 그 풍자와 풍자 사이에는 어떤 직선적인 플롯의 연결이 없으며, 인과율도 없다.

뿐만 아니라 이러한 순환구조에 반복 병렬식 삽입도 미약하게나마 엿보인다. 가령 예를 들어서, 양반을 모시지 않고 어디로 그리 다녔냐는 질문에 말뚝이는 필요이상으로 긴 대답을 한다. "예에. 양반을 찾으려고 찬밥 국말어 일조식 하고 마굿간에 들어가 노새 원님을 끌어다가 등에 솔질을 솰솰하여 말뚝이님 내가 타고 서양, 영미, 법덕 동양 삼국 무른 메주 밟듯하고, 동은 여울이요 서는 구월이라 동여울 서구월 남드리 북향산 방방곡곡 면면촌촌이, 바위 틈틈이 모래 쨈쨈이, 참나무 결결이 다 찾아다녀도 샌님 비뚝한 놈도 없고 보니 낙향사부라, 서울 본댁을 찾아

---

8) 같은 책, p.42.

가니 샌님도 안 계시고 종가집 도련님도 안 계시고, 마나님 혼자 계시기로 벙거지 쓴 채 이 채찍 찬 채 감발한 채 두 무릎을 꿇고 하고 하고 재독으로 됐습니다."라는 답변의 요지는, 마나님과 성행위를 두 번이나 했다는 이야기의 삽입으로 볼 수 있다.[9] 그런데 "동은 여울이요 서는 구월이라 동여울 서구월 남드리 북향산 방방곡곡 면면촌촌이, 바위 틈틈이 모래 쨈쨈이, 참나무 결결이 다 찾아다녀도"라는 구절은 열심히 찾아다닌다는 의미를 전달할 때 고문(古文)에서 흔히 보이는 어구이다. 페리가 주목했듯이 익히 한 사회가 공유하고 있는 표현으로, 구전공식구에 해당하는 어구라고 하겠다.[10] 따라서 본 텍스트가 다수의 저자에 의해 구전되어 내려온 것이라는 사실을 확인하는 동시에, 이미 널리 알려진 구전 텍스트의 삽입이다. 또한 "샌님도 안 계시고 종가집 도련님도 안 계시고"와 같이 아무도 없었다는 사실이나, "벙거지 쓴 채, 이 채찍 찬 채, 감발한 채"라고 급한 마음을 나타내는 표현 등 낯익은 구절들을 쉽게 삽입하고 있으니, 이는 미약하나마 병렬식 삽입이라 하겠다.

이렇듯이 양반과장은 전체적으로 순환구조를 기조로 하고, 그 하나하나 반복되는 에피소드에는 반복이나 병렬식 삽입으로 이야기를 풀어가고 있다. 그리고 이러한 반복은 말뚝이가 장광설로 주도하고 있어서, 양반에 대한 풍자가 가능하다. 구조적인 순환 구조가 가장 잘 드러나는 과장이라고 하겠다.

4) 영감, 할미 과장

지역적 차이가 역시 있으나, 가장 발전된 플롯을 가진 봉산탈춤을 중

---

9) 이두현. 『한국가면극선』, p.189.

10) Parry, A. "Studies in the Epic Technique of Oral Verse-Making 1: Homer and Homeric Style", *Harvard Studies in Classical Philosophy* 41(1930) 참조.

심으로 논의하겠다. 결론부터 말한다면 이 과장은 순환적 구조와 직선적 구조의 절묘한 조화이다. 우선 할미와 영감의 만나는 과정은 철저하게 순환적 구조로 반복의 묘미가 살아있다. 할미의 대사와 춤, 그리고 노래까지를, 영감 역시 거의 동일하게 반복한다. 악공과 주고받는 대사 일체와 시나위청까지 반복함으로써, 양반과장 이상의 순환 구조의 묘미를 살렸다.

할미와 영감이 만난 다음부터는 직선적 구조를 도입하며, 첩까지 관계하는 삼각관계를 그려낸다. 그러나 이러한 직선적 플롯에도 곳곳에 병렬식 구조를 첨가하였다. 가령 할미가 서로 만나기만 하면 싸워서 동네에서 내어 쫓기겠다고 엄살을 떨자 영감은 "너하고 나하고 이 동네를 떠나면 이 동네에 인물 동티 난다. 너는 저 웃묵에 서고, 내가 아랫묵에 서면 이 동네에 잡귀가 범치 못하는 줄 모르더냐?"라고 천하대장군과 지하여장군의 모티프를 슬며시 끼워 넣는다. 또한 머리에 쓴 내력을 말하다가 산대도감의 지나친 세금을 고발하기도 하며, 산중에서 여중을 덮치려다 혼이 난 일화를 삽입하기도 한다.

마지막 무당의 굿은 공연에 또 다른 틀을 마련한다. 할미의 죽음으로 굿을 한다는 결말은 한 과장의 끝이기도 하지만, 한편 분명히 탈놀이 전체를 굿으로 마무리 짓고 있다. 그런 의미에서 굿은 영감. 할미과장의 직선적 구조에서 벗어나서, 하나의 과장 역할을 하며 탈놀이 전체구조에서 순환적 구조의 일부가 되는 것이다.

4. 탈놀이의 구조

이상으로 살펴보았듯이 탈놀이에 보이는 구조는 전체적으로 에피소딕하다. 과장으로 나뉘어서, 상관이 없는 에피소드의 나열로 탈놀이가 이루어진다. 즉 아라비안나이트 이야기와 같이 이어지는 에피소드로 탈놀이를 이루어, 서구식 플롯 정의로는 에피소드식 구성이다. 다만 의식무나 굿이 탈놀이 앞뒤에 있어서, 전체 에피소드를 열고 마무리 짓는 일종의 시종을 알리는 제의와 같은 구실을 한다. 이들은 어떤 의미에서 그리스 비극의 파라도스나 엑서더스에 비견될 수 있는 구조라고도 하겠다.

각 에피소드의 구성을 보면, 서구와 유사한 직선적 구조가 없는 것은 아니지만 주된 구성의 방식은 반복구조이다. 주된 이야기의 줄거리는 직선적 구조로 이야기 되지만, 이는 무수한 반복으로 퇴행적 플롯이며 끊긴다. 뿐만 아니라, 단순 반복을 넘어서 수시로 삽입을 하여 병렬식 구조까지를 갖는다. 또한 반복이 구조적으로 어떤 구조를 이루며, 양반과장같이 순환적 구조로 발전하기까지 한다. 즉 반복구조, 병렬구조, 순환구조가 탈놀이 구성 방식의 특징이라고 말할 수 있겠다.

진정 탈놀이 이야기의 묘미는 이러한 반복, 순환구조나 병렬구조에서 온다. 사실 동양연극의 경우 줄거리는 알려진 경우가 많다. 탈놀이에서도 약간의 변이는 있지만, 기본 이야기 줄거리는 같으며 널리 알려져 있다. 따라서 반복의 변이나 병렬구조의 삽입이 그때그때 공연의 묘미이며, 그 재미로 매번 같은 내용의 공연을 본다고 하겠다. 즉 즉흥연기의 진수는 각 연기자의 이야기 삽입이나 재치에서 오는데, 여기서 반복의 변이나 병렬 구조가 나타날 수 있는 것이다.

이러한 즉흥성이나 변형 가능성은 공연에 '열린 구조'를 동시에 부여한다. 그리하여 연기자의 즉흥연기가 가능하며 스스로의 흥으로 이야기를 첨삭할 수 있으며, 관객마저 공연에 참여할 수 있다. '어얼쑤' '잘한다' 등의 추임새로 관객이 공연에 참여할 수 있는 공식적인 채널이 보장된다. 이러한 '열린구조'를 단적으로 보여주는 것은 오늘날 이미 드물기는 하지만 나이 드신 할아버지나 할머니가 공연장 한 켠에서 연희자와 함께 춤추는 것이다. 그들은 단순히 공연을 보고 느끼기보다 공연의 일부를 실연하고 그 실연의 묘미를 맛보는 것이다. 그리고 이러한 상황은 공연의 '열린 구조' 없이는 불가능하다.

이러한 구성은 분명 서구 아리스토텔레스식 구성과는 차이가 있다. 이는 갈등을 중심으로 무엇이 옳고 그르고를 판단하려 하지 않는다. 또한 갈등에 따른 긴장과 서스펜스도 없다. "가부키를 읽는 서구인들은 아마도 희곡이 가치 없다고 생각할 지도 모른다. 왜냐하면 이들은 문학적이거나 심리적, 혹은 철학적이거나 사회적 깊이를 갖고 있지 않기 때문이다. 즉 우리는 공연으로 평가하지 않고 희곡으로 평가한 것이다. 그러나 동양연극에서 이러한 평가는 의미가 없다."[11]는 프랑코의 말을 음미해야 한다. 느슨한 듯 반복을 통해 조금 조금 자연스럽게 말하려는 바를 인지시킨다. 그러하기에 직접적인 갈등은 표면화되지 않아서 이완한 가운데서 흥겹게 진행된다. 그러나 한편 반복을 통해서 주입되는 풍자는, 어느 틈에 관중에게 깊이 각인되며 또 그들을 대변하는 것이다. 또한 이러한 기본적인 반복 구조로 인하여 관중들은 느긋하게 공연을 즐길 수 있으며, 또 보고 싶은 부분만을 즐기며, 음식까지를 먹을 수 있는 것이다.

5. 탈놀이 구조의 현대적 적용

탈놀이의 구조는 사실주의극의 열풍이 휩쓸고 지나간 후에 한국적

11) Leonard C. Pronko, *Theatre East and West*(Berkeley: University of California Press, 1967). p.139. 번역 필자.

정체성 찾기라는 반성에서 다시 주목되기 시작했다. 70년대부터 이러한 움직임은 가시화되었으며, 특히 새롭게 언더그라운드 연극으로 등장한 마당극에서 두드러지게 나타난다. 물론 모든 마당극에 탈놀이의 구조가 활용된 것은 아니나, 가장 마당극적인 마당극의 구성에서 이러한 전통 구조가 차용되었다. 이를 살피기 위해 초기 마당극 중 대표작에 드는 「태순땅」「진오귀굿」「밥」 등을 예로 들어서, 마당극의 탈놀이 구조 활용을 간단히 살펴보겠다.

우선 「태순땅」「진오귀굿」「밥」 등의 마당극은 전체적으로 탈놀이와 같이 에피소딕한 구조를 갖는다. 「태순땅」의 경우, 다섯 마당으로 나뉘어 있고 각 에피소드는 제주도의 투기열풍이라는 한 상황을 제시하였을 뿐 상호간의 연결에 필연성은 없다. 「밥」 역시 세 개의 에피소드로 구성되었으며, 유기농 강조와 오래된 솥의 발견 및 재판놀이로 에피소드 간의 그 상호 관련성은 더욱 낮다. 「진오귀굿」은 마당의 구분이 없어서 비교적 전체적으로 하나의 이야기로 진행되는 듯싶으나, 농촌의 어려움을 소농귀, 외곡귀, 수해귀들이 반복해서 등장해서 나타난다. 그리하여 이러한 귀신들에 의해 이야기는 끊기고, 끊길 때마다 이야기는 하나의 에피소드 형식에 가까워서, 공식적으로 이야기가 나뉘지만 않았을 뿐 농촌의 여러 어려움을 에피소드식으로 나열하고 나아갈 바를 밝혔다. 즉 전체적으로 개개 에피소드를 나열하는 에피소드식 구조를 가졌으며, 각 에피소드 간에 직선적 플롯의 발달은 극히 제한적이며 다만 연결된 상황만을 제시한다고 하겠다.

마당극에서 반복구조는 가장 두드러진 기법이다. 가령 「태순땅」에서는 비슷한 인물의 반복으로 제주도의 투기열풍을 풍자하고 있다. 도나까와와 조코커는 각각 일본인과 미국인을 상징하지만 동시에 외국 투기세력이라는 점에서 같은 내용을 반복하고 있으며, 이들의 앞잡이인 국

선생과 복여사도 사실상 반복이다. 뿐만 아니라 토속 전통을 십분 활용하고 있으니, 외지인의 토지점유과정은 마을 굿의 굿중굿인 '사능[사냥]놀이'로, 외세 침략 자본은 인형극인 '허맹이놀림'으로 구성되었다. 「진오귀굿」은 반복 구조가 더욱 분명하니, 소농귀, 외곡귀, 수해귀가 농민을 번갈아 괴롭힌다. 그리하여 반복은 나아가 순환구조의 성격까지를 띠며, 여기에 농민들의 자생적 대응이라는 직선적 구조가 작용하는 것이다. 「밥」은 반복구조가 구조적으로는 비교적 약하다. 특히 각 마당의 연결이 가장 미약하다고 하겠는데, 이는 3마당이 '밥이 하늘이다'라는 주제를 나타낸다는 점에서만 관련되어 있다. 그러나 다소 엉뚱한 것 같은 주제를 반복시켜서, 광범위하게 밥의 중요성, 즉 서민의 기본 생명임을 상기시킨다는 점에서 반복을 통한 효과적인 주제의 설득이라고 하겠다.

탈놀이의 '열린 구조'도 역시 차용하고 있다. 즉 탈놀이 공연과 같이, 구전의 텍스트는 존재하지만 그때그때 상황과 관객에 따라서 그 대사는 유동적일 수 있다. 배우의 즉흥성과 관객의 반응은 언제라도 텍스트에 끼어들 수 있다. 바로 이러한 유동성 자체가 여백으로 남아있는 텍스트인 것이다.

이렇듯이 탈놀이의 구조는 현대 연극에 많은 영향을 미치고 있다. 단순한 전통의 계승이라는 소명감을 넘어서, 서양의 닫힌 구조에 대한 하나의 대안이 되고 있다. 더구나 오늘날 아리스토텔레스적 서구 연극이 새로운 방향을 모색하고 있는 요즈음, 동양의 연극에서 서양의 연극 지도자들이 영감과 방법론을 얻는 것은 주지의 사실이다. 동양적 구조의 탐구를 통하여 보다 다양한 연극이 가능하리라고 믿어진다.

제5장
탈놀이의 공간

1. 서어

탈놀이의 연극공간을 논하기란 쉽지 않다. 오늘날 단지 연희가 행해지는 장소만으로 국한한다면 어떤 빈 공간이라도 가능하다. 악사들이 앉는 악사석과 한편에 배우들의 의상을 갈아입는 개복청만 마련되면, 어떤 공간이라도 관객들이 둘러싸면 무대가 된다. 특정한 무대나 어떤 무대장치조차 없다. 야외극장을 선호하겠지만, 실내극장에서 올리지 못할 이유도 없다. 이러한 무한에 가까운 가변성은 연극공간이라는 특수성을 잊게 하는데, 이 빈 공간은 과연 어떤 공간인가? 그래서인지 기존 탈놀이 연구에서도 탈이나 의상 등에는 긴 설명이 있으나, 유독 연극공간은 단 몇 줄만이 언급되어 있을 뿐 특별히 연극공간을 연구 대상으로 삼은 것은 거의 없다.

탈놀이의 다양성도 특별한 연극공간을 한마디로 주장할 수 없게 한다. 특히 고형인 서낭제형 탈놀이와 18세기 이후의 도시형 탈놀이는 확연하게 다른 공간을 가진다. 물론 관객이 둘러싼 공연할 수 있는 빈 공간이라는 점에서는 공유점을 갖지만, 그 공간의 사회적 의미나 층위가 다르다. 한마디로 서낭제형 탈놀이는 부락제의 일부인 반면 도시형 탈놀이는 독립된 놀이로 보아야 하기 때문이다. 그렇다면 같은 빈 공간이라도 탈놀이에 따라서 그 공간의 의미가 각기 다를 수밖에 없는 것이다.

이렇듯이 무한히 가변적이면서도 일상과 가상을 넘나드는 빈 공간은 어쩐지 포스트모던한 느낌마저 든다. 르페브르(Lefebre)가 말했듯이 무대나 의상, 미술, 건축 등의 비언어적 예술은 "정신적 영역에 있는 공간으로 특징 지워 진다."는 의미를 되새기게 된다.[1] 정신적 영역에 있기에 그것은 실질적 공간이면서도, 그 실재공간으로만은 끝날 수 없게 된다. 그러하기에 연극 공간인 탈놀이의 공간은 복합적이니, 탈놀이 텍스트의 공간(극중 공간)은 실재공간이나 그 사회적 공간과 협력하여 어떤 한 순간의 공간을 형성하고 의미를 부여하게 되는 것이다. 또한 개개의 탈놀이 공간에 대한 개별적인 분석을 통하여, 탈놀이 공간이라는 일반적인 공유점을 추출할 수밖에 없게 된다.

이러한 탈놀이 공간의 복합성을 인식하기에, 본고는 고형인 서낭제형 탈놀이와 후대 도시형의 탈놀이를 비교 검토하고자 한다. 이를 위해 고형의 대표격인 하회별신굿탈놀이와 후대의 탈놀이인 봉산과 양주별산대 탈놀이를 중심으로 그 연극공간을 살펴보겠다. 또한 현재 이들이 행해지는 연극공간을 주목하기보다는(가령 하회별신굿탈놀이나 양주별산대놀이는 현재 새로이 야외무대를 마련했으며, 이들 공간과 오늘날의 다른 야외무대와는 큰 변별력이 없다), 문헌에 전하는 원래의 연극공간에 우선권을 두겠다. 그러므로 이들 탈놀이 공간의 분석을 통해서 탈놀

1) Henri Lefebvre, *The Production of Space*, Trans. Donald Nicholson-Smith.(Oxford: Blackwell, 1991), p.62.

이 공간의 보편성이 드러나기를 기대한다. 한편 이들 탈놀이가 민속극이었던 만큼 고급문화의 연극처럼 특정한 무대를 갖기 어려웠음도 염두에 두어야 하겠다. 그러나 반면 단순히 빈 공간인 그 무대는 그 제의적이나 사회적 기능에 있어서는 훨씬 민중의 삶과 연결되어 있다. 따라서 탈놀이 연극공간은 쉽게 현실의 재현 이상의 의미를 갖고 다가온다. 본고는 서낭제형과 도시형 탈놀이의 대표 탈놀이를 선정하여 그 '빈 공간'과 층위를 살펴서, 보편적이고 복합적인 탈놀이 공간을 밝히고자 한다.

2. 기성의 공간 이론과 탈놀이 공간 층위의 한 모델

한국의 공간이론을 살펴보면 탈놀이 자체에 대한 이론은 아직 거의 없고, 가장 탈놀이와 공간이 같다고 할 마당극의 공간에 대해서는 몇 개의 시론이 있다. 최초로 마당극의 공간에 주목했던 임진택은 마당이란 말 자체가 '집안이나 집 밖에 있는 평평한 땅'을 일컫는 것으로 개인의 소유보다 공동의 소유라는 의미가 강하다고 보았다. 여기서 근본적인 '공동성' '집단성'이라는 문제까지를 도출해 낼 수 있다고 해석한다.[2] 이 논의는 공간이 연극적 특질까지를 의미한다고 보는 점에서 오늘날 공간이론과 궤를 같이 한다. 뿐만 아니라 "놀이판과 관중석이 서로 통하고 있으며, 더구나 관중의 반응과 개입이 적극성을 띰에 따라 무대의 형태는 고정된 상태로 있지 않고 점차로 유동한다."고 공간의 가변성까지를 지적했다.[3] 그리하여 마당극은 열린 연극이며 개방된 연극이라고

2) 임진택, 「새로운 연극을 위하여: '마당극'에 관한 몇 가지 견해」, 『민족극 정립을 위한자료집』, 제2권(우리마당, 1987), p.52.

3) 같은 책, p.65.

보았다.

이 열린 공간을 이영미는 더욱 부연하여 설명하는데, 마당극의 공간은 "열려있다는 것"을 그 첫 특징으로 꼽았다. 이 열려있음은 "무대와 객석 사이도 열려져 있다."는 점이며, "무대가 속해 있는 주위의 환경들의 익숙한 현실성이 가상공간으로 몰입하는 것을 차단하는 것"이라고 보았다.[4] 다시 말하면 "극적 환상을 만들지 않고 무대와 객석, 그 바깥의 생활공간까지 모두 열려져 있는 공간"이라는 것이다.[5] 자칫 유사하다고 느낄 수도 있는 원형무대와는 그 무대처럼 세트와 고정된 소도구를 요구하지 않으며 극적 환상을 요구하지 않는다는 점에서 근본적으로 다르다. 즉 무대 안에서 모든 것을 "상대적으로, 다시선적(多視線的)으로, 전지적으로 보는 태도"를 유지한다고 보았다.[6] 또한 관중끼리의 신체적 접촉이 이루어지는 조금은 불편한 듯한 좌석이 마당극에는 적합하다고 보았다. "푹신하고 편안한 등받이가 있는 좌석보다는 좀 딱딱하고 적극적으로 몸을 세우고 앉는 자세를 유지하는 객석이 관객의 자발적이고 적극적인 태도를 유지하는 데 좋다."고 보았다.[7] 이 논의는 마당극의 극적 환상을 적극적으로 부정했는데, 그만큼 마당극이 소위 소외효과가 있다는 지적으로는 긍정적이나 과연 극적 환상이 없는 연극이 가능한 것인가 하는 의문도 갖게 한다.

탈놀이 공간에 대해서 거의 유일하다 싶은 최근 김지하의 의견이 주목된다. 그는 동학 최제우 선생의 天(천)地(지)人(인) 사상과 탈놀이를 연결 지으며, 마당 또는 공간은 地로 보았다. 또한 마당의 특질로 "서로 대립되는 초월적인 것과 극도의 중력적인 삶의 질서(아기 낳고, 살고, 밥

---

4) 이영미, 『마당극 양식의 원리와 특성』(한국예술종합학교 한국예술연구소, 1996), pp.172~3.
5) 같은 책, p.176.
6) 같은 책, p.177.
7) 같은 책, p.230.

먹고, 똥 싸고, 이런 극도의 상스러운 질서)"가 어울어진 "성속(聖俗)이 하나"가 되는 공간이며, 과학화된 풍류인 "율려"의 세계로 보았다. 그는 프로시니엄이 가진 가장 큰 한계는 "시각의 일방성, 제한성"으로 보았으며, 판이나 마당은 "눈에 보이지 않는 신명, 신기가 역동하면서 생성"되는 것이 제일이라고 보았다. 뿐만 아니라 마당의 판이 "빈터空所를 실현하지 않으면, 즉 '활동하는 무無'로써 텅빈 신명이 생성활동"을 하지 않으면 관객의 호응인 '추임새'가 일어날 수 없다고 주장한다.[8] 논의 과정에 논리의 비약이 심한 점은 있으나, 공간을 실질적인 공간으로 한정하지 않고 오히려 그 너머의 사상적 공간을 찾으려고 했던 점에서 현대의 공간이론과 일맥상통한다고도 하겠다.

이렇듯이 '열린 빈' 공간에 대한 연구가 시작되었으나 아직 시작단계에 불과하다. 이에 대한 보다 심도 깊은 해석과 또, 그 텍스트나 허구적 공간에 대한 종합적인 연구가 있어야 할 것이다. 실제적으로 빈 공간을 채울 것은, 르페브르의 말대로 "정신적 영역의 공간"을 음미할 수밖에 없을 것이다.

'열린 빈' 공간의 보다 깊은 연구를 위해 서구의 현대적 공간이론을 살펴보면, 공간에 대한 현대적 해석은 단연 앙리 르페브르(Henri Lefevbre)에서 시작되었다고 하겠다.[9] 이러한 공간에 대한 새로운 관심은 연극 공간으로까지 이어졌으며, 그 층위에 대한 최초의 현대적 의미 부여는 안느 위베르스펠트(Anne Ubersfeld)부터였다고 하겠다. 그녀는 행위소 모델을 개발하면서, 공연 텍스트의 공간성에도 주목했다. 그녀는 '무대적 공간(Stage Space, Espace Scenique)', '장치적 공간(Scenic Place, Lieu Scenique)',

8) 김지하, 『탈춤의 민족미학』(실천문학사, 2004), pp.88~136.
9) 그의 여러 저서 중 공간의 층위에 관한 사고는 H. Lefebvre의 *The Production of Space* (Nicholson-Simth trans. Cambridge, Mass, Blackwell Publishers Inc., 1991)가 특히 뛰어나다.

'연극적 공간(Theatrical Space, Espace Theatral)', '연극공간(Theatre Space, Lieu Theatral)'과 '희곡적 혹은 극중 공간(Dramatic Space, Espace dramatique)'으로 나누었다.[10] '무대적 공간'이나 '장치적 공간'은 물리적 제한을 가지고 있는 구체적인 공간으로, 의미를 만들어내는 공간이다. 한편 가상적 세계의 공간 조직은 항시 작가이거나 관객이거나 어떤 사고를 통해서 인지되는 것이다. '연극적 공간'과 '연극공간'은 물리적인 공간을 가리키는 동시에, 물리적 공간으로부터 나온 추상적인 공간이다. 극장이란 어떤 특정한 형태의 공간 조직인 것이다. '희곡적 혹은 극중 공간'은 텍스트와 공연의 기표들로 이루어졌다. 희곡 텍스트를 읽는 독자들에게 나타나며, 어떤 주어진 공연에서 만들어진 공간을 경험하는 관객에게 달리 나타날 수도 있다. 그러하기에 '희곡적 공간'은 다수이며, 서로 상반되기도 한다. 또한 스틴 쟌센(Steen Jansen)도 위베르스펠트의 공간개념과는 조금 다르지만, 극장 공간을 추상적 공간으로 보았다. 희곡텍스트에서 읽은 허구적 공간이 실재 공간으로 나타나는 과정을 생각했으며, 여기서 독자(관객)는 모든 공간, 즉 장치공간(the scenic place), 주변공간(surrounding space), 참조공간(referred space)에서 의미를 만든다.[11] 어쨌건 위베르스펠트나 쟌센은 공간을 연극의 기호로 보았으며, 허구적 공간과 실재 공간의 복합적인 상관관계로 다양한 해석을 가했다. 이로 인해 연극 공간의 층위가 논의되기 시작했다고도 보겠다.

한편 한나 스콜니코프(Hana Scolnicov)는 연극에서 공간을 크게 '연극공간(Theatre Space)'과 '연극적 공간(Theatrical Space)'으로 구분했다. 그녀에게 '연극공간'은 공연되는 장소를 말하며, 이 공간 안에서 각각의 공연은

10) Anne Ubersfeld, *Lire le Theatre*(Paris: Editions Sociales, 1977).

11) Jansen, Steen, 「Le Role de l'espace scenique dans la lecture de texte dramatique」 In *Semiotics of Drama and Theatre,* ed. Herta schmid and Aloysius van Kesteren, pp.254～79. Amsterdam: John Benjamins, 1984.

각각의 '연극적 공간'을 창출하는 것이라고 보았다. 즉 '연극적 공간'이란 연기자들에 의해 활용되는 공간이며, 말과 제스처와 움직임과 무대미술과 조명과 음향 등의 도움을 받아서 이루어지는 공간이다.[12] 이 공간을 다시 '내부적 연극적 공간(Theatrical Space Within)'과 '외부적 연극적 공간(Theatrical Space without)'로 나누었는데, 이들 개념은 위베르스펠트나 쟌센의 공간 분류와 상치되는 점도 있지만 "결국 연극 공간이란 극작가의 사상적 태도를 표현할 뿐"이라는 점에서 이들과 함께 한다. 한편 마이클 이사카로프(Michael Issacharoff)도 공간을 주어진 대본의 기호학적 시스템의 일부로 연구하고자 했으며, 그의 공간은 궁극적으로 배우들과 어우러진 공연 공간으로 특별한 미쟝센(mise en scene)을 강조하였다. 즉 장소를 단순한 물리적인 공간이 아니라 공연에 일부로 본 점에서, 역시 공간에서 "극작가의 사상적 태도"를 중시했다고 하겠다.

패트리스 파비스(Patrice Pavis)는 연극 공간의 분명한 분류에 반대하였으면서도, 결국 연극의 공간을 몇몇 유형으로 분류하고 있다.[13] '원근무대의 공간(Scenographic space, Espace scenographique: 관중과 배우가 공유하는 나뉘어진 공간)', '연극적 공간(Espace theatral)', '공연공간(Theatical Space, lieu theatral: place of performance)', '무대공간(Stage Space, espace scenique)', '극장 공간(Playing Area, lieu scenique)', '드라마 공간(Dramatic Space, espace dramatique)' 등이며, 이 유형들 간의 분명한 차별화가 되지 않는 경우가 종종 있다. 그러나 결국 허구적 공간과 물리적인 실재적 공간과 희곡적 혹은 은유적인 공간은 끈임 없이 서로 얽히며 의미를 창출한다고 보았다.

가이 맥아울레이(Gay McAuley)는 공간을 1) 사회적 실재의 공간(Theatre

12) Redmond, James, ed. *The Theatrical Space* Themes in Drama, vol 9(Cambridge: Cambridge University Press, 1987), pp.11～12.

13) 파비스는 극장 공간에 대한 세부적인 분류는 결국 실패할 것이라고 하면서도 *Dictionnaire Du Theatre*(Paris: Messidor/Editions Socials, 1980)에서 자세히 공간을 분류하고 있다.

Space, Audience Space, Performance Space, Practitioner Space, Rehearsal Space 등등) 2) 실재적/허구적 상관관계의 공간(Stage Space, Presentational Space, Fictional Place) 3) 지정구역과 허구의 공간-무대의 허구적 장소(Onstage Fictional Place), 무대 밖의 허구적 장소(Offstage Fictional Place) 등등, 4) 텍스트 공간 5) 주제적 공간으로 나누었다.[14] 이러한 구분법으로 그는 물리적인 실재공간과 허구적인 가상공간이 서로 얽히는 공간을 현란한 이론과 예들로 설명해 보였다. 그 역시 공간은 공연의 일부이기에 의미의 일부가 된다.

이상의 공간 유형들은 실재공간과 의미의 얽힘이 빚어내는 극장공간의 복합적인 성격을 잘 드러낸다. 이들은 공간이 층위가 있으며, 하나의 연극 기호이고, 이러한 층위들이 얽혀서 의미를 창출한다는 것이다. 특히 기호학의 학자들이 공간에 관심을 보였던 것은, 공간이 분명한 연극적 기호의 하나였기 때문일 것이다. 그러하기에 공간은 단순한 물리적 장소를 넘어서, 공연의 일부였고 의미화했던 것이다.

이러한 공간에 대한 생각은 새롭고 탈놀이 공간의 해석에도 유용할 것이다. 그러나 기왕의 어떤 공간의 분류를 그대로 적용하기에는 그 어느 것도 역시 무리가 따른다. 파비스가 언급했듯이, 공간의 분류는 절대적이라기보다는 상대적이며 유동적인 것이라고 보여진다. 탈놀이 공간을 논하기 위해서는 이러한 다양한 층위를 살펴보아야 하겠다. 단순히 실재적인 연희 공간을 넘은 여러 가상의 공간 역시 탈놀이 공간의 일부이기 때문이다. 본고는 근간의 이러한 모든 공간 연구를 종합하여, 일단 탈놀이 공간 논의에 유용한 층위를 다음과 같이 나누어 보았다. 이는 하나의 가설이며 모델이고, 또한 절대적인 것은 결코 아니나, 탈놀이 공간을 다층적으로 논의하는 데는 유용하다고 사료된다.

---

14) Gay McAuley, *Space in Performance: Making Meaning in the Theatre*(Ann Arbor: The University of Michigan Press, 2000), p.25.

1) 신성 공간(Sacred Place): 제의적이며 종교적인 공간
2) 일상 공간(Everyday Space): 허구가 아닌 일상의 실재하는 공간
3) 무대 공간(Performance Space): 공연을 위해 특별히 마련된 공간
4) 극중 텍스트 공간(Dramatic Textural Space): 공연물이 만들어가는 의미의 공간으로 허구적 재현의 공간과 추상적 상징의 공간 사이를 오간다.
a) 허구적 재현의 공간(Fictitious Representational Space)
b) 추상적 상징의 공간(Abstract Symbolic Space)

파비스가 이미 지적했듯이 공간의 명확한 분리는 불가능하기도 하지만, 그러나 이러한 분리는 탈놀이 공간의 가능한 해석을 끌어내고 공간에 의미를 부여하여, 궁극적으로 공간을 탈놀이의 일부로 만들 것이다. 연극 공간을 공연의 일부로 보는 해석이야말로 최근의 공간이론이 지향하는 바인데, 탈놀이의 공간은 그 무형성 때문에 더욱 여러 해석을 가능하게 한다.

3. 탈놀이 공간의 층위

1) 서낭제형 탈놀이: 하회별신굿탈놀이의 경우

기존 연구들에 의하면, 하회별신굿탈놀이의 연극공간은 다음과 같이 묘사되어 있다.

정월 초이튿날 아침에 산주와 무녀와 광대(별신굿놀이 연희자)들이 서낭당에

> 모여 제수를 차려 놓고 약 10m 길이의 서낭대와 약 8m 길이의 성줏대를 세우고 강신을 빈다. 서낭대에는 오색포를 늘이고 그 꼭대기에 당방울을 달았다. 신이 내려 신령이 울리면 강신한 서낭대와 성줏대를 받들고 주악하면서 상당(서낭당)에서 하당(국시당)과 삼신당을 다녀서 옛 동사 앞 놀이마당에 이르러 서낭대를 세워 놓고 별신굿탈놀이를 시작하였다.[15)]

우선 실제로 공연이 벌어지는 장소는 동사 앞 놀이마당이라고 묘사되어 있다. 이 놀이마당은 오늘날 의미하는 실질적인 야외무대는 아니다. 『민속사진특별전도록』[16)]에 실린 사진을 보면, 동사는 일자형 초가지붕을 엮은 초가로 그 앞 놀이마당은 특별한 공간이 아니라 논이다. 연행시기가 추수가 끝난 겨울임으로 논 위에 멍석을 깔고 공연이 행해졌다. 관객들은 동사와 그 양 옆에 서서 구경하는 사진이다.

하회별신굿탈놀이 사진('놀이마당'의 실제. 1940.12.14로 촬영연대가 되어있다.)

그렇다면 오늘날의 야외무대인 놀이마당과는 상당한 차이가 있다. 즉

15) 이두현, 『한국가면극』(문화재관리국, 1969), pp.160~161.
16) 송석하의 유고 사진 도록은 1975년에 출간되었으며, 하회탈놀이의 사진의 연대는 1940년으로 명시되어 있다.

특별한 공간 즉 무대는 없었다고 단정 지을 수 있다. 다시 말하면 실질적으로 공연이 실연되는 공간은 그냥 일상의 논으로 농한기의 빈 공간이니, 일상공간(Everyday Space)이라고 하겠다. 이러한 공간을 특별한 공연공간으로 바꾸는 것은 부락제라는 신성함과 상징적인 인식이라고 하겠다.

여기서 주목되는 장소는 서낭당과 국시당과 삼신당이다. 흔히 서낭당을 상당이라고 하며, 국시당을 중당이라고 하는데 허도령당이라고도 한다고 한다. 삼신당은 하당으로 동사 옆에 있다. 혹은 상과 하만을 지칭해서 서낭당을 상당이라고 하당을 국시당이라고도 하는데, 이는 놀이공간을 산과 마을로만 구분 지은 경우이다. 서낭당은 마을 화산(花山) 꼭대기에 있으며, 국시당 혹은 허도령당은 마을 어귀에 그리고 삼신당은 마을 중앙이라고 할 동사 옆에 위치했다. 서낭당은 무진생 서낭신을 모시는 당이며, 국시당 혹은 허도령당은 가면을 만들었다는 허도령을 위한 당이고, 삼신당은 삼신할미를 모시는 당이다. 즉 이들 공간은 '신성공간(Sacred Space)'으로, 하회별신굿탈놀이의 공연장소는 산에서부터 마을로 이어진다. 마치 올림픽 때 성화를 채취하여 각국을 돌아 개최지로 오는 것 같이, 산의 신성한 정기를 내려 받아서 마을은 성스러운 영역으로 전이되는 것이다. 즉 평범한 일상공간 안에 신성한 공간을 불러들이고 있다. 이는 별신굿탈놀이라는 명칭에도 시사되는데, 특별한 굿이며 놀이로 제의의 의미를 놀이에서 배제할 수 없다. 근대연극이 일상적인 공간으로부터 탈피하여, 일정한 '무대공간(Performance Space)'을 갖고 '허구적 재현의 공간(Fictitious Representational Space)'을 만드는 무대와는 매우 대조적이다.

그렇다면 '일상 공간'은 하회별신굿탈놀이가 시작되면, 다층적인 층위의 공간을 갖는다. 우선 제의적인 공동체 공간으로, 서낭당을 비롯해 국시당 그리고 삼신당이 이러한 '신성 공간'이다. 이곳을 순례해서 본 공연이 이루어진다는 것은, 공연이 갖는 상징적인 여정으로 이러한 제의적인 신성 공간을 공연에 포함한다. 이는 사회적 공간과도 밀접하게 연결되어 있으니, 공연이 사회의 상호연대의식을 증진시키고 사회통합(Social Integration)을 추구한다. 즉 마을 부락 구성원의 공동체적 정체성을 목표로 한다. 현실의 완벽한 재현을 꿈꾸던 서구 근대의 극장개념과는 완전히 다른 공간으로, 일상생활 안에 제의적인 공간과 사회적 공간을 불러들인다. 이런 공동체적 의미가 평범한 일상 공간을 신성 공간으로 변화시키는 것이다. 다음으로 실질적 공연이 일어나는 장소는 '일상 공간'이라는 현실적 공간으로, 이는 동사 앞마당으로 평소 논으로 사용된 공간이다. 그러나 이 공간에서 공연이 일어남으로써, 특별한 무대를 갖지 않음에도 불구하고 '무대 공간(Performance Space)'으로 변화된다. 즉 하회탈놀이에서는 '일상 공간'과 '무대 공간'의 외형적 차이가 없다고 하겠다.

그러나 이상의 공간들만 있다면, 연극공간으로는 매우 취약할 것이다. 가령 '신성 공간'만 있다면, 일종의 금기이며 제의적인 공간이었던 '소도' 같은 곳의 의미와 별 차이가 없었을 것이다. 또한 '무대 공간'은 빈 공간으로 초라하기 그지없을 것이다. 더구나 이 '무대 공간'을 '허구적 재현의 공간'으로 바꾸는 무대 장치는 전무할뿐더러, 다만 의상과 소품에 의지하고 있다고 하겠다. 기존의 마당극 공간 연구에서는 오히려 이 허구적 공간의 파괴를 그 공간의 특징으로 여기기도 했었다. 하회별신굿탈놀이에서도 가령 「백정과장」의 살생이나 「혼례과장」의 모의성행위는 공연이 '허구적 재현의 공간'에 있다고 간주하기에는 어려울 정도로 제의적인 실재성을 띄고 있다. 그러나 「양반 선비 과장」처럼 부네를 사이에 둔 양반과 선비의 삼각관계는 재현적인 허구적 공간을 연상시킨다. 또한 셋째 마당은 파계승놀이인데, 그 방법은 우리에게 익숙하다. 파계승이 각시를 보고 파계한다는 풍자로, 물론 여기에도 제의적인 모티브가 있지만 있을 법한 현실을 재현하였다. 그리하여 공연을 일상의 놀이로 이끌며, 현실의 모형을 제공한다. 즉 하회탈놀이에서 '허구적 재현의 공간'을 완전히 제외시킬 수는 없음은 물론, 오히려 이 애매한 허구성으로 인하여, 굿이자 놀이의 영역에 있는 굿탈놀이인 것이다.

이 빈 공간을 보다 극적으로 변화시키는 것은 마지막으로 '추상적 상징의 공간(Abstract Symbolic Space)'이다. 가령 첫 마당인 주지놀음은 "붉은 보자기로 온 몸을 가리고 주지 머리를 손에 든 광대 두 사람에 의해 음악에 맞춰 끌려 다니며 춤을" 추고 둘째 마당은 "무녀가 주연을 하는 삼석놀음이 있었다."[17] 이는 극중 텍스트 공간(Dramatic Textural Space)을 추상적 상징의 공간으로 이행시킨다. 물론 제의적인 신성 요소도 강하니, 무녀가 주연을 했다는 사실만으로도 그러하다. 이 서막적인 놀음은 서낭당에서부터의 제의적 행렬을 공연과 이어주면서, 평범한 일상의 공간을 신성공간으로 만드는데 일조를 할 뿐만 아니라, 나아가서 추상적 상징의 공간으로 인도하여 공연을 단순한 제의가 아닌 복합적인 연극으로 만드는 것이다. 이리하여 이들 놀음은 최종적으로 복합적인 상징성을 띠게 되며, 복합적인 의미를 갖게 되기에 그 무대는 추상적 상징의 공간에 있다고 하겠다.

이렇듯이 '극중 텍스트 공간'은 '허구적 재현의 공간'과 '추상적 상징의 공간'이 어우러져 있다. 그리하여 공연을 일상의 놀이로 이끌며, 의미를 부여하고, 또 현실의 모형을 제공한다. 서구 근대극의 경우 '극중 텍스트 공간'은 대체로 '허구적 재현의 공간'으로 채워져 있지만, 우리

17) 이두현, 앞의 책, p.161.

하회별신굿탈놀이의 경우는 이를 배제하지는 않았지만, '추상적 상징의 공간'이 '신성공간'과 얽히며 독특한 공연 체험을 유발한다. 그러나 이 '극중 텍스트 공간'이 있기에 '신성공간'만을 강조하는 제의와 구별되며, 놀이화하는 것이다. 이렇듯이 서낭제형 탈놀이의 공간은 신성공간이 강하게 남아 있으며, 그 일상공간과 무대 공간의 구분이 미약하고, 허구적 재현의 공간이 취약하나 추상적 상징의 공간이 다양한 의미를 부여한다고 하겠다.

2) 도시형 탈놀이: 양주별산대놀이와 봉산탈춤의 경우

후대 도시형 탈놀이의 공간은 조금 다르다. 현존하는 도시형 탈놀이 중 그 대표 주자라고 할 수 있는 양주 별산대놀이와 봉산탈춤의 놀이공간은 제의적인 신성공간과 보다 거리를 둔다. 우선 양주 별산대놀이의 무대는 다음과 같이 묘사되었다.

> 동리에는 세군데 <부군당>이 있었는데 둘은 객문동에, 하나는 동부동에 있었으며 국사(수)당(國師堂)은 신목(神木)만 불곡산에 남아있고 동부동 동측에 '서낭신'이 있고 산신당은 6.25사변 전까지 남아 있었으며, 사직당(社稷堂)은 50여 년 전에 없어졌으나 이곳은 '새젖골'이라 부르며 양주산대놀이의 놀이터가 있었던 자리이다.
>
> …(중략)…
>
> 사직골에 모닥불을 피워놓고 (전에는 장작불이었으나 근래에는 솜방망이를 석유에 담궈서 불을 붙였다) 양주산대 놀이터는 주로 마을 북서쪽 불곡산 아래의 사직골이었고 여기에는 당(堂)집이 있어 놀이의 가면과 제 도구를 보관하여 왔는데, 앞서 말한 바와 같이 근년에 와서 사직당도 없어지고 사직단 앞 놀이터가 경작지로 바뀐 뒤부터는 마을 뒷산 송림 속의 잔디밭에서 놀고, 최근에는

향교 외삼문(外三門) 안마당에서 놀기도 하며 거의 야간에 연희된다.[18]

이상에서 보이듯이, 양주별산대놀이 공간 묘사는 신성공간이 분리되는 과정을 잘 드러낸다고 하겠다. 서낭신이나 국사당과 분명한 관련이 명시되어 있지 않은 점은 양주별산대놀이가 신성공간과 거리가 있음을 말해준다. 그러나 토신과 곡신을 모시는 사직당 앞에서 놀았다는 것은 여전히 그 관련성을 제시한다. 여전히 풍농을 비는 의미가 있었을 것이다. 그러나 '사직단 앞 놀이터가 경작지로 바뀐' 이후 '뒷산 송림 속의 잔디밭'이나 '향교 외삼문 안마당'으로 공연장소를 이동했다는 것은 양주별산대놀이가 드디어 제의적 신성공간과 분리했다는 것을 의미한다. 즉 신성공간은 하회 별신굿놀이와 비교할 때 상당히 약화되고 사회공동체 연대의 확인도 확연하게 줄어들었다.

이는 봉산탈춤도 예외가 아니며, 양주별산대놀이보다 오히려 더욱 분화된 느낌이다.

> 봉산탈춤은 원래 봉산구읍 경수대(현 봉산군 동선명 길양리)에서 연희되었으나 1915년경 군청 등 행정기관이 사리원으로 옮기게 되고 경의선철도가 개통하게 되자 이 놀이도 사리원으로 옮겨 경암산 아래에서 놀게 되었다.
>
> …(중략)…
>
> 사리원으로 옮겨오기 전의 봉산탈춤은 봉산구읍의 경수대에서 놀았다. 경수대는 앞산 밑 강변의 평평한 터로 석벽 밑에 겨우 무릎에 닿을 높이의 돌축대를 쌓은 것 뿐이며, 그 나즈막한 축대 위에서 사방에 횃불을 밝히고 놀았다. 이와같이 축대 위나 평지에서 노는 것이 황해도 탈춤의 공통된 무대로서 이러한 야외무대는 경도잡지의 이른바 산희와 야희 중 야희의 전통을 잘 보여준다고 할 것이다.

---

18) 같은 책, p.206.

> 사리원 가설무대는 경암루 앞 광장에 28개의 구획을 가진 반원형의 다락을 매고 그 안에 멍석을 깔아 탈판을 마련하였었다. 이 28개 다락 중 탈판 바른편 제3의 구획이 탈막(개복청)으로 씌어졌다고 한다. 또 경우에 따라서는 경암루 뒤를 탈막으로 쓰기도 하였다고 한다. 이 반원형 다락의 사용권이 상인들에게 맡겨졌었다.[19)]

봉산탈춤의 경우 경수대에서 경암루로 옮겨온 기록이 보이는데, 경수대조차 신성공간을 연상하기 어렵다. '돌축대'에서 '사방에 횃불을 밝히고 놀았다'는 기록은 신성공간과의 분화가 확실하게 보인다. 더구나 경암루 앞의 가설무대는 야외무대의 골격을 갖추었다. '반원형 다락'이라는 특별석이 마련되고 이를 후원하는 상인들이 가졌다는 것은 분명 사회 연대나 공동체 공연에서 벗어난다. 즉 신성공간은 완전히 사라지고, 상업적 가치에 의한 좌석의 분화가 일어난 것이다. 도시형 탈놀이의 공연장소라는 무대공간은 봉산탈춤에 와서 비로소 임시야외극장이라는 형태를 갖추게 된다. 즉 하회굿탈놀이 때 무대였던 일상공간은 임시야외극장이라는 확실한 무대공간으로 탈바꿈하는 것이다. 또한 양주별산대의 경우 '뒷산 송림 속의 잔디밭'이나 '향교 외삼문 안마당'으로 공연을 위한 공간이 일상공간의 특별한 변화를 요구하지 않는다. 즉 극장개념이 들어오지 않은 것을 보면, 봉산탈춤보다 덜 도시화된 형태라고 하겠다. 실재로 공연이 일어나는 장소 즉 무대공간에 대한 각성이 봉산탈춤에 와서야 분명해졌다 하겠다.

공연 장소에 대한 각성이 생겼던 만큼 도시형 탈놀이의 '허구적 재현의 공간' 역시 보다 분명해졌다. 전체적으로 인과율에 의한 구성이 서낭제 탈놀이보다 확실하게 드러나며, 그 허구적 재현을 확실히 하였다. 우

---

19) 같은 책, pp.278~280.

선 봉산탈춤은 그 주요 과장들이 허구적 재현의 놀이이다. 노장의 파계를 풍자하고 취발이가 소무를 빼앗는다. 연이은 양반과장이나 미얄과장도 일상성의 재현이다. 다만 서구의 근대극과 다른 점은 그 재현을 무대 사실적으로 추구하지 않았다는 것이다. 그러나 등장인물들의 대사 곳곳에 극중 텍스트 공간의 장소를 묘사하여 무대의 사실적 재현을 대신한다. 몇몇 예를 들어보면, 우선 목중들의 장면묘사는 장황하나 현실감이 떨어진다. 중국의 고사에서 장면을 끌어내어, 장소의 사실적 묘사라고는 보기 어려운 점이 있기 때문이다. 하지만 이러한 묘사를 통해서 무대공간을 보다 적극적인 허구적 극중 장소로 공연을 이동시키고 관객의 상상력을 자극시켰다.

둘째목중 …(중략)… 산중에 무력일(無歷日)하여 철 가는 줄을 몰랐더니, 꽃 피어 춘절이요 잎 돋아 하절이라. 오동 낙엽 추절이요 저 건너 창송녹죽에 백설이 펄펄 휘날리니 이 아니 동절이냐. 나도 본시 강산 오입장이로 산간에 묻혔더니, 풍류소리 반겨 듣고 염불에 뜻이 없어 이런 풍류소리에 한 번 놀고 가려던……

셋째목중 …(중략)… 이곳에 당도하여 사면을 돌아보니 담박령정(澹泊寧靜) 네 글자 분명히 붙여 있고 동편을 바라보니 만고성군 주문왕이 태공망을 찾으려고 위수양 가는 경을 역력히 그려 있고, 남편을 바라보니 춘추적 진목공은 건숙이를 찾으려고 농명촌가는 경을 역력히 그려있고, 서편을 바라보니 전국적 오자서는 손무자를 찾으려고 나부산 가는 경을 역력히 그려있고, 북편을 바라보니 초한이 소란할 제 천하장사 항적이는 범아부를 찾으려고 기고산 가는 경을 역력히 그려있고, 중앙을 살펴보니 여러 친구들이 풍류를 잡히고 노니 나도 한 번 놀고 가려던……
…(중략)…

여덟째목중 …(중략)… 죽장 짚고 망혜 신어 천리강산 들어가니, 폭포도 장히 좋다마는 여산이 여기로다. 비류직하 삼천척은 옛말로 들었더니 의시은하낙구천(疑是銀河落九天)은 과연 허언이 아니로다. 은하석경 좁은 길로 인도한 곳 내려가니 사호선생 바둑 두고, 소부는 무삼일로 소고삐를 거슬리고, 허유는 어이하여 팔을 걷고 귀를 씻으며 앉아 있고, 소리 좇아 내려가니 풍류정이 분명기로 한번 놀고 가려던……[20]

이러한 우회적인 공간묘사에서 위의 대사들은 보다 분명하게 허구적 극중공간을 나타내어, 가상으로나마 공간의 재현에 힘쓰고 있다.

뿐만 아니라 일부 대사들은 텅빈 무대를 대신하여 극중 텍스트 공간과 무대공간 및 나아가서 일상공간을 실재적으로 잇고 있다. 신장수의 극중공간 묘사는 실재적인 무대공간 및 일상공간과의 좋은 교감의 예이다. '인물 병풍'이 둘러쳐 있는 상황은 현재의 일상공간이자 무대상황이며 극중 텍스트 공간의 상황이다.

신장수 아아 장 자알 섰다. 장이 하 좋다기로 불원천리하고 왔더니 과연 허언이 아니로구나. 좌우로 살펴보니 인물 병풍 둘러쳤으니 태평장인데, 태평장이거나 무엇이거나 속담에 이른 말이 싸은 말리고 흥정은 붙이라 하였으니, 장수가 되어서는 물건이나 팔아보자.[21]

즉 구경하느라 인물 병풍이 둘러져 있는 일상공간과 또 공연이 행해지는 무대공간과 극중 텍스트의 공간이 절묘하게 만나고 있다. 다음 미얄과장의 미얄할멈의 대사도 역시 현재와 극중상황을 연결시키고 있다.

---

20) 같은 책, pp.301~303.
21) 이두현, p.310.

극중공간에서 미얄의 등장을, 공연 때문에 음악이 나오는 무대상황과 또 그 현실인 일상공간에의 등장으로 묘사하고 있다.

미얄　웬 할맘이라니 떵꿍하기에 굿만 여기고 한 거리 놀고 가려고 들어온 할맘일세.[22]

이러한 극중공간과 일상공간의 교감은 극의 허구적 재현의 공간을 순간 허물며, 미묘한 극적 효과를 내고 있다.

여기서 나아가서 다음 말뚝이의 대사는 극중 텍스트 공간을 현실의 일상공간에 옮겨온다. 극중에서 새처방을 잡았는데, 실재적 일상공간의 빈 공간을 빗대어서 사방문을 열었다고 한다. 이러한 묘사는 공간의 문제에 그치지 않고 나아가서 새처방과 빈 공간조차 구분하지 못하는 양반에 대한 풍자로 이어지기에, 절묘한 공간의 사용이 의미의 일부가 된다. 즉 극중 텍스트 공간인 새처방과 일상공간인 빈 공간의 미묘한 교차라고 하겠다.

말뚝이　샌님 새처방이 어떻습니까?
생원　참 좋다.
말뚝이　만복이 들어오라고 사방문을 활짝 열었습니다.[23]

더구나 공연의 끝은 가상적 공간에서 현실 즉 일상공간으로 돌아오는 것으로 잡았다. 극중장소에서 실재 일상공간으로의 이동이 분명하게 표현되니, 남강노인의 대사가 이를 잘 표현했다.

---

22) 이두현, p.319.
23) 같은 책, p.317.

남강노인 아이덜아, 일어나거라. 남창동창 다 밝았다……[24)]

이제 허구적이며 상징적인 극중 공간에서 무대공간으로 이동했을 뿐만 아니라, 재현성이나 상징성을 떨어내고 무대공간과 일상공간을 접목한다. '일어나거라'라는 일상의 환기를 통하여 공연의 극중 공간은 현실의 일상공간과 이어지는 순간이다.

이러한 신장수나 미얄할멈이나 말뚝이의 예들은 단적으로 극중에서 일상을 돌아보게 되는데, 브레히트의 말을 빌면 소위 '소외효과'일 것이다. 극의 진행 중에 현실을 부각시켜 극으로의 몰입을 막았다고도 하겠다. 한편 포스트모던 이론을 빈다면, 소위 제4의 벽을 깨고 실재 세계에 있는 관객과의 소통을 시도했다는 점에서 메타드라마의 기법인 것이다. 극중에 관객을 불러들여, 재현(극중)의 세계와 일상인 실재 세계와의 구분을 흐린 것이다.

같은 도시형 탈놀이이면서도, 양주별산대놀이의 경우는 극중공간에 대한 묘사가 거의 없다. 가령 옴의 경우 "네가 배 밖에 나온게 이제 나온게 아니라 대방놀이판에 처음 나왔다는 말아야"[25)]라고 극중공간에서 무대공간을 명시하기도 했으나, 이 극중공간이 어떠하다는 재현적 묘사가 없다. 이는 봉산탈춤이 반월형 다락을 매 임시 가설극장을 만든 반면, 양주별산대는 극장에 대한 특별한 자각이 없었다는 점과 이어지지 않나 생각된다. 즉 놀이의 현실적 공간에 대해 명확한 인식이 없었던 만큼, 극중공간에 대한 재현에도 의식적이지 않았다고 하겠다. 즉 양주별산대는 제의적 신성공간에서는 독립되었으나, 현실적인 일상공간이나 무대공간을 크게 의식하지 않고 여전히 빈 공간에서 공연했으며, 일상

24) 같은 책, p.324.
25) 같은 책, p.249.

공간과 극중공간과의 분리를 의식하지 않았다. 반면 공연의 현실적 공간을 의식하고 별도의 무대공간을 만들었던 봉산탈춤의 경우는 보다 적극적인 극중공간의 재현적 묘사가 있었으며 또한 일상공간과 극중공간의 절묘한 교차로 의미까지를 나타냈다고 하겠다.

도시형 탈놀이의 '추상적 상징의 공간'은 아직도 제의적 '신성공간'과 많은 근접성을 보여준다. 공연의 서막인 양주별산대놀이의 상좌춤이나 봉산탈춤의 사상좌춤은 서막적인 성격으로 제의의 잔해라고도 하겠다. 공연의 마지막 역시 제의로 끝나는데, 비록 할멈들이 죽어서 굿을 한다고 하나 이 역시 전체적인 공연을 마무리 짓는 제의적 성격이 남아있다. 또한 허구적 일상의 재현적인 이야기에서도 그 이면의 상징은 제의성과 만난다. 가령 노장과 소무의 노골적인 성희는 풍요를 비는 모의 성행위로, 미얄과장의 젊은 첩의 승리는 '송구영신(送舊迎新)'과 풍요제의 의미로 해석할 수 있다. 뿐만 아니라 곳곳에 성적 상징이 산재해 있다. '벗고' 놀자나, 유독 신할미의 '그곳'만 아직 살아 있다던가, 말뚝이가 아무도 안 계시기에 마나님과 하고 하고 했다던가 등등의 표현은 분명한 성적 상징인 동시에 풍요를 불러들이는 의미를 가질 수 있다. 이렇듯이 도시형 탈놀이는 제의에서 분화되었지만 아직 추상적 상징의 공간과 제의적 신성공간이 중첩되어 공연에 의미를 부여한다고 하겠다.

4. 탈놀이 공간의 사회성과 미학적 특질

탈놀이는 거의 관중의 분화가 없었었다. 공연에 돈을 냈든 안 냈든 누구나 관람할 수 있었다. 물론 봉산탈춤의 경우 다락을 매어 특별석이 등장하긴 하였지만, 그것은 20세기 이후의 일이다. 그리고 오늘날 새로

지은 양주별산대놀이나 하회별신굿탈놀이의 상설 공연장을 돌아봐도 관중의 분화는 없다. 즉 요즈음 이들 단체가 하고 있는 상설공연 역시 무료로, 관중을 통합하는 전통을 계승하고 있다 하겠다. 특별석과 일반석의 구분 없이 관중 전체와 호흡을 같이했던 공연이라 하겠다. 즉 다양한 그룹의 동질적 사회적 정체성(Social identification) 형성과 사회통합(Social integration)을 추구하여, 공동체적 정체성과 상호연대의식을 증진했던 것이다. 그러하기에 유학의 칼날이 시퍼랬던 조선 중기 사회에서도 별신굿탈놀이 기간만은 동네에 쇳소리를 허용하여, 상반이 하나되는 공동체를 이루었다. 한 마디로 탈놀이 공간은 강한 공동체적 사회성을 바탕으로 하고 있다.

궁극적인 탈놀이 공간의 미학적 특질은 무엇인가? 서구 근대연극의 공간은 일상과 분리된 재현적인 무대 안에서, 연극은 논리적으로 잘 구성된 이야기와 삶의 환영을 제시해야만 했다. 이런 관점과 탈놀이는 거리가 멀다. 탈놀이 공간의 특질은 무형성이다. 산 위의 서낭당이나 당사 앞마당이나 경수대의 석축이나 혹은 존재하는 어떤 공간을 빌어서도 무대로 활용할 수 있다. 일상공간을 탈놀이의 공간으로 변화시키는 것은 신성(神聖)을 띤 제의적 사회통합이나 공동축제의 개념이기 때문이다. 탈놀이 공연이 한 번도 공연의 입장료를 받는다는 생각을 못한 것도 이 때문이다. 이러한 무형성은 무대공간에 제의적 신성공간이나 극중공간의 추상적 상징의 공간에 의미 부여가 보다 손쉬워진다. 그리하여 다층적 공간이 확보되고, 이 다층성은 역으로 사회적 정체성이나 공동체 형성에 기여한다고 하겠다. 이렇듯이 공간은 사회통합에 일조를 하고 있다. 즉 탈놀이는 일상적인 공간으로부터 탈피하여 허구적인 재현의 공간을 창출하고자 하는 것이 아니라, 일상공간 안에서 이를 무대공간으로 삼고 신성공간이나 허구적인 재현의 공간이나 추상적 상징의 공간을 받아들이고 추구했다. 그러하기에 일상공간까지를 극중 공간으로 확대시킨다. 나아가서 극중 사건과 실제 삶과의 경계를 무너뜨리고 있는 것은, 이러한 공간의 무형성과 깊은 관련이 있다. 놀이판에 나온 미얄은 극중 세계에 속해 있으면서도 현실의 놀이판인 일상공간에도 나와 있는 것이며, 남강노인은 극에 몰입했던 관중을 깨워서 현실 즉 일상공간으로 보낸다. 이미 요즈음은 찾기 어려워도, 공연 옆에서 춤을 추며 공연에 동참하는 노인 관객들이야말로, 바로 이 삶과 공연의 복합성을 이해한다고 하겠다. 탈놀이는 공연의 경험이자 사회공동체의 일환이며, 공연이자 삶의 일부인 공간이 탈놀이 공간인 것이다. 탈놀이 공간의 다층성은 탈놀이 공연의 복합성을 이야기해 주고, 소위 성속(聖俗)이 만난다. 신성부터 일상까지가 탈놀이를 통해 어우러진다. 그러하기에 탈놀이는 피터 부룩이 말했듯이 "어떤 빈 공간이라도 무대로 할 수 있다."[26] 그 일상의 빈 공간을 다층적으로 변화시키며, 의미를 부여하고 또 놀이로 만드는 것은 탈놀이의 공간이기 때문이다.

5. 결어: 한국적 연극공간의 원형과 탈놀이 공간의 다층적 의의

한국적 연극공간의 원형은 거의가 '빈 공간'이며, 그때그때마다 연극공간이 바뀐다고 하겠다. 즉 관객이 둘러싼 일상공간이 연극공간으로 변하는 것으로, 대체로 원형에서 타원형 사이의 공간이다. 탈놀이에서 보았듯이 무대공간을 마련한 것은 20세기 이후의 일이며, 일상공간이

26) "I can take any empty space and call it a bare stage" Peter Brook, *The Empty Space*(New York: The Atlantic Monthly, 1968), p.9.

손쉽게 무대공간으로 변화되었다. 이러한 변화에는 제의적인 신성공간이나 극중 텍스트 공간인 허구적 재현의 공간이나 추상적 상징의 공간 등이 폭넓게 작용하였다.

이렇듯이 한국적 연극공간이 갖고 있는 무형성은 공간의 의미화에 지대한 기여를 하였다. 사실적 재현을 통해 공간을 구체적으로 한정 짓는 서구근대극과 달리, 이상할 정도로 열어 놓은 일상공간에서 공연되었다. 고대 그리스의 야외무대만 해도 일상공간과 구별하여 무대공간을 만들었기에, 우리 연극공간과는 근본적으로 다르다. 일상공간이 무대공간이 되며, 여기서 극중 허구적 공간을 창출하기 위해서는 사실 사회적인 함의까지도 포함되는 것이다. 이 함의는 제의적이고 신성한 의미에서 차츰 축제적인 의미로 바뀌어 온 것 같다. 그리하여 聖(성)과 俗(속)이 함께 가능하고, 사회적 동질성과 정체성을 확인하는 자리였다. 그러하기에 탈놀이는 민중이 함께 하는 민속극이었다.

이러한 공간의 무형성은 자연히 다층적 층위를 갖게 된다. '빈 공간'을 공연이라는 특수 공간으로 만드는 것은 굳이 르페브르의 말을 빌지 않아도 "정신적 영역에 있는 공간"이기 때문이다. 그러하기에 일상공간은 무대공간으로 바뀌고, 여기에는 신성공간과 극중 텍스트 공간이 얽혀서 의미를 만들어 낸다. 탈놀이 공간의 층위는 앞으로의 연구에 따라 더욱 세분되거나 부연 설명될 수 있을 것이다. 왜냐하면 파비스가 지적했듯이 완전한 분류의 모델은 없기 때문이며, 새로운 의미망의 확충에 따라 새로운 공간의 분류가 가능하기 때문이다. 본고는 '빈 공간'을 완벽하게 정의했다기보다 이에 다층적 층위 의미를 부여하기 시작했다는 데 의의가 크다. 즉 공간의 의미화에 주목했다는 것이다.

현대의 공간이론이 탈놀이에 유용한 것은 결코 우연이 아니다. 서구근대극의 허구적 재현의 공간에 식상하면서, 그 너머의 여러 공간을 탐구한 것이 현대 공간이론이기 때문이다. 따라서 어떤 빈 공간에서도 공연 가능한 탈놀이 공간의 무형성은, 자연스레 다양한 의미화가 가능했기 때문에 현대 공간이론과 연결된다. 그러나 그것은 결과일 뿐, 그 공간의 발달 과정이 같다는 것은 아니다. 서구의 아방가르드 연극과 그 이후의 포스트모던 공연들이 동양 연극에서 영향을 받았다는 것이 오히려 서구 현대 공간이론이 탈놀이에 적용되는 단서를 마련했다고도 하겠다.

탈놀이 공간의 층위는 실로 다양한 의미를 공연에 부여하여, 공간 자체가 공연의 의미화 하고 있는 것이다. 더구나 탈놀이처럼 일상공간과 무대공간 그리고 극중공간을 순간순간 교묘히 오가는 공연은 극히 드물 것이다. 연극 자체가 일종의 관습적 약속이라는 점을 상기할 때, 우리 탈놀이는 서구 연극보다 폭넓은 상상력을 동원하여 공간을 무형화하고도 연행되었던 것이다. 그리고 이 무형화야말로 공간의 자유로운 변화를 가능하게 한다. '빈 공간'이야말로 무한히 채울 수 있는 '의미의 공간'이며, '정신적 영역'에 있는 공간인 것이다. 그리하여 부룩의 말처럼 "어떤 빈 공간"에서도 탈놀이의 공연이 가능하며, 그것은 "기초적인 공연 공간"인 것이며, 무한한 가변적인 의미 부여가 가능한 공간이기도 하다.

제6장
탈놀이 비교 연구: 한국 탈놀이와 꼬메디아 델 아르떼(Commedia dell'Arte)

1. 유사성 접근의 방법

우리 고유의 전통극인 탈놀이와 서양의 꼬메디아 델 아르떼(Commedia dell'Arte)의 유사성은 피상적이나마 종종 지적되어 왔다.

> 양주 산대놀이의 과장별 연희자들에 의하면 그렇게 엄격하지 않다. 또 현대연극처럼 첫과장에서 끝과장까지 연속체(連續體)로 된 드라마가 아니고 「코메디아 델알테」(Commedia dell'arte)처럼 주제별로 된 몇 개의 드라마가 말하자면 「옴니버스 스타일」로 한 테두리 속에 들어 있다.[1)]

> 엄밀하게 말하자면 한국의 가면극은 문학으로 정착된 극본을 가지지 못한 연극형태로서 그 점을 강조해서 이야기한다면 서양에서 가장 특징적인 배우의 연극, 코메디아 델아르테(Commedia dell'arte)를 연상시킨다.[2)]

1) 이두현, 『한국가면극』(서울: 문화재관리국, 1969), p.209.
2) 여석기, 「산대가면극의 파르스적 특성」, 『탈춤의 사상』(현암사, 1984), p.57.

실로 우리 탈놀이와 꼬메디아 델 아르떼는 가면을 쓰는 연극이라는 점, 대본이 정착되어 있지 않다는 점, 유형적인 인물이 등장한다는 점 등등 얼핏 살펴도 유사성이 보인다. 본고는 탈놀이와 꼬메디아 델 아르떼의 유사성을 본격적으로 대조 분석해보고자 한다. 여기서 '비교'라는 말을 피하여 굳이 '대조'라고 한 이유는, 진정한 비교란 문화적인 교류 상태가 있었어야만 비로소 가능하다고 믿어지기 때문이다. 그러므로 본고의 대조는 영향관계나 한 구성 요소의 변형이나 발전의 추적이 아니라, 인간과 극이 갖는 보편성에 기인하여 그 대조가 가능하겠다. 따라서 두 연극의 세부적인 유사성보다는 일반적인 경향의 유사성이 논의되겠다.

2. 유사성의 실제

탈놀이는 크게 서낭제형 탈놀이와 도시형 탈놀이로 나뉘는데, 서낭제형 탈놀이는 제의와 밀접한 관계가 있으며 비전문적이므로, 본고에서는 17, 18세기의 도시형 탈놀이를 대조의 대상으로 삼겠다. 그 중에서도 현존하는 도시형 탈놀이를 배워 왔다는 사직골 딱딱이패나 구파발 본사대패 초계 밤마리장터의 대광대패[3] 등등은, 보다 본격적으로 전문화되고 직업화된 유랑극단으로 꼬메디아 델 아르떼와 더욱 유사한 점이 많았으리라고 짐작되지만 현존하지 않으므로 지역 정착 탈놀이와 구전되는 이야기를 미루어 짐작할 따름이다.

꼬메디아 델 아르떼는, 16세기 이탈리아에서 시작되어 3세기 가까이

---

3) 이외에도 녹번리산대, 애오개산대, 노량진산대, 퇴계원산대 등의 이름이 전한다.

직업적인 유랑극단에 의해서 유럽 전역에서 순회공연되었던 이름 그대로 전문인의 기교(art)의 희극(commedia)이다. 꼬메디아 델 아르떼는 17, 18 세기 희극에 지대한 영향을 끼쳤으며 오늘날까지 그 영향력을 행사하고 있다. 특히 꼬메디아의 대본 개요인 시나리오(scenario)는 희극이야기(story)의 자료집으로 독보적인 존재이다.

꼬메디아 델 아르떼는 그 근원이 오랜 서양연극의 전통에서 유래됐는데, 즉 고대 희랍의 마임, 아텔란 파스(Attelan Farce), 플루터스(Plautus)나 테렌스(Terence)의 희극 및 중세의 음유시인, 어릿광대의 소극(笑劇)과 종교극에 삽입되었던 파스(Farce) 등의 전통이 그것이다. 이는 탈놀이가 한국의 오랜 연희적 전통-산대희, 농악대의 잡색놀이, 무속의 가무 및 연희성 등등-에 기인한 것과 유사하다.

꼬메디아 델 아르떼가 오랜 전통에 뿌리박았음에도 불구하고 서양연극사에서 주류(主流)를 이루는 소위 아리스토텔레스적 연극과 비교할 때, 매우 상반되고 특이한 형태(form)를 갖는다. 이러한 형태의 특이성은 서양학자들에 의해서도 종종 지적되어 왔다. 일례로 스미스(Smith)는 꼬메디아 델 아르떼의 정의는 그 내용이 아니라 특이한 형태에 두어야 한다고 말한다.

> 꼬메디아 델 아르떼의 정의는 주제에 의거해서가 아니라(왜냐하면 주제는 다양하기 때문에) 그 특수한 형태에 의거하여 내려져야 한다.[4)]

이러한 꼬메디아 델 아르떼의 특이성은 주류의 서양연극이 연극을

4) The definition of the Commedia dell'arte is not to be made on the basis of subject matter, for that is most various, but by a peculiarity of form.
Winifred Smith, *The Commedia dell'arte: A study in Italian Popular Comedy*(New York: The Columbia University Press, 1912), p.2.

희곡(drama)의 입장에서 접근한 데에 비하여 꼬메디아는 공연예술(theatre)의 입장에서 접근하였기에 유래된 듯싶다. 꼬메디아 델 아르떼의 바로 이 기본 입장이 우리 탈놀이와의 대조를 용이하게 한다. 대부분의 전통 동양연극이 그러하듯이, 탈놀이도 연극을 공연예술의 입장에서 접근하기 때문이다. 다음은 탈놀이와 꼬메디아 델 아르떼의 보다 구체적인 유사성의 대비이다.

1) 반 아리스토텔레스적 입장

아리스토텔레스(Aristotle)가 2천 3백여 년 전에 이야기했던 극의 지침 『시학』(*Poetics*)은 서양연극의 전통을 이루어왔다. 오늘날에도 대다수의 학자들이 『시학』을 극의 모범적 표본으로 간주하고 있으며, 또한 지적인 자극제의 역할을 하고 있다. 『시학』에 의하면 극을 6가지 요소로 분석 구분할 수 있으며 그 각각의 요소가 극에서 갖는 중요성이 다르다. 아리스토텔레스에 의하면 우선 플롯은 제일 중요하니 극의 영혼(soul of a tragedy)이고, 다음 두 번째로 인물(character)이 중요한데 이는 인물이 플롯을 수행하기 때문이며 다음으로는 사고(thought)를 꼽았다. 네 번째로 사고를 표현하는 언어를, 다섯 번째로 음악을 꼽았다. 마지막으로 장관(spectacle)을 들었는데 장관은 시작(詩作)의 기술과 관련이 가장 멀기 때문이다. 바꾸어 말하면 장관 없이 희곡만으로도 극의 감동을 느낄 수 있기에 장관을 마지막 요소로 꼽았다.[5)]

그러나 이러한 아리스토텔레스의 원칙을 꼬메디아 델 아르떼나 우리 탈놀이에 적용해 볼 때 당황하지 않을 수 없다. 이들은 단순히 아리스

---

5) Aristotle, *Poetics*, Trans. G. Else(Ann Arbor: The Univ. of Michigan Press, 1967).

토텔레스의 원칙에 맞지 않을 뿐만 아니라 오히려 그 원칙을 역행하고 있다고도 하겠다. 아리스토텔레스가 극의 구성요소 중에 가장 중요시하였던 플롯은, 꼬메디아 델 아르떼의 경우 대략적인 이야기 줄거리에 지나지 않는다. 즉 한 장면에 대한 추상적인 설명과 지시일 뿐인데 이를 시나리오라고 불렀다. 이러한 플롯의 가변성은 여러 학자에 의해 지적되었다.

> 시나리오는 등장, 퇴장 및 프롬프터의 편리를 위해 무대에 있는 소도구의 개략적인 지시에 지나지 않는다.6)

> 매년 연극 장면의 논쟁이 필요에 의해 삭제되거나 첨가되었음, 짧은 예고 후에도 극단은 이러한 장면의 가감을 행하는 데 불편이 없었다.7)

이와 같이 꼬메디아 델 아르떼의 플롯은 대체적인 윤곽에 불과하였다. 이것은 소위 아리스토텔레스의 이상적인 플롯인 고통(suffering)과 발견(discovery)과 반전(reversal)을 가진 복합플롯(complex plot)과는 거리가 멀다.

한편 탈놀이 역시, 대본이 20세기에 와서야 기록화될 정도이니 그 플롯의 유동성을 쉽게 짐작하겠다. 플롯은 이야기의 개요 정도이며(따라서 즉흥적인 대사가 필요하다), 과장과 과장 사이에는 필연적인 인과관계가 없다. 그러므로 과장의 순서가 바뀌어도 별 지장이 없다. 또한 한

---

6) They consist of abstracts of entrances, exits, and properties which are hung in the wings for convenience of the prompter.
K.M. Lea, *Italian Popular Comedy*(Oxford: The Clarendon Press, 1934), p.130. 이하 번역 필자.

7) Every year, the argument of the scene is cut or expanded according to need, and troupe has no difficulty in executing what is required of them on the shortest possible notice.
Pierre L. Duchartre, *The Italian Comedy*(N.Y. : Dover Pulication, Inc., 1966), p.53.

과장 속에서도 플롯은 인과관계에 의하여 파국을 향하여 직선적으로 꽉 짜여 져서 발전하지 않는다. 가령 노승과 취발이와 소무의 관계는 결국 취발이와 소무가 인연을 맺어 아이를 낳는다는 대략의 개요 아래 어떤 이야기도 가능하다. 일례로 취발이가 노장에게 얻어맞고 코피가 난다고 내숭을 떨며 자신의 코를 찾느라고 법석을 벌이며 코피에 대한 의사의 처방까지를 부연하는 장면의 경우, 취발이와 노장의 대결이라는 본래의 플롯에서는 벗어난 곁이야기(side story)이다. 그러므로 개개 공연의 필요에 따라 이러한 곁이야기를 많게도 적게도 하여 공연 전체의 길이 조절이 가능하다. 한때 밤을 새워서 놀았다는 탈놀이를 한두 시간 정도로도 쉽게 줄여서 공연하고 있으니 그 가변성의 폭이 상당함을 알겠다.

인물(character) 역시 꼬메디아 델 아르떼나 탈놀이나 아리스토텔레스적 개념과는 거리가 멀다. 탈놀이와 꼬메디아 델 아르떼의 인물들은 적절하고 사실적(life-like)이기보다는 과장되어 있으며, 개별적이기보다는 유형적이다. 예를 들어 빤따로니(Pantalone)는 그 인물유형이 긴 세월을 통해서 정해졌고 그 유형 안에서만 인물창조가 가능하다. 그는 탐욕스럽고 바보스러울 수 있으나 젊은 연인으로는 등장하지 못한다. 탈놀이의 양반은 하나같이 위선적이고 바보스럽다. 이는 개개인으로서의 양반 인물창조가 아니라 계급의식적인 측면에서 바라본 양반 유형의 부각이다.

사고(思考) 역시 '무엇이 그렇다 혹은 그렇지 않다'를 입증하려는 아리스토텔레스적 개념은 아니다. 꼬메디아 델 아르떼의 주제는 옳고 그름의 입증과는 거리가 먼데, 굳이 명명한다면 사랑과 웃음의 소동이라고 보겠다. 꼬메디아 델 아르떼에 자주 나타나는 이야기 모티브로 사랑의 삼각관계나, 어려서 잃었던 자식과 부모의 만남 등을 들겠다. 한 여인을 두고 아들과 아버지가 모르고 연적관계에 있다든가 사랑하던 하녀가 귀족의 잃어버린 딸임이 밝혀지는 등등의 이야기에는 권모와 술수 및 변장으로 이야기는 꼬여서 웃음의 소동을 불러일으킨다. 삼각관계라고 하여서 사랑의 한 진실을 추구하기보다는 뻔뻔스러운 늙은이가 그에 못지않게 뻔뻔스러운 젊은이의 사랑을 속임수를 써서 빼앗으려고 하는 데서 오는 한갓 소동으로 사랑이 묘사된다.

탈놀이 역시 풍자를 통하여 날카로운 사회비판을 보여주기도 하지만 이는 해학과 웃음 속으로 잦아든다. 뿐만 아니라 극구성의 상당 부분이 즐기기 위한 노래와 춤으로 이루어져 있으니 꼬메디아 델 아르떼와 마찬가지로, 어떤 원칙이나 옳고 그름 혹은 도덕적 가치를 집요하게 추구하여 판단하려는 사고(思考)는 아니다.

이와 같이 아리스토텔레스가 중요하게 여겼던 극의 요소들은 꼬메디아 델 아르떼나 탈놀이에서 큰 중요성을 갖지 못한다. 일찍이 샤이머는 아시아 연극들을 관찰하면서 이들은 아리스토텔레스가 말한 6개의 구성 요소들이 갖는 중요함을 오히려 역행한다고 주장했다.[8] 이러한 샤이머의 주장은 꼬메디아 델 아르떼나 탈놀이도 예외는 아니다. 이들 연극 형태의 진정한 원동력은 플롯이 아닌 재담, 노래, 제스처 및 춤과 가면(아리스토텔레스의 용어를 빈다면 언어, 멜로디, 장관)에서 오는 것임을 첫눈에도 알 수 있다. 예를 들어 꼬메디아 델 아르떼의 즉흥연기인 라찌(Lazzi)는 아리스토텔레스적 연극의 입장에서는 짜여진 플롯을 방해하는 산만하고 불필요한 구경거리일 뿐이며, 탈놀이에서는 춤과 음악은 플롯과 서로 불가분의 관계를 가지고 단순한 '장식'이 아닌 탈놀이를 이끌어가는 주동력이 된다.

전통적 서구극의 기저가 되는 아리스토텔레스적 연극과 꼬메디아 델 아르떼와 탈놀이의 대조를 단적으로 말하면 연극을 문학적인 입장

---

8) D.B. Shimer, 「Asian drama via Aristotle」, *Western Humanities Review*(Winter, 1967).

(drama)에서 접근했느냐 혹은 연희적인 입장(theatre)에서 접근했느냐에 기인한다고 하겠다. 꼬메디아 델 아르떼와 탈놀이도 연희적인 입장에서 연극에 접근하였기에 문학적인 입장에서 접근했던 아리스토텔레스가 경시한 요소들이 중요성을 갖게 되며, 그 나름의 특유한 구성원리를 보여준다. 다음은 꼬메디아 델 아르떼와 탈놀이에서 공통으로 발견되는 구성 원리들로, 이들은 생생한 연희성을 살리고 짜이지 않은 플롯을 보조한다.

2) 공통 구성원리

(1) 유형적 인물

꼬메디아 델 아르떼나 탈놀이는 우선 유형적인 인물이 등장한다. 가령 빤따로니이면 빤따로니, 말뚝이이면 말뚝이가 다른 여러 공연에도 불구하고 계속하여 같은 이름을 갖고 비슷한 의상을 입고 고유의 행동범위를 지켜가며 나타난다. 이러한 한 인물의 특징은 오랜 반복을 통해 한 인물을 형성하고 배우와 관중이 함께 그 인물의 범주를 알고 있다. 따라서 어떤 자극에 대한 그 인물의 반응을 짐작할 수 있다. 예를 들어 말뚝이의 양면성은 양반의 전면적인 호령이 나왔을 때 일단 표면적인 복종을 가능하게 한다. 그 양면성은 말뚝이로 하여금 담배잎을 똥물이 아닌 꿀물에 축여 놓았다고 자신의 말을 번복하게 유도하고, 이 대답은 다음에 나오는 양반과의 성관계에 대한 풍자에서 재배를 드리고 드렸다는 대답을 더욱 기대하게 한다. 또한 빤따로니의 호색적인 성향은 미녀를 얻을 듯싶어 보이는 기회를 결코 그냥 보내지는 않을 것이다.

이와 같은 인물의 분명한 한계와 유형은 배우로 하여금 개략적인 줄거리에서부터 즉흥연기를 가능하게 하여 주는 것이다. 이러한 면에서 꼬메디아 델 아르떼나 탈놀이의 인물 유형성은 단순한 유형적 인물의 차원을 넘어 느슨한 플롯을 보조하는 주요한 구성원리로까지 비약되는 것이다.

꼬메디아 델 아르떼의 대표적인 유형인물로는 빤따로니, 닥떼르, 까피따노, 젊은 연인 남녀 및 하인 등이다. 하르르껜과 브리겔라를 대표적인 하인형으로 꼽겠다. 한편 탈놀이에는 노장, 먹중, 소무, 취발이, 양반, 하인, 말뚝이, 할멈 및 할아범 등을 들겠다. 이들 중 유사성을 보이는 꼬메디아 델 아르떼와 탈놀이의 몇몇 주요 인물들을 대조하여 보면 다음과 같다. 우선 꼬메디아 델 아르떼의 하인형과 탈놀이의 하인 말뚝이와의 대조가 가능하다. 17세기 이후 가장 인기가 있었던 하인형 하르르껜은 어리석고 교활하며 온갖 곡예에 능하다. 그는 무도덕적이며 겁쟁이이기도 하며 어떤 일을 막론하고 뛰어든다. 이러한 그의 성격에도 불구하고 그의 단순성과 잘 속는 기질과 그의 연이은 실패는 왠지 그에게 친근감을 느끼게 하여 그의 무도덕성을 용서하며 그를 사랑하게 한다.[9] 한편 하르르껜의 분신이라 불리우는 브리겔라는 익숙한 모사꾼이며 쉽게 매수된다. 그는 한 모금의 술에 자신의 명예나 주인을 팔 만반의 준비를 갖추고 있다. 그는 떠버리 자랑장이며 남의 말을 엿듣거나 기회를 보아서 훔치거나 하는데 자신의 쾌락 이외에는 다른 아무 것도 추구하지 않는다. 단순하여 자신이 무엇을 하고 있는지를 모르는 하르르껜에 비하여, 브리겔라는 자신이 하고 있는 바를 분명히 알고 행하기 때문에 그의 무도덕성은 문제시되기도 한다.

탈놀이의 하인형인 말뚝이 역시 꼬메디아 델 아르떼의 하인형과 같이 무도덕하고 떠버리이다. 금전 몇 푼을 위해 그는 무고한 쇠뚝이(혹은

9) P. L. Duchartre, 앞의 책, pp.123~126. 이하의 인물묘사는 같은 책에서 인용함.

취발이)를 잡아들이며 그의 긴 장광설을 통해 양반의 사생활이 폭로된다. 단지 말뚝이는 꼬메디아 델 아르떼의 하인보다는 의식화되었다고 보겠다. 꼬메디아 델 아르떼의 하인들이 귀족과 하인이란 계급에 별 주시를 하지 않는데 비하여, 탈놀이의 말뚝이는 계급의식이 분명하며 여기서 대부분의 풍자가 나온다. 계급을 의식하였든 못하였든 탈놀이와 꼬메디아 델 아르떼의 하인형들은 줄기찬 민중의 생명력을 보여준다는 점에서 공통된다. 그들의 무도덕성도 이러한 관점에서 이해된다.

흔히 민중을 세 가지 유형으로 분류한다. 그 첫째 유형이 숙명론적 인물들이다. 그들은 통속 역사극의 충직한 하인처럼 무조건 복종하는 극히 보수적인 인물이다. 둘째 유형은 의식적이든 무의식적이든 현실의 실상을 깨닫고 볼 줄 아는 사람들인데, 이들은 참담하고 어려운 현실 속에서도 살아남음으로써 살아남을 수 있는 가능성과 지혜와 힘을 보여준다. 마지막 유형으로 의식화되어서 개선과 변혁을 계획하고 노력하는 적극적인 인물이다.

소위 지식인들은 두 번째 유형에게서 당혹감을 느끼는데, 이 유형은 실상의 깨달음에도 불구하고 이론적 원칙에 의하여 행동하지 않는다. 그들을 움직이는 어떤 원칙이 있다면 그것은 민들레와 같이 짓밟히면서도 다시 피는 끈질긴 생명력뿐일 것이다. 꼬메디아의 하르르껜이나 브리겔라와 탈놀이의 말뚝이는 모두 항시 복종하는 체하면서 뒤에서는 딴전을 부리고 또 자신에게 이익이 날 성 싶으면 주인을 배반하거나 동료를 팔기를 주저 않는다. 하르르껜은 빵 한 조각에 주인을 팔고 말뚝이는 금전 몇 닢을 위해 동료 쇠뚝이(혹은 취발이)를 무고하게 잡아들인다. 이들은 교활하고 때론 어리석어 보이기도 하지만 재치 넘치게도 주어진 어떠한 환경 속에서도 살아남는 꿋꿋함과 끈질긴 생명력을 보인다. 바로 이러한 그들의 삶의 찬미가 그들의 무도덕성을 용서하고 그들을 좋아하게 하는 원동력인 것이다. 흔히 비극이 현상을 초월한 절대적인 진리를 추구한다면, 희극은 현상계의 질서와 생명력을 추구한다. 이러한 의미에서 꼬메디아 델 아르떼와 탈놀이가 희극임은 결코 우연한 일은 아닐 것이다.

다음으로, 꼬메디아 델 아르떼의 빤따로니 및 닥떼르와 탈놀이의 양반과의 대조가 가능하다. 우선 빤따로니는 중늙은이로 종종 젊은 처녀를 짝사랑하거나 오쟁이진 남편으로 등장하여 가끔 연인의 아버지로도 등장한다. 그는 탐욕스럽고 호색한이나 바보스럽고 젊은이에게 종종 속는 얼간이이다. 한편 닥떼르는 빤따로니와 쌍을 이루는 인물로 그의 친구나 적수로 등장한다. 빤따로니와 같이 안정된 사회적 지위를(의학박사나 법학박사) 갖고 있으며 박식한 척하는 그의 허풍은 오히려 그의 무식을 탄로낼 뿐이다. 이들 빤따로니와 닥떼르는 두 명의 하인, 하르르낀과 브리겔라와 대조되는 인물들이다.

빤따로니나 닥떼르에 대조될 수 있는 탈놀이의 인물로는 양반, 선비를 들겠다. 이들 역시 안정된 사회적 지위를 가졌으나 탐욕스럽고 호색적이며 바보스럽다. 뿐만 아니라 그들은 유식한 척하나 그 허풍은 오히려 무식만을 폭로할 따름이다.

말뚝이	서울 본댁을 찾아가니 샌님도 안 계시고 종가집 도련님도 안 계시고 마나님 혼자 계시기로 벙거지 쓴 채 이 채찍 찬 채 감발한 채 두 무릎을 꿇고 하고 하고 재독으로 됐습니다.
생원	이놈 뭐야!
말뚝이	하하, 이 양반 어찌 듣소. 문안을 드리고 하니까 마나님이 술상을 벽장문 열고 목이 길다, 황새병. 목이 짧다, 자라병이며 홍곡주 이강주 내어놓자 앵무잔을 마나님이 친히 들어 잔 가득히 술을 부어 한 잔 두 잔 일이삼배를 마신 후에 안주를 내어놓는데 대양푼에 갈비찜 소

양푼에 제육, 초, 고추, 저린 김치, 문어, 전복, 다 버리고 작년 팔월 에 샌님댁에서 등산갔다, 남아 온 좆대갱이 하나 줍디다.

생원 이놈 뭐야!

말뚝이 아, 이 양반 어찌 듣소. 등산갔다 남아 온 어두일미라고 하면서 조기 대갱이 하나 줍디다 그리하였소.

양반들 (합창) 조기대갱이라네 (굿거리곡으로 일제히 춤)[10]

선비 첫째 학식이 있어야지, 나는 사서삼경(四書三經)을 다 읽었네.

양반 뭣이? 사서삼경(四書三經)? 나는 팔서육경(八書六經)을 다 읽었네.

선비 도대체 팔서육경이 어데 있으며 대관절 육경(六經)은 뭐야?

초랭이 나도 아는 육경(六經), 그것도 몰라요. 팔만대장경, 중의 바래경, 봉사 안경, 약국의 질경, 처녀 월경, 머슴 쇄경.

이매 그것 다 맞다 맞어.

양반 이것들도 아는 육경(六經)을 소위 선비라는 자가 몰라.[11]

예로 든 위의 대화에도 양반들의 어리석음과 무식함이 폭로되니, 우선 양반들은 말뚝이의 거짓 변명을 사실로 받아들이고 흡족해하며, 유식한 척하나 그들의 허풍은 사서삼경(四書三經)조차를 모른다는 무식함을 폭로할 따름이다. 뿐만 아니라 소위 청빈을 주장하는 양반들의 일상생활이 탐욕스러울 정도로 호화스러울 뿐더러 점잖은 체하는 그들의 대화에 음담패설이 오르내린다.

이와 같이 꼬메디아 델 아르떼의 기본 인물이라고 할 수 있는 하인형과 주인형의 인물들은 탈놀이의 하인, 양반과 쉽게 대조된다. 이 외의 인물들도 고유의 성격과 행동범위가 정해져 있으며 사실적이기보다는 과장된 인물이라는 점에서 꼬메디아와 탈놀이의 인물은 상통된다. 가령

10) 이두현, 앞의 책, p.317.

11) 같은 책, p.162.

꼬메디아의 까피따노는 무용담이나 사랑에 있어 항시 허풍쟁이이며 겁쟁이이고 환영받지 못하는 구애자이다. 그러나 그의 실패는 연민보다는 폭소를 자아낼 뿐이다. 탈놀이의 할멈은 어느 탈놀이에서나 억척스럽고 추하기까지 하면서도 항상 낯익고 측은하다. 이러한 인물의 유형성은 꼬메디아 델 아르떼나 탈놀이에서 느슨한 플롯을 보조하여 즉흥적인 연기를 보다 쉽게 가능하게 함으로써 구성 원리로까지 도약한다고 하겠다.

(2) 가면

가면은 인물의 유형성과도 밀접한 관계를 맺고 있는데 우선 시각적으로 그 인물을 구분 짓는다. 따라서 단순하게 호기심을 끄는 장식물이나 자신을 숨기려는 가장(假裝)의 도구를 넘어서, 탈놀이나 꼬메디아 델 아르떼에서는 구성원리가 되는 것이다. 가령 빤따로니 가면은 빤따로니가 행한 수많은 언행의 추상화인 것이니, 그의 하나하나의 행동은 모여서 습관으로 굳어지며 가면의 모습을 정해가게 된다. 즉 이들 연극에서의 가면은 가장(假裝)의 도구가 아니라 성격의 시각적인 표현인 것이다. 일찍이 꾸뽀(Copeau)는 꼬메디아 델 아르떼의 가면에 대하여 다음과 같이 관찰했었는데 이는 탈놀이의 가면에도 적용된다.

> 그(연기자)가 가면을 쓰게 되면 곧 전에는 그가 생각해보지도 못한 새로운 존재가 그에게 다가온다. 그의 얼굴이 변했을 뿐만 아니라 그의 전 성격과 반응의 본질이 바뀌어서 가면의 도움 없이는 느낄 수도 가식해 보일 수도 없었던 감정을 경험한다.[12)]

---

12) Hardly has he[the actor] put it on when he feels a new being flowing into himself, a being the existence of which he had before never even suspected. It is not only his face that has changed, it is all his personality, it is the very nature of his reactions, so that he

탈놀이의 인물은 특수한 경우를 제외하고 모두 가면을 착용하는데 반하여, 꼬메디아 델 아르떼의 인물은 가면 쓴 인물과 쓰지 않은 인물로 구분된다. 가면을 쓰는 인물은 과장된 인물들로 빤따로니, 닥떼르, 하르르껜, 브리겔라, 까피따노 등이며 이와 대조적으로 과장되지 않은 보통 인물들은 가면을 착용하지 않는데 이들은 젊은 남녀연인들이다. 이는 탈놀이에서 젊고 아름다운 여인들(예: 소무, 덜머리집)이 비록 가면을 착용하나 그 가면의 과장이 적은 것과 상통된다고 하겠다. 또 예를 들어 후대에 와서 봉산탈춤의 경우 기생들이 얼굴 자랑을 하기 위하여 심지어는 가면을 착용하지 않고 사상좌춤을 추기도 했다는 사실도, 꼬메디아의 젊은 연인들이 가면을 착용하지 않은 사실과 상통된다고 하겠다.

꼬메디아 델 아르떼의 가면들은 사실적이기 보다 과장되어 있으며 탈놀이의 가면들도 대체로 그렇다. 가면 색깔의 경우, 꼬메디아 델 아르떼에서는 사회적 신분과 가면 색깔이 무관하여 대체로 어두운 빛깔이다. 반면, 탈놀이에서는 사회적으로 안정된 인물들의 가면은 주로 흰색 등 밝은 계통인데 비하여 하류층의 인물들은 대체로 어두운 계통이다. 예를 들어 봉산탈춤의 양반 가면은 형태는 비록 언챙이 코삐뚤이 등으로 과장되어 있으나 그 색깔은 희다.

이상에서 살폈듯이, 꼬메디아 델 아르떼에서나 탈놀이에서의 가면은 인물성격의 위장용이 아니라 이를 드러내어서 그 인물의 유형창조를 돕는다. 이러한 의미에서 가면은 단순한 장식물의 차원을 넘어서 느슨한 플롯을 보좌하는 극의 구성원리 중의 하나가 된다.

---

experiences emotions he could neither have felt nor feigned without its aid. Jacques Copeau, 「The Commedia dell'arte Ascending」, *Mask* Vol.3(Oct., 1912), p.124.

(3) 유형화된 즉흥연기

꼬메디아 델 아르떼에는 라찌(Lazzi)라는 유명한 즉흥연기가 있다. 라찌란 웃음을 유발하기 위한 무대 위에서의 동작이나 속임수로, 한 특정한 이야기와는 전혀 관련이 없다. 예를 들면 하르르껜이 날아가는 파리를 잡아서 그 날개를 떼로 차례로 맛있게 먹는 시늉을 한다든지, 따귀맞는 극적 효과를 높이기 위하여 풍선을 불듯이 입모양을 하거나 물을 가득 머금고 있다든지 하는 동작 등등이다. 이러한 동작들은 이야기 진행과는 직접적인 관련이 없이, 배우가 갑자기 자신의 이야기 진행에 대한 재치가 떨어졌을 때나, 침체된 극중 분위기를 살리기 위해 의존하는 유형적 즉흥연기이다. 배우는 자신이 익히 알고 있는 파리 잡아먹기를 하는 동안에 극의 진행을 위한 기지에 찬 다음 대사를 생각할 여유를 갖게 된다. 따라서 꼬메디아 델 아르떼의 배우들은 실제 무대에 서기 전에 라찌에 대하여 익히 훈련한다. 따라서 "어떤 라찌는 매우 성공적이고 자주 반복되어서 배우뿐만 아니라 일반 관중들도 익히 알고 있다."[13) 이같이 극의 분위기를 살리고 다음 즉흥적 대사를 위하여 시간을 제공한다는 점에서 라찌는 단순한 유형화된 즉흥연기일 뿐만 아니라, 구성원리로 플롯을 보조한다.

라찌뿐만 아니라 일정한 스타일의 포즈, 제스처나 춤도 역시 꼬메디아 델 아르떼의 창조적 즉흥연기를 위하여 뒷받침한다. 배우는 자신의 즉흥연기의 기지가 떨어졌을 때에 정해진 제스처나 춤을 추면서, 시간적인 여유를 갖고 다음 즉흥대사를 생각할 수 있다. 이러한 스타일화된 제스처, 포즈 및 춤에 대하여 별로 기록이 남아 있지는 않으나 많은 그

13) Some of these of these[Lazzi] were so successful and repeated so often that the public knew them as well as he actors.
I. A. Schwartz, *The Commedia dell'arte: Its Influence on French Comedy in the Seventeenth Century*(N.Y. Univ. Press, 1967), p.11.

림에서 이러한 스타일화된 동작을 볼 수 있다. 일례로 맥도웰(McDowell)은 다음과 같은 포즈를 그림에서 지적하고 있다.

> 몰래 도망치거나 정탐하는 장면에서 배우[빤따로니]는 언제나 동물 같은 포즈를 취한다. 굽은 다리를 웅크리고 몸은 앞으로 내밀고… 하르르껜은 지팡이를 멋진 각도로 들고, 정탐하는 빤따로니는 한 손은 엉덩이에 다른 한 손은 허리 뒤로 하여 긴 망토자락을 쥔다.[14)]

맥도웰(McDowell)의 지적 이외에도 꼬메디아 델 아르떼의 유형적인 포즈로는 다음을 들 수 있으니, 다리와 팔을 비꼰 기괴한 자세나, 공중 재주넘기, 물구나무서기, 업기, 과장된 대자 걸음 등등이다. 이러한 유형적인 포즈는 라찌와 함께 꼬메디아 델 아르떼의 창조적 즉흥성을 위하여 미리 준비된 보조수단이라고 하겠다.

한편 우리 전통극의 즉흥성도 치밀하게 준비되어 있다. 탈놀이에는 우선 춤의 기본 동작이 있다. 예를 들어 양주별산대 춤은 거드름식 춤과 깨끼식춤의 두 종류가 있는데 그 구체적인 기본 동직으로, 고개끄덕이, 용트림, 활개펴기, 너울질, 여다지, 곱사위, 멍석말이, 갈지자춤, 깨끼리, 까치걸음 등등을 들겠다. 이러한 기본동작을 중심으로 춤의 길이 조정이 자유로우므로 탈놀이 전체의 공연 시간을 길게 혹은 짧게 조절하는 데에 우선적으로 기여한다. 즉 이들 기본동작들의 배열이나 반복으로 탈놀이의 춤을 이루기 때문이다.

---

14) In a scene of Sneaking or Spying, the actor[Pantalone] always assumes an animal-like position: Crouching with legs bent and body forward … Harlequin carring his battle at a januty angle, the spying Pantalone with one hand on his hip and the other at his back gathering the folds of a long flowing mantle.
J. H. McDowell, “Some Pictorial Aspect of Early Commedia dell'arte Acting”, *Bibliography of Study Philosophy*, Vol.13(Jan. 1942), p.57.

한편 꼬메디아 델 아르떼의 라찌에 가까운 연기도 탈놀이에서 찾아 볼 수 있으니, 일례로 가상의 거울을 보고 몸단장하는 연기를 꼽을 수 있다. 이 연기는 노장이 소무에게 구애할 때도, 취발이가 소무에게 구애할 때도 또한 할미가 오랜만에 돌아온 영감을 맞을 때에도 사용된다. 탈놀이의 연희자도 몸에 익은 춤의 기본 동작이나 유형화된 단편적인 연기를 기반으로 창의적인 즉흥 대사를 구사한다고 하겠다.

이와 같이 꼬메디아 델 아르떼나 탈놀이의 즉흥성과 유형성은 연기력 훈련을 통하여 세심하게 미리 준비 축적되어 있는 유형적인 연기나 기본 동작에 기인한 것이며 이런 의미에서 이들은 단순한 동작을 넘어서 구성원리가 된다고 하겠다.

(4) 창의적 즉흥연기와 연희자의 숙련도

위에서 유형화된 인물, 연기, 동작 및 가면 등이 꼬메디아 델 아르떼와 탈놀이의 느슨한 플롯을 보좌하는 구성원리로 이들 연극 형태를 가능하게 함을 살폈다. 그러나 진실로 이들 연극 형태를 뛰어나게 하는 것은 순간순간의 배우들의 창의적 즉흥연기이다. 줄거리뿐인 대본을 기지에 찬 즉흥 대사와 온갖 곡예로 예술성 높은 한 작품으로 완성한다. 따라서 관중은 이야기의 전말을 보러 오는 것이 아니라 이미 자신이 아는 이야기가 어떻게 되살려지는지를 보고 배우와 연기를 즐기기 위해 온다.

그래서 연기자의 성숙도가 요구되며 강력한 스타시스템이 필요하다. 왜냐하면 충분히 몸에 익고 알아야만 즉흥적인 연기가 가능하기 때문이다. 꼬메디아 델 아르떼의 경우 배우가 평생 동안 한 역만을 하였을 뿐만 아니라 종종 대를 물려 같은 역을 맡았다고 한다.

> 3~4대 걸쳐서 아버지에게서 아들로 같은 역이 전수되었다는 것은 보통 일이었다. 게다가 연기자들은 종종 연기자들끼리 결혼하였으므로 콜롬바인이 바르르껜의 무대의 배역상의 부인일 뿐만 아니라 실생활에서도 부인인 경우가 드물지 않았다. 이러한 상황은 극단의 결합을 돈독히 하였을 뿐만 아니라 연기의 자연스러움을 높였다.[15)]

일인 일역의 평생전념이나 연희자 간의 혈연관계는 탈놀이도 예외가 아니다. 일례로 양주별산대놀이에 "사직골 당직의 이름이 완보였는데 그가 「팔먹승」 즉 관 쓴 중의 역할을 썩 잘했기에 그의 이름이 전화(轉化)되어 관 쓴 중을 완보라고 부르게 되었다[16)]는 이야기가 있을 정도로 연기자와 그 역할이 동일시되었음을 보여준다. 또한 한국 전통적으로 연희집단이 사회의 특수집단으로 그 내부끼리만 결혼이 사실상 가능했던 사실은 익히 알려져 있다. 화랭이, 무자이, 화척, 무수리, 광대, 사당 등은 이들 특수집단을 일컫는 말이다. 탈놀이 연희자의 신분은 지역별 정착 탈놀이가 발달하면서 유동적이기는 했으나 역시 무계의 혈통이 그 근간을 이룬 것 같다. 일례로 양주별산대의 연희자의 인척관계는 다음과 같이 관찰되었다.

> 김성태옹의 배꼽춤은 그의 부친과 이창유를 본받아 배운 것이라고 한다 … 김성태옹의 모친은 일명 옴팽이 만신으로 양천일대에서 유명한 안무당이었고 그의 부친은 무당서방으로서 다른 반농반예적인 연희자들에 비하여 경제적으

---

15) It was a common occurrence for the same role to be handed down from father to son through as many as three or four generations. The players, moreover, intermarried frequently, and it was not unusual to fine that Columbine was Harlequin's wife in real life as well as on the stage. And these circumstances not only served to strengthen the cohesion of the troupe, but enhanced the naturalness of the acting.
P. L. Duchartue, 앞의 책, p.73.

16) 이두현, 앞의 책, p.210.

로나 시간적으로 여유가 있어 그의 사랑방을 산대놀이 집합장소로 제공하여 매일 같이 연습하고, 초청에 응하여 순회공연도 하여 산대놀이를 주관하였다고 한다. 이러한 무업과 산대놀이와의 제휴는 가면제작자의 한 사람이었던 신순필의 경우에도 볼 수 있었는데 그는 승냥이 만신의 남편이었다. 아직 생존 중인 무당 조영자는 옴팽이만신의 신딸이었으므로 고 김성태옹과는 수양남매간이며, 김성태옹의 아들 김상용은 삼대째 산대춤을 잘 추며 그는 조무녀를 고모라고 부른다.[17)]

이상에서 보았듯이 꼬메디아 델 아르떼에서나 탈놀이에서 연기자가 한 배역을 맡아서 평생을 연기했고 나아가 대를 이어서 연기했다는 것과 연희자 간의 혈연적인 얽힘은 결코 우연한 일이 아니다. 이러한 긴 훈련으로 삶이 연기의 일부분이 되었을 때 비로소 창의적인 즉흥연기가 가능하다고 하겠다.

극단 운영을 살펴보면 탈놀이나 꼬메디아 델 아르떼 모두 배우 중심의 연기였으므로 강력한 배우를 중심으로 소위 스타시스템식으로 극단이 운영되었다. 꼬메디아 델 아르떼는 유럽 전 지역을 순회 공연한 전문적이고 직업적인 공연 단체였다. 이에 비하여 현존하는 탈놀이는 지역에 정착한 반아마추어적인 공연단체였다. 그러나 구전하는 이야기를 종합하여 보면, 각 지역의 오광대가 본받아 배웠다는 초계 밤마리의 대광대패나 양주별산대를 배워 왔다는 한양 사직골 딱딱이패나 오늘날까지 전하는 직업적인 연희집단 사당패는 순회 공연하였던 전문적인 연희집단의 흔적이라고 하겠다. 추측하여 보건대 현존하는 지방 정착 탈놀이 이전에는 순회 공연하는 전문적인 연희집단이 있다가, 이것이 경제적으로 존립이 불가능하여지자 연희자가 나뉘어 각 지역으로 흩어져 정

17) 같은 책, pp.211~212.

착 탈놀이 단체로 된 것이 아닌가 싶다.

위에서 살폈듯이 창의적인 즉흥연기를 위해서 탈놀이나 꼬메디아 델 아르떼는 고도의 연기력의 연마는 물론 연기를 삶의 일부분으로 삼았다. 이러한 연희자의 숙련도는 줄거리뿐인 개요를 한 예술작품으로 꽃피게 하기 위한 하나의 구성원리일 뿐만 아니라, 필수불가결한 조건이라고도 하겠다. 이와 같이 실패하지 않는 즉흥성을 위해서는 유형화된 인물, 가면, 전형화된 동작, 연기의 숙련성 등등 세심한 배려와 준비가 선행되고 있음을 보겠다. 이들은 구성 블럭으로 서로를 보존하여 실수없이 작품을 되살려 완성시킨다.

3) 유사한 이야기의 예 (포도부장놀이 vs 질투하는 늙은이)

꼬메디아 델 아르떼와 탈놀이의 이야기 내용은 일반적으로 다르다. 꼬메디아 델 아르떼가 사랑의 삼각관계를 변수로 젊은이와 늙은이, 부자와 가난한 자가 대립되어 엮어내는 가볍고 명랑한 소극(笑劇)이라면, 탈놀이의 줄거리는 보다 다양하니 이는 탈놀이가 여러 개의 에피소드가 모여 이루어졌기 때문이다. 그러나 성(性)과 사회 계급과 위선과 탐욕을 웃음으로 폭로한다는 일반적인 관점에서는 공통적이다. 또 꼬메디아 델 아르떼와 탈놀이에서 뽑은 다음 두 이야기는 놀라운 유사성을 보이는데, 바로 양주별산대놀이의 「포도부장놀이」와 꼬메디아 델 아르떼의 「질투하는 늙은이」이다. 두 이야기 줄거리를 소개하면 다음과 같다.

「포도부장놀이」

늙은 양반인 샌님은 젊고 예쁜 소실을 두고 항상 오쟁이 질 것을 염려한다.

샌님과 소무가 춤을 추고 있는 동안 정부인 포도부장이 등장하여 소무와 춤을 춘다. 질투에 가득찬 샌님은 포도부장을 쫓아내고 소무에게 정절과 자신과의 정분을 강조한다. 그러나 샌님과의 사랑 묘사는 그의 탐욕스러움만을 더욱 드러낸다. 예를 들면 그의 사랑은 하도 돈독하여 콩알 하나도 주우면 나누어 먹는 정분인데 성한 쪽은 자신이 먹고 썩은 쪽은 소무를 주는 정분이다. 샌님의 분노에도 불구하고 포도부장은 다시 대담하게 등장하고 소무는 샌님을 뿌리치고 포도부장과 논다. 할 수 없이 샌님은 소무를 관대한 척 포기하며 젊은 것은 젊은 것끼리 살아야 한다고 하나 미련이 남아 마지막으로 손목 잡기를 청원하나 소무대신 포도부장이 손을 내민다. 이를 알고 샌님이 화를 내며 애원하니 소무는 손을 내밀고 샌님은 이를 잡고 자신의 신세를 한탄한다.[18)]

「질투하는 늙은이」

베니스에 빤따로니라는 이름의 늙은 상인이 살았는데 그는 이사벨라라는 매우 아름답고 젊은 부인이 있었다. 그녀는 베니스의 잘 생기고 혈통 좋은 한 젊은이와 사랑에 빠졌다. 한편 늙은 상인은 젊은 아내를 지독히 질투 의심하여 항시 감시했으며 마침내 그녀를 베니스 교외에 있는 별장에 가두었다. 그녀의 연인은 뒤따라 왔으며 남편의 경계에도 불구하고 그들은 만났다. 하인이 농담인 양 남편에게 젊은 아내와 연인 사이를 이야기하게 되자, 결국 자신의 무력함과 질투에 찬 생활의 어리석음을 깨닫게 된다. 관대한 척하며 빤따로니는 자신의 부인과 연인의 결혼을 허락한다.[19)]

위의 두 이야기는 포도부장 놀이에 하인이 등장하지 않을 뿐, 상당한 유사성을 갖는다. 우선 질투에 찬 늙은이들의 모습이라든지 젊은이에 의해서 오쟁이 지워지는 것 등이다. 뿐만 아니라 좀 특이한 현상으로 늙은이들이 어쩔 수 없이 자신의 무능함과 질투의 무용성을 수긍한다.

18) 같은 책, pp.269~270.

19) Flaminio Scala, *Scenarios of the Commedia dell'arte,* Trans. Henry F. Salerno(N. Y. : N. Y. Univ. Press, 1967), p.47.

마지막으로 상식적으로는 불가능한데도 연인들의 결합이 이루어진다. 이러한 유사성은 질투에 찬 늙은이의 일반적인 성향과 인간의 보편적인 속성 및 젊음과 생명력을 바라보는 따뜻한 애정에서 비롯된다고 하겠다.

3. 동서양의 경계를 넘어선 연극의 일반성

탈놀이와 꼬메디아 델 아르떼는 연극을 희곡적인 입장이 아니라 공연예술의 입장에서 구성하였기에 서구의 전통적인 아리스토텔레스적인 연극의 입장과는 상반된다. 프랑코(Pronko)가 가부키 대본을 평하였던 다음의 언급은 탈놀이와 꼬메디아 델 아르떼에도 그대로 적용된다.

> 가부끼를 읽는 서구인은 이 연극은 가치가 없다고 결론짓기 쉬운데 이는 희곡 대본이 소위 문학적, 심리적, 사상적 혹은 사회적 흥미를 거의 불러일으키지 못하기 때문이다. 우리는 연극을 극장에서 공연한 상태로보다는 쓰어진 희곡대본으로 평하려는 경향이 있는데 어떤 동양연극도 이러한 평가는 불가능하다.[20]

이와 같이 탈놀이와 꼬메디아 델 아르떼는 공연을 통해서만 그 진가가 발휘된다. 희곡 대본이 "소위 문학적, 심리적, 사상적 혹은 사회적 흥미를 거의 불러일으키지 못하고" 플롯이 긴장을 지속시키도록 꽉 짜여 있지 않기 때문에 이들을 보완한 특유의 구성원리를 갖는다고 하겠다.

---

20) A Westerner reading a Kabuki is likely to conclude that the play is worthless because the next as such offers very little in the way of literary, psychological, philosophical or sociological interest. We tend to judge plays by the written version rather than by the production in the theatre: with any form of Oriental Leonard. C. Pronko. *Theatre East & West: Perspectives Toward a Total Theatre*(Univ. of California Press, 1967), p.139.

즉 유형적 인물과 가면, 유형화된 즉흥연기와 포즈, 그리고 연희자의 고도의 숙련도가 뒷받침되어 이들 연극 형태의 꽃인 창의적 즉흥연기가 가능하다. 또한 연희자 간의 깊은 혈연 집단성은 탈놀이와 꼬메디아 델 아르떼가 숙련은 훈련을 넘어서 삶의 일부분으로까지 확대됨을 보여주고 있다. 한편, 삶을 천진하고 따뜻하게 바라보는 시각은 탈놀이나 꼬메디아 델 아르떼에 공통되어, 성(性)과 탐욕과 위선을 웃음으로 폭로한다. 이러한 시각은 양주별산대놀이의 「포도부장놀이」와 꼬메디아 델 아르떼의 「질투하는 늙은이」와 같이 유사한 이야기를 보여주기도 한다.

마지막으로, 본고(本稿)의 한계성은 탈놀이와 꼬메디아 델 아르떼가 실제적인 문화적 교류가 없이 독자적으로 존재하였으므로 그 공통점의 대조가 세부적인 유사성보다는 일반적인 경향의 유사성에 머물고 있다는 점이다. 그러나 시기적으로도 크게 다르지 않게 나타난 두 개의 연극형태가 동·서양이라는 크나큰 지역적, 사회적, 문화적인 격차에도 불구하고 이러한 유사성을 갖고 있음을 밝혀보는 것은 의의 있는 일일 것이며, 나아가 연극과 인간성의 보편성을 다시금 확인하게 된다.

제7장
굿탈놀이: <영산 할아뱜, 할먐굿>과 <탈굿>

1. 서어

탈놀이와 굿은 밀접한 관계에 있어 왔다. 최초로 우리 연극사를 기술했던 김재철에서부터 많은 학자들이 아직 명확한 증거를 들지는 못했으나 탈놀이의 기원을 굿에서 찾았다. 뿐만 아니라, 탈놀이의 연희자나 악사들이 무속 집안과 깊은 관련이 있음은 주지의 사실이다. 이렇듯이 탈놀이가 굿과 긴밀히 연결되어 있을 뿐만 아니라, 실제로 굿은 뛰어난 연희성을 갖고 있을 뿐더러 일부 굿에서는 탈굿도 보인다. 가령 서대석은 동해안 별신굿 중 중잡이 놀이, 범굿, 거리굿, 원님놀이를 무희(巫戱)라고 하면서, 거리굿 같은 것은 형식이나 내용면에서 극적인 구조를 가지고 있다고 보았다.[1] 황루시도 "무당굿놀이는 무당이나 또는 무부가 굿을 하는 중에 행하는 연극을 가리킨다"고 했다.[2] 조동일은 아예 한국

1) 서대석, 『한국무가의 연구』(문학사상사, 1980), p.255.
2) 황루시, 「무당굿놀이 연구」, 이화여대 박사학위 논문, 1986.1.

민속극의 세 가지 기본 형태를 무당굿놀이, 꼭두각시놀음 및 탈놀이로 명명하였다.[3] 서연호 역시 굿놀이를 연극학적 측면에서 '巫의 연극(Shamanistic Theatre)' 즉 무극(巫劇)이라 하며, 이것의 연희본은 구비문학적 측면에서 희곡문학 혹은 극무가(劇巫歌)라고 지칭할 수 있다고 말한다.[4] 키스터는 커비의 연극기원론에 동조하면서, 굿놀이를 원형적 형태의 연극이라고 보았으며,[5] 이균옥은 아예 『무극 연구』라는 저서를 쓰기도 했다.[6] 이렇듯이 적어도 무당 굿거리의 일부분이 극적 구조를 가지고 있으며, 그 연행성에서 연극, 즉 민속극의 한 갈래로 볼 수 있다는 의견에는 대체로 모든 학자들이 동의하는 것 같다. 그만큼 굿놀이는 제의성뿐만 아니라, 놀이성에서도 뛰어나다고 하겠다.

이러한 무당굿놀이 중에서도 탈을 쓰고 행하는 거리가 있으며, 이들은 탈놀이의 과장과 놀라울 정도의 유사성을 보여준다. 이러한 탈굿으로 이균옥은 "제주도에 영감놀이, 구상싱냄, 칠성새남, 전상놀이가 있고, 동해안 지역에 탈굿, 호탈굿, 광인굿이 있으며, 황해도의 배연신굿, 평산의 소놀이굿, 양주의 소놀이굿, 거제도의 할미광대와 중광대" 등을 꼽았다.[7] 이외에도 배연신굿과 마찬가지로 <영산 할아뱜, 할맘굿> 거리가 행해지는 황해도의 대동굿과 <광대탈대감거리> 및 <호살량굿>이 있다. <호살량굿>은 동해안의 <호탈굿>에 해당하는 것으로, 호랑이에게 개를 바치는 의식이다. 이렇듯이 동물의 본뜬 탈을 제외하면, 동해안의 <탈굿>과 황해도의 배연신굿 및 대동굿에 나오는 <영산 할아뱜, 할맘굿> 거리가 널리 행해지는 주요 탈굿이라고 하겠다. 이들은 탈놀이의 할아

---

3) 조동일, 『탈춤의 역사와 원리』(홍성사, 1979), p.180.
4) 서연호, 「한국무극의 원리와 유형」, 『한국무속의 종합적 고찰』(고려대 민족문화연구소, 1982), p.233.
5) 키스터, 다니엘 A. 『무속극과 부조리극』(서강대학교 출판부, 1986).
6) 이균옥, 『동해안 지역 무극 연구』(도서출판 박이정, 1998).
7) 같은 책, p.162.

범/할멈 과장과 유사 모티브를 갖고 있으며, 광범위한 전승 지역을 갖고 그 전승 역시 안정적이다.[8)]

이외에 탈굿인 <광대탈대감거리>는 또다른 탈굿의 계통으로 보이며, 황해도 옹진군 북면 화산리 본영이라는 마을에서 놀았다고 한다.[9)] 이 탈굿은 줄광대와 탈광대놀이가 중심이 되었으며, 아울러서 사자광대를 놀았다고 한다.[10)] 이 탈굿을 본격적으로 채록했던 김은희에 의하면, <광대탈대감거리>는 굿놀이의 연행 맥락에서 굿 안에서 탈춤, 줄타기, 사자춤 등을 연행하는데, 이는 광대놀이들의 재현이 아니라 이러한 광대놀이를 연희했던 연희자들이 신으로 재현됨으로써 현재의 인간과 의사소통을 하기 위한 것이라고 한다. 즉 광대탈대감거리의 신명풀이는 외부에는 굿의 연행 방식을, 내부에는 연희의 연행 방식의 겹구조로 짜여져 있다고 보았다.[11)] 그러나 이 탈굿은 오직 '박선옥' 무당의 구술에만 의존하고 있을 뿐, 널리 행해지지는 않은 것 같다. 박선옥 무당 역시 황해도 본영에는 간적도 없이, 다만 몸신으로 받은 이기백 만신의 지시 때문에 이 탈굿의 전승자 노릇을 하고 있다고 한다.[12)] 이제 박선옥 무당 역시 고인이 되셨다. 따라서 전승 지역이 제한적이라 일반적으로 행해졌다고 보기는 힘들다. 더구나 줄광대가 같이 놀아졌다는 것은, 이 탈굿이 지역적 탈놀이보다는 남사당패놀이와 더 깊은 관련이 있지 않았나 생각된다.

그러므로 본고는 일반적으로 탈굿으로 전승이 확실하고 또 그 지역이 널리 퍼진 황해도 배연신굿과 대동굿의 <영산 할아뱜, 할먐굿>과 동

8) 이외의 탈굿도 동물관련을 제외하면, 제주도에 영감놀이 및 거제도의 할미광대와 중광대처럼 할아범/할미 모티브와 관련이 크다.

9) 김헌선, 『황해도 무당굿놀이 연구』(보고사, 2007), p.55.

10) 같은 책, p.203.

11) 김은희, 「황해도 굿의 "광대탈대감거리" 신명풀이 연구」, 한국예술종합학교 전통예술원 석사 논문, 2006 참조.

12) 김헌선, 앞의 책, p.57.

해안의 <탈굿>을, 각각 지역 탈놀이의 할아범. 할멈 과장 모티브와 비교해 보고자 한다. 기왕의 연구에서는 굿의 연극성만을 논의했을 뿐, 연극의 입장에서 실제적으로 탈놀이와의 구체적인 비교는 없었다. 사실 농촌형 탈놀이의 대표로 꼽는 <하회별신굿놀이>도 별신굿의 일환으로 행해졌음을 상기할 필요가 있다. 신탁을 물어서 별신굿을 할 때에만, <별신굿놀이>가 마을의 대동제의 일부로 행해졌던 것이다. 그렇게 본다면 <별신굿놀이> 전부가 굿의 일환이라고도 할 만큼, 제의와 탈놀이는 섞여 있다. 그러나 물론 대동제의 일부였다는 것만으로 <별신굿놀이>를 굿으로 볼 수는 없다. 본고에서는 실제 굿 속의 일부로 널리 전승되는 <영산 할아뱜, 할맘굿>과 <탈굿>을 탈놀이와 비교하고자 한다. 아직껏 굿놀이로써 이들이 채록되고 보고되기는 했지만, 실제로 탈놀이와 어떤 구체적 유사성이 있는지에 대한 비교는 연구된 바 없다. 연희성과 오락성이 굿 속에 어떻게 녹아들어서, 신성보다 연희성이 강한 탈놀이로 다가가고 있는지를 살피고자 한다. 이렇듯이 굿 속의 탈놀이를 살피는 것은, 탈놀이와 굿의 상관성을 좀 더 분명하게 제시할 수 있을 것이다. 그 상관성이야 이미 알려졌고 여러 번 막연하게 언급되었지만, 그 추론의 과정에서 보다 구체적인 증거를 찾겠다. 아울러 이러한 연구는 탈놀이의 제의적 기원을 좀 더 분명하게 고찰할 수 있을 것이다.

2. <영산 할아뱜, 할맘굿>

<영산 할아뱜, 할맘굿>은 황해도의 해주와 옹진, 연평도 지방에서 성행하던 풍어기원의 마을제의인 '대동굿'과, 이 지역에서 배를 가진 선주가 배와 선원의 안전 및 풍어를 기원하는 뱃굿인 '배연신굿'에서 놀아졌

다. 이들은 모두 풍어굿이며, 하나는 마을 단위의 굿이며 다른 하나는 배 단위의 굿이다. 자연히 '배연신굿'보다는 '대동굿'이 마을제의인 만큼 보다 많은 굿거리를 가지고 길게 연행되나, 큰 틀거리의 차이는 없다. '대동굿'과 '배연신굿'의 차례는 각주로 처리했다.[13)]

'배연신굿'에는 다음과 같은 유래가 전한다. 이러한 유래에는 배의 안전과 풍어를 비는 간절한 염원이 실려 있다고 하겠다.

> 그 중 하나는 조선시대의 임경업 장군에 얽힌 이야기이다. 임장군이 전투에서 참패를 당하고 병사를 거느리고 연평도로 건너갈 때, 병사들이 굶주리고 지

13)

대동굿	배연신굿
	선주댁 성주석
	부정물림과 부산(또는 불산) 띄우기
신청울림	신청울림
상산맞이	당맞이(또는 상산맞이)
세경굿	
부정굿	부정거리
감흥굿거리	초부정. 초감흥거리
초영정물림거리	영정물림거리
복잔내림	
제석굿거리	소당제석거리
성주거리	
소대감놀이거리	
말명거리	
사냥거리	
성수거리	
타살거리	
군용거리	
먼산장군거리	먼산장군거리
조상거리	
서낭목신거리	
대감놀이굿	대감놀이거리
영산할아뱜. 영산할먐거리	영산할아뱜. 할먐거리
	쑹거주는 거리
뱅인영감거리	
벌대동굿	다리발용신거리
강변용신굿(날만세받이)	강변굿거리

쳐서 더 이상 갈 수가 없게 되었다. 이때 임장군은 무도의 땜승이라는 곳에서 병사들에게 산에 올라가 뽀루스나무(일종의 가시나무)를 꺾어 오게 한 후 썰물 때 물골에다 세워 놓고 임장군이 손수 축문을 외우니, 조기 떼가 여기에 하얗게 걸리어 들었다. 그리하여 임장군이 병사들에게 이 조기를 배불리 먹이고 땜승을 무사히 건너가게 되었다 한다. 이 후로 사공과 통사들은 임장군을 숭배하여 서해안 일대의 각 섬마다 당을 짓고 임장군을 신으로 섬기게 되었다. 그 후 모든 배들이 임장군을 신으로 섬기게 되어서, 이때부터 배연신굿을 하게 되었다 한다.

다른 하나는 백령도 앞마다의 장산곶은 바닷물이 멍석말이 같이 빙빙 돌아 소용돌이 치는 곳이라 배들이 이곳을 지날 때는 돼지 한마리를 물에 넣고 배의 안전을 기원했는데, 이로부터 배연신굿이 기원했다고 한다.[14]

'배연신굿'의 유래와 실제 <영산 할아뱜, 할맘굿> 거리와의 직접적인 상관성은 없는 것 같다. 다만 임장군이 축문을 외워 풍어를 했다는 유래가 영산 할아뱜. 할맘이 축원하는 풍어를 연상시킨다.

'배연신굿'은 보통 굿과 크게 다른 점은 없으나, 배를 장식하는 것이 특징이라면 특징이겠다. 배의 맨 앞에 붙어 있는 이물 돛내에 호서낭기, 가운데 돛대에는 만장기를 늘이고 그 위에 임경업 장군기를 걸었으며, 국기도 단다. 명주나 무명으로 서른 마 정도를 길게 하여 옷고름 고리 매듯 과리를 지어서 걸쳐 매놓는 것을 장애발이라 하며, 그동안 배가 무사히 벌이를 잘했다는 뜻의 장식물이라 한다. 만약 사고가 있던 배에는 장식을 하지 않는다고 한다. 그리고 중간 중간에 무명주로 선을 두르고, 이물과 고물에는 서리화를 피우고 호박등을 단다고 한다. 정월달에 하는 '배연신굿'에는 허릿간에 봉죽과 더북도 맨다.[15] 이렇듯이 화려

14) 서해안 풍어제 보존 홈페이지.
15) 김금화, 『김금화무가집』(문음사, 1995), p.213.

하게 장식한 배에서 굿을 하게 되는 것이다.

<영산 할아밤, 할맘굿> 거리는 굿의 후반부에 위치한다. 굿의 후반부로 갈수록 제의나 신성보다는 오락성이 짙어지는 일반적인 굿의 과정을 생각할 때, 후반부에 위치한 구조만으로도 이 거리의 잠재된 연희성을 잘 나타내고 있다. 각 거리는 청배하여 신성에게 부탁하고 점차 오락으로 여흥을 즐기고 송신하는데, 전체 굿의 틀에서도 이 과정은 드러난다. 여기에 홍태한은 "굿거리의 초반부에 <만세받이>기 없다"고 선언하며, 황루시 역시 이를 지적했다고 한다.[16] 하지만 김금화의 『김금화 무가집』에 의하면, 짧지만 <만세받이>가 있다. 어떤 신을 불렀는지는 불분명하지만, "대감님들 어실굿은 영산할아밤 영산 할맘이/입은 덕이 많지만 새로 새덕 입혀 줘요"라고 말한다.[17] 아마도 초기에 있었던 청배하는 <만세받이>가 세월이 지날수록 짧아지고 신성도 불분명해져서, 그 흔적만 남았다고 하겠다. 뿐만 아니라, 실제 굿에서는 종종 <만세받이>가 생략되어 공연된다. "<만세받이>가 없다는 것은 신을 청배하지 않는 것으로, <영산 할야뱜 할맘거리>는 사제로서의 무당보다는 연희자로서의 무당이 굿을 주재한다."는 홍태한의 관찰은 영산 할야뱜. 할맘굿의 연극적 요소를 잘 지적하고 있다.[18]

뿐만 아니라 <영산 할아밤, 할맘굿>은 무당만이 주재하는 것이 아니다. 무당이 영산할맘을 연행하지만, 같은 중요도를 가진 영산할아뱜은 영자가 맡는다. 영자는 배에서 오래 일을 하여 나이 많이 먹은 사람으로, 영자를 연희자로 내세우는 것은 이제 굿에 일반인들도 참여한다는 의미이다. 신의 주재자인 무당과 일반인이 함께 논다는 것은 실로 제의

16) 홍태한, 「황해도 <배연신굿>의 <영산할아뱜 할먐거리> 연구」, 『공연문화연구』 제15집, (한국공연문화학회, 2007), p.399.
17) 김금화, 앞의 책, p.243.
18) 홍태한, 앞의 책, p.399.

와 오락적 면모를 동시에 포함하고 있다. 이는 <하회별신굿탈놀이>를 연상하게 한다. 무당이 주관했지만, 각 연희자는 마을 부락민 중에서 부정 타지 않은 자를 뽑아서 훈련시켰다. 배역에 지목된 자가 역할을 거부하지 못했다는 사실을 미루어 볼 때, 오히려 <영산 할아뱜, 할맘굿>의 배역이 좀 더 신격에서 자유롭다고도 하겠다. 요즈음은 영자 중에 배역을 할 수 있는 사람이 없어서 다른 무당이 맡기도 하고, '배치기' 노래에서는 일반 관중이 합세하기도 했기 때문이다. 더구나 <영산 할아뱜, 할맘굿>에서 "나는 몇 십년 전에 병자호란인지, 병자쥐란인지 난리가 났을 때, 할아뱜을 잃어버렸는데"라고 시기를 명시하는데, 그렇다면 이 이야기 모티브는 적어도 17세기 말엽이나 18세기 초엽으로 추정된다. <하회별신굿탈놀이>가 고려 중엽 13세기쯤 성행했다는 것을 고려하면, 병자호란 때의 <영산 할아뱜, 할맘굿>의 배역이 좀 더 자유로웠던 것이 당연한 결과이겠다. 즉 그만큼 오락적이라고 할 탈놀이적 요소가 강하다고 하겠다.

또한 탈의 성격을 해석하는 것은 중요하다. 무당과 영자는 각기 탈을 비스듬히 쓰고, 신이 내려서가 아니라 탈에 의해 변모된다. 이때 탈을 신성가면으로 보느냐, 연희가면으로 보느냐에 따라서 공연의 성격은 대단히 바뀔 수 있다. 본 굿이 풍어를 기원하는 만큼 단순한 연희가면으로 보기에는 무리가 있고, 오히려 탈이 등장인물을 당산할아범과 할멈이나 천하대장군과 지하여장군으로 바꾸는 의미가 강하다. 즉 탈을 매개로 신격에 도달한다고 하겠다. 그러나 탈을 비스듬히 쓴 것은 무당이라는 연희자의 신격을 의식한 것이 아닌가 싶다. 즉 무당의 신격을 믿기에 무당의 얼굴을 반쯤 드러낸 것이 아닌가 싶다. 그리하여 탈을 비스듬히 절반만 써서, 탈의 신격과 무당의 신격을 모두 빌은 것이 아닌가 싶다. 그러나 세월이 흐를수록 점차 오락성이 강해진다고 보겠다. 다산을 기원하는 성기 결합 숭배 신앙이 점차로 약화되며, 강한 오락성이 <영산 할아뱜, 할먐굿>에 추가된 듯싶다.

<영산 할아뱜, 할먐굿>은 같은 황해도 지역의 탈놀이인 봉산탈춤 중 <미얄춤과장>과 얼핏 보아도 전반부의 줄거리가 유사하다. 그 유사성을 분석해 보면, 우선 구조상으로 매우 유사하다. 이는 같은 이야기모티브의 변용이라고 느껴진다. 그 구조를 살펴보면, 이들의 전반부는 민속극이 그러하듯이 다음과 같이 반복 구조로 되어 있다.

<미얄춤과장>	<영산 할아뱜. 할먐굿>
1) 미얄의 등장	1) 할먐의 등장
2) 악공과의 대화	2) 악공과의 대화
가) 영감찾기 신고	가) 할아밤찾기 신고
나) 고향과 이별의 이유	나) 고향과 이별의 이유
다) 영감의 모색	다) 할아뱜의 모색
라) 영감 부르기	
(삼세번: 짧게, 길게, 시나위청으로)	
3) 미얄의 퇴장	3) 할먐의 퇴장
4) 창-난봉가	
1) 영감의 등장	1) 할아뱜의 등장
2) 악공과의 대화	2) 악공과의 대화
가) 할미찾기 신고	가) 할먐찾기 신고
나) 고향과 이별의 이유	나) 고향과 이별의 이유
다) 할미의 모색	다) 할먐의 모색

라) 할미 부르기

(삼세번: 짧게, 길게, 시나위청으로)

3) 영감의 퇴장	3) 할아뱜의 퇴장
미얄과 영감의 만남	할맘과 할아뱜의 만남

여기까지 <미얄춤>과 <영산 할아뱜, 할맘굿>의 구조적 차이는 아주 미미해서, <미얄춤>에서 상대방을 부르는 방법과 <영산 할아뱜, 할맘굿>에서 더해지는 창만이 엇바뀌는 것뿐이다.

뿐만 아니라 <미얄춤>과 <영산 할아뱜, 할맘굿>은 일부의 대사까지 같다. 가령 <미얄춤>에서 영감의 모색을 그린 대사와 <영산 할아뱜, 할맘굿>에서 할아뱜의 모색을 그린 대사는 흡사하다.

<미얄춤>

미얄 우리 영감의 모색을 대. **난간이마** 주게턱 웅케(우먹)눈에 **개발코**, 상통은 (갓바른)관역(판) 같고 수염은 다 모즈러진 귀얄같고 상투는 다 갈아먹은 망좆 같고 키는 석자 네치 되는 영감이올세.

<영산 할아뱜, 할맘굿>

만신 이마는 **난간이마**요, 눈은 황새가 다 쫘먹은 우렁이딱지처럼 움푹하고

장고 그 눈한번 보려만 십리는 들어가야 보겠음네.

만신 코는 훤히 들여다 보이는 **개발코** 같고 입은 깨밟아 잡은 메기입처럼 생겼는데. …(중략)…

만신 우리 첨지 수염은 오뉴월 한낮에 축늘어진 말부랄에 털나듯 듬성듬성 났음네.

이상과 같이 모습을 그리는데 있어서, 난간이마와 개발코는 완전히 같은 용어를 사용했으며, 눈은 움푹하다는 비슷한 표현을 했고 수염 역시 별로 없다는 모색을 그리고 있다.[19] <미얄춤>에서 더 그리고 있는 것은 상통과 상투 그리고 키를 언급했고, <영산 할아뱜, 할맘굿>에서는 입 모양을 그렸다.

이러한 두 공연의 유사성은 구비문학이 갖는 구전공식구라고도 생각할 수 있지만,[20] 구조까지 같다는 점에서 구전공식구라고 보기에는 무리가 있다. 뿐만 아니라 만나서 반갑다고 갖는 <미얄춤>의 성행위 춤도 <영산 할아뱜, 할맘굿>에서는 함께 난봉가를 같이 부르는 것으로 되어 있다. 만남을 춤과 노래로 그 기쁨을 표현했다는 점에서는 역시 동일하다. 이후 아이들의 안부를 묻는 대목도 첫 아들을 모두 잃었다는 점에서 동일하다. 탈놀이의 문열이는 산에 나무하러 갔다가 호랑이에게 물려 갔고, 굿의 쇠똥이는 피난통에 사람들에게 밀려서 없어졌다.

이렇듯이 두 이야기가 그 전반부가 거의 같다. 이후 '배연신굿'에서는 둘째 아들이 선주의 사위가 되었다며, 그물을 바다에 넣었다가 고기를 퍼서 배에다 싣는 시늉을 하면서 뱃노래를 하며 즐기는 반면, <미얄춤>에서는 미얄을 구박하며 덜머리집이 등장하는 처첩관계가 이어지고, 미얄이 결국은 죽고 무당의 굿으로 탈놀이 전체를 마무리 한다. 그러므로

19) 완전히 같은 표현은 굵은 글씨로, 유사한 표현은 노란색으로 표시했다.

20) 패리(Millman Parry)와 로드(Albert Lord)가 창안한 이론으로, 구비문학의 일정 비율 표현은 낯익은 표현들이 반복되는데 이를 한 민족이 공유하는 문학표현으로 '구전공식구(Oral-Formula)'라고 설정했다. 가령 "반달 같은 눈썹, 앵두 같은 입술" 등등의 표현은 미인을 나타낼 때 으례히 등장한다. 패리와 로드는 여러 사람을 거쳐 오는 구비문학일수록 문장표현 중에 구전공식구의 비율이 높다고 주장하며, 호머의 서사시를 분석하여 이가 실은 구비문학임을 주장하였다. Albert Lord, *The Singer of Tales*(Cambridge, Mass: Harvard University Press, 1969), Millman Parry.「Studies in the Epic Technique of Oral Verse-Making 1: Homer and Homeric Style」*Harvard Studies in Classical Philosophy* 41, 1930을 참조 요망.

유사성은 전반부까지라고 하겠다. '배연신굿'의 경우 풍어를 모사하는 과정에 여흥을 위해 이 이야기 모티브가 나중에 첨가된 것 같고, <미얄춤>의 경우에는 이 이야기 모티브가 더욱 발전하여 처첩관계까지 첨가하게 된다. 그러나 두 경우 모두 영감과 할미가 헤어져 찾다가 만난다는 같은 기본 모티브에서 유래했다.

그렇다면 두 이야기의 유사성은 어느 한 이야기가 다른 하나를 차용하지는 않았을까? <미얄춤>의 봉산탈춤은 황해도 봉산에서 유래했고, '배연신굿'이나 '대동굿' 역시 서해안의 대표 굿이라고 하나, 황해도에서 가장 많이 행해졌다. 지금 '배연신굿'의 무형문화재로 지정되어 있는 김금화 무당도 원래 황해도 출신이다. 두 이야기는 지역적인 근접성이 있으므로, 그 영향력 작용은 쉬웠으리라 생각된다. 즉 '배연신굿'에 참여한 연희자(무당)나 관객들이 '봉산탈춤'을 보았을 가능성은 높은 것이다. 혹은 '봉산탈춤'을 즐겼던 연희자들이 '배연신굿'에 참관할 기회가 있었을 가능성이 높다. 어느 것이 어느 것을 차용했나는 그 생성 연도와 이야기 모티브의 인기도에 있을 것이다.

'배연신굿'의 <영산 할아뱜, 할먐굿>에는 이 이야기 모티브의 시기를 알려주는 중요한 대사가 있다. "나는 몇 십년 전에 병자호란인지, 병자쥐란인지 난리가 났을 때, 할아뱜을 잃어버렸는데"라고 시기를 명시하고 있다. 그렇다면 이 이야기 모티브는 적어도 17세기 말엽이나 18세기 초엽으로 추정된다.[21] 뿐만 아니라 지역도 나타나니, "우리 영감 황해도 옹진군 무투지에서 살았는데"라고 명시되어 있다. 반면 <미얄춤>에서는 "우리 고향에 난리가 나서 목숨을 구하려고 서로 도망을 하였더니"라고

---

21) 병자호란이 시작된 시기가 1636년이므로 그 끝 무렵까지를 고려하고, "나는 몇 십년 전에 병자호란인지, 병자쥐란인지 난리가 났을 때, 할아뱜을 잃어버렸는데"라는 대사를 고려할 때 17세기 말이나 18세기 초로 추정할 수 있다.

표현된다. 고향은 "전라도 제주 망막골"이라고 표현되는데, '봉산탈춤'이 봉산에서 행해졌던 것을 생각하면, 엉뚱한 지명이다. 제주라고 하면 한반도에서 가장 먼 곳이며 망막하다는 의미를 생각하면 실제 지명이라기보다는, 가장 먼 어떤 곳이라는 의미에 가깝다고 하겠다. 즉 <미얄춤>에서의 시대와 장소는 흐려져 있어 가공성을 띤다. 따라서 <영산 할아뱜, 할먐굿>이 윤색되어 극적 이야기를 가진 <미얄춤>에 비해 더 오래되었을 가능성이 크다.

뿐만 아니라 많은 경우 장면들이 <미얄춤>에서 더 윤색되고 대사가 많다. 일례로 영감모색을 대는 장면을 비교하면 다음과 같다.

<미얄춤>

악공　그러면 영감의 모색을 댑세.
미얄　우리 영감의 모색은 마모색일세.
악공　그러면 말새끼란 말인가?
미얄　아니 소모색일세.
악공　그러면 소새끼란 말인가?
미얄　아니, 마모색도 아니고 소모색도 아니올세. 영감의 모색을 알아서 무엇해. 아모리 바로 댄들 무슨 소용 있읍나.
악공　모색을 자세히 대면 찾을 수 있을는지 모르지.
미얄　(소리조로) 우리 영감의 모색을 대. 난간 이마……

반면 <영산 할아뱜, 할먐굿>에서는 그 묘사가 단순하고 생략되어 있다.

<영산 할아뱜, 할먐굿>

장고　그 영감 생기기는 어떻게 생겼시까?
만신　알고 있는지 몰라. 우리 할아뱜 생긴 모양을 말할께 잘 들어보소. 키는 커져먹으라는 참외뽀디만 하고……

즉 <미얄춤>에서는 모색을 일러주는 대도 여러 비유를 한 후에야 서술이 나오는 반면, <영산 할아뱜, 할맘굿>에서는 직접 모색의 서술로 나아간다. 이렇듯이 다른 곳곳에서도 <미얄춤>의 대사가 훨씬 비유적이며 연극적이다. 악공이 할멈이 댄 모색으로 영감을 짐작하고 가르쳐주는 장면에서도 역시 <미얄춤>이 보다 극적으로 윤색되어 있다.

<미얄춤>

악공　아 옳지, 바루 등 너머 망쪼러 갔읍네.

미얄　에잇, 그놈의 영감, 고리쟁이가 죽어도 버들가지를 물고 죽는다더니 상게 망을 쪼으러 다니나.

악공　영감을 한 번 불러 봅소.

미얄　여기 없는 영감을 불러본들 무엇합나.

악공　아 그래도 한번 불러봐.

미얄　영가암.

악공　거 너무 짧아 못쓰것읍네.

미얄　여엉가암!

악공　너무 길어 못쓰겠읍네.

미얄　그러면 어떻게 부르란 말입나.

악공　아, 전라도 제주 망막골에 산다니 쉬(세)나위청으로 불러봅소.

<영산 할아뱜, 할맘굿>

장고　그러고 보니 주인보다 나그네가 많다면 누럭 누럭 기운 옷을 입고 다닌단 말이구먼. 정말 아까 여기 영자영감이 지나갈 때 얼핏 입은 활옷의 속을 보니 누더기 옷을 입고 지나가는 것을 봤음네.

이렇듯이 <미얄춤>이 <영산 할아뱜, 할맘굿>보다 전체적으로 보다 길게 윤색되어 있다. 물론 <미얄춤>이 탈놀이인 반면 <영산 할아뱜, 할맘

굿>은 제의인 굿이라는 점은 있으나, 분명 <미얄춤>에 그 윤색과 연희적 요소가 훨씬 강하다.

그렇다면 <영산 할아뱜, 할맘굿>의 모티브가 <미얄춤>의 기본 모티브는 아니었을까 의심된다. 즉 이 굿거리의 모티브를 <미얄춤>과장에서는 보다 세련되게 수용했다고도 하겠다. 시기적으로도 언제 서로가 헤어졌나를 흐린 <미얄춤>보다, 병자호란이 직접 거론되는 <영산 할아뱜, 할맘굿>이 더 오래된 것 같다. 즉 <영산 할아뱜, 할맘굿>의 모티브를 <미얄춤>에서 차용했다고 추론할 수 있겠다.

뿐만 아니라 <미얄춤>의 대사에는 더 제의적인 근원을 나타내는 대사가 있다. 즉 <미얄춤>의 영감이 "너하고 나하고 이 동네를 떠나면 이 동네에 인물 동티난다. 너는 저 웃묵에 서고 내가 아랫묵에 서면 이 동네에 잡귀가 범치 못하는 줄 모르더냐?"라고 말하는데, 이것은 이들 부부가 평범함 범사 부부가 아니라 천하대장군과 지하여장군을 연상시키는 부부임을 알린다고도 하겠다. 이러한 <미얄춤>의 제의적 근원은 이 과장이 굿에 기원하고 있음을 시사한다. 바로 이 잡귀를 쫓는 다산의 상징인 부부이기에 잡귀를 쫓는 '배연신굿'에 등장하며, 또한 풍어를 몰아주는 것이다. 특히 마지막에 고기를 퍼서 배에다 싣는 시늉을 하면서 뱃노래를 하며 즐기는 장면은 풍어를 몰아주는 것을 몸소 보여준다.

더구나 할아뱜 탈은 붉은 색이며 할맘 탈은 흰색이다. 봉산탈춤의 영감과 덜머리 탈은 흰색인 반면 미얄탈은 검정색인 것과 대조된다. 즉 <영산 할아뱜, 할맘굿>은 탈의 색깔조차 붉음과 흰색으로 다산이 가능한 제의적 기능이 강하다. 오락적 과장인 <미얄춤>에서는 탈이 굳이 다산의 색깔일 필요가 없다.

이러한 유추는 <미얄춤>과장이 <영산 할아뱜, 할맘굿>의 모티브에서 온 것을 뒷받침하고 있는 중요한 단서이다. 그러나 <영산 할아뱜, 할맘

굿>도 원래 있던 당산할아범과 할멈이나 천하대장군과 지하여장군 같은 풍요 모티브에서 유래한 것 같다. 이것이 <미얄춤>에서는 더욱 윤색되어 나타났으니, 연희화 과정이 보다 확실히 드러났다 하겠다.

이렇듯이 <영산 할아뱜, 할맘굿>과 <미얄춤>과장은 전자는 굿이고 후자는 탈놀이이면서도, 같은 구조와 유사한 대사를 갖고 있다. 뿐만 아니라 <영산 할아뱜, 할맘굿>에서 연희자도 무당(신격)에서 벗어나고 있는 모습을 보여준다. 그러나 굿과 다르게 탈의 색조 역시 <미얄춤>에 이르러서는 점차 풍요와 거리가 먼 빛깔로 바뀐 것을 알 수 있다. 하지만 많은 탈놀이의 과장들 중에서 유독 할아범. 할맘 이야기 모티브가 굿과 탈놀이에서 동시에 보이는 것은, 이들 과장이 모두 전국에 널리 퍼졌던 풍요제의에 그 뿌리를 두고 있는 것에 기인한 듯싶다.

3. <탈굿>

이러한 탈놀이의 '할멈/할아범'과장과 굿거리의 동일 모티브는 서해안 뿐만 아니라, 동해안 굿에서도 종종 나타나니 비록 같은 지역은 아니어도 인접한 지역의 <탈굿>이 그것이다. <탈굿>은 <영산 할아뱜, 할맘굿>에 비하여 연희적 요소가 더욱 강하다. <탈굿>은 당연히 굿이 연행되는 지역과 가까운 경남지방에서 전해오는 탈놀이 <고성 오광대> <통영 오광대>나 <수영 야류>와 우선 비교하여야겠다.

<탈굿>은 동해안 지역 별신굿에서 행해진다. 여러 조사 자료에 따라 차이는 있으나, 별신굿에서 후반부 <심청굿>과 <거리굿(퇴송굿)> 사이에서 놀아졌으며 행해지지 않은 때도 있다.[22] 굿에서 본풀이나 춤은 생략될 수 없으나 놀이굿은 생략이나 축약이 가능하다고 한다. 이는 <탈굿>

이 그만큼 별신굿의 핵심거리는 아니며, 굿의 제의성과도 거리가 있음을 알려준다. 그만큼 주술성이 약하며 전체 굿거리와의 결합력이 적어지니, 놀이로서의 독립성이 커진다 하겠다. 더구나 무당들은 <탈굿>이라고 했으나, 조사자들은 '탈놀이'라는 명칭도 사용했을 만큼 탈놀이와의 근접성을 보여준다.[23] 즉 "무당굿 가운데 주로 여흥으로 행해지는 놀이로서, 연행하는 무당이나 구경꾼들이 모두 재미로서 생각하는 것 즉 연극이라는 의식이 들어있"는 무당굿놀이에 해당한다고 하겠다.[24] 실로 <탈굿>은 신을 청하는 <만세받이>도 없고 주술적인 연행 이유조차도 밝히지 않으며, 등장인물들은 일상적인 생활 속에서의 갈등을 보여준다.

그 내용을 살펴보면, 약간의 차이는 있어도 1) 싹불이의 서울아기 유혹, 2) 양반(영감)의 서울아기 유혹, 3) 할미의 등장(오줌 누기, 영감 찾기 및 제관과 성행위), 4) 영감과의 만남과 서울아기 대면, 5) 영감의 죽음, 6) 의원 부르기(간호원이 등장하기도 함), 7) 무당굿, 8) 영감의 소생으로 전개된다.[25] 이러한 <탈굿>의 전개와 인근 지역의 탈놀이들을 비교하면 다음과 같다.[26]

<탈굿>	<고성오광대>	<통영오광대>	<수영야류>
싹불이의 유혹	×	몽돌이와 제자각시	×
영감과 서울아기	×	양반과 제자각시	영감과 제대각시
할미의 등장			
오줌 누기	×	×	×

22) 이균옥, 『동해안 지역 무극 연구』(도서출판 박이정, 1998), pp.19-57까지 김석출, 최길성, 박경신, 최정여, 서대석, 이두현, 임재해, 안동대 민속학과 조사자료 등 별신굿의 다양한 연행본이 자료로 비교되었다.

23) 같은 책, p.55.

24) 황루시, 앞의 책, p.2.

25) 이균옥, 『동해안 별신굿』, pp.183~218.

26) 이두현, 『한국가면극선』(교문사, 1997) 참조.

영감 찾기	영감찾기	영감찾기	영감 찾기
성행위	×	×	×
×	아기 빼기	아기 빼기	×
영감과의 만남	영감과의 만남	영감과의 만남	영감과의 만남
서울아기(첩)와의 대면	작은어미와의 대면	제자각시와의 대면	×
영감의 죽음	할미의 죽음	할미의 죽음	할미의 죽음
의원 부르기	×	×	의원 부르기
무당굿	×	×	봉사 독경
×	상여꾼	상여꾼	향도(상여)꾼
소생 모티브	×	×	×

이상의 비교에서 보이듯이 <탈굿>은 지역 탈놀이에 비해 할미대신 영감이 죽고 소생한다는 점과 첩이 낳은 아기가 등장하지 않는다는 점만이 다를 뿐, 다른 탈놀이 과장보다 연희적인 요소가 못하지 않다. <탈굿>의 할미 오줌누기와 노골적인 성행위가 다산이나 풍요를 의미할 수도 있으나, 그 원래의 제의적 의미가 거의 상실되도록 오락성이 강하다. 즉 부부신의 성행위가 아니라, 제관이나 중년관중을 끌어내어 할미가 성욕을 채우는 것으로 설정되어 있어, 사회적 의미나 오락성이 더 드러난다. 부자지간의 서울아기 쟁탈전도 젊음보다는 경제력이 승리하고, 처첩간의 갈등에서 할미대신 영감이 죽지만 무당의 효험을 강조하기 위해 무당굿으로 되살아난다. 이러한 <탈굿>을 아예 굿의 주술성과 무관한 오락으로 보기도 했으니, "이미 주술의 의미를 가지고 있던 시대 이후에 형성된 연극이며, 처첩간의 갈등은 제의적인 측면의 흔적이 아니라 사회적인 문제를 다루고자 하는 연행자들의 의식이 만들어낸 연극의 소재"라고 간주하기도 했다.[27] 따라서 인근 지역의 탈놀이와 <탈굿>의 시작 연대를 추측하기는 매우 힘들다. 어느 것이 먼저 인지는 좀 더 많은

---

27) 이균옥, 『동해안지역 무극 연구』, p.197.

조사와 구술자료 및 추론에 의거해야 하겠으나, <탈굿>의 뛰어난 연극성은 오히려 주변 지역 탈놀이를 능가하고 있다.

이렇듯이 구조와 그 내용에 있어서도 <탈굿>과 인근 탈놀이는 유사성을 보여준다. 황해도의 경우에도 유독 탈놀이의 여러 과장 중 할아범. 할미 모티브만이 굿 속에 포함되었는데, 경상도의 경우도 할아범. 할미 모티브만이 굿 속에 포함되어 있다. 탈놀이의 많은 과장 중에서 유독 할아범. 할미 모티브만이 굿에서 보이는 것은 어찌된 연유인지 유추해 보면, 일단 할아범. 할미 모티브가 전국에 퍼져있던 천하대장군, 지하여장군이나 당산할멈 모티브 같은 풍요제의에서 유래한 것이 아닌가 싶다. 즉 풍요제의 모티브가 일단 굿에 수용되고, 굿에 수용된 모티브가 탈놀이에 수용되었다 하겠다. <탈굿>이 탈놀이에 비하여 못지않은 연극적 윤색이 가해진 것은, <탈굿>이 살아있는 연행으로 인근 탈놀이를 역수입하면서 유동적으로 변해갔기 때문이 아닐까 사료된다. <탈굿>에서 현대적인 간호사가 등장하는 것은 <탈굿>의 적극적인 유동성과 시대 적응력을 단적으로 말해 준다. 그만큼 <탈굿>이 관객과의 소통에 기저하여 적극적으로 대응하였기에, 원래의 풍요제의 모티브에다 빠르게 탈놀이의 이야기를 수용하고 나아가 더욱 발전시켰다고 가정할 수 있겠다.

4. <영산 할아뱜, 할맘굿>과 <탈굿>의 비교

기성 탈놀이와 별도로 그 갈래를 살피기 위해, 굿에서 행하는 탈놀이로 서해안의 <영산 할아뱜, 할맘굿>과 동해안의 <탈굿>을 대표로 살펴보았다. 이들은 명실 공히 현존하는 굿에서의 탈놀이라고 하겠다. <영산 할아뱜, 할맘굿>이 풍어제의라는 원형을 상당히 지니고 있는 반면, <탈

굿>은 유희성이 강하다. 사실 할아범/할미라는 모티브를 뺀다면, 두 탈굿은 유사성을 느끼기 힘들 정도로 다르다. <영산 할아뱜, 할맘굿>은 할아범과 할미가 만나기까지가 길게 놀이화되었다면, <탈굿>에서는 만난 후의 이야기가 보다 우리 서민들의 생활과 가깝게 진행된다.

더구나 <탈굿>에 나오는 가요는 투전놀이, 세간타령, 신세타령 등 상당히 세속적인 노래이며, 다만 영감을 소생시키는 가요만이 성주풀이와 청배무가로 탈굿을 마무리하며 잡귀를 물린다. 반면 <영산 할아뱜, 할맘굿>에는 난봉가 같은 세속적인 노래도 포함하고 있지만은, 만세받이부터 풍어를 기원하는 술비소리로 끝난다. 한결 제의적 노래가 차지하는 비중이 높다.

<영산 할아뱜, 할맘굿>에서 연희자는 무녀와 일반인인 영자가 함께 놀지만, 영자는 배와 함께 하는 토박이 일군인 만큼, 무녀와 뱃사람이 힘을 합쳐서 풍어를 기원한다는 의미가 있다. 그러나 제의적인 다른 굿거리와 다르게 일반인과 무녀가 함께 연행한다는 점에서 제의와 연희 중간지점에 서 있다고 하겠다. 역시 <탈굿>에서도 무당과 함께 일반인이 연희자로 등장한다. 최근의 인물 간호사가 등장한다든지, 또 할미가 중년관객을 호객하여 노골적인 성행위를 한다. 그러나 간호사나 중년관객은 제의성이 없는 연극적 등장인물이다.

탈을 쓰는 방식도 <영산 할아뱜, 할맘굿>은 특이하다. 탈을 머리에 써서 얼굴을 반쯤 가리는데, 이는 무당의 신격과 탈의 신격을 반반으로 본 것이 아닌가 싶다. 벽사 가면이 그러하듯이 할아뱜의 탈은 붉고 요철이 심하다. 반면 <탈굿>은 탈놀이와 마찬가지로 얼굴 전체를 가리게 쓴다. 인물들 중 무당과 간호원은 탈을 쓰지 않는데, 최근에 삽입된 인물로 보이는 간호원이 무당과 같이 탈을 쓰지 않는다는 것에 미루어 보면 무당의 신격이 이 굿거리에서 작용하는지도 의문시 된다. 탈은 신격

을 잃고 연희자의 변신을 위해 얼굴 전면을 가리고, 무당의 신격 역시 별로 드러나지 않는다 하겠다.

이렇듯이 동해안 <탈굿>은 굿거리 중 원래의 풍요제의를 거의 잃고 오락의 일부로 행해진 듯싶고, <영산 할아뱜, 할맘굿>은 풍어제의에 탈놀이의 오락성이 약간 가미된 듯싶다. 지역 탈놀이와 비교했을 때, 위에서 살폈듯이 <영산 할아뱜, 할맘굿>은 <미얄춤>에 비하여 원형적이고 풍어제의성을 많아 갖고 있다. 반면 <탈굿>은 지역의 오광대나 야류의 <할아범/할멈> 과장에 비해 큰 차이가 없다. 이렇게 본다면 <영산 할아뱜, 할맘굿>은 원래 풍어제에 존재했던 굿으로, 농촌의 천하대장군과 지하여장군과 같은 수호신에 비유될 수 있는 존재로 풍어를 몰아주는 신이라고 하겠다. 여기에 인근 탈놀이의 재담이 섞이면서 놀이화 되는 과정 중에도 풍어제의를 잃지 않은 반면, <탈굿>은 원래 굿에서 풍어제를 수용하는 의미에서 행해졌으나, 적극적으로 관객들의 오락적 욕구에 부응하면서 풍어제의 보다는 놀이화 되었다 하겠다. 이는 동해안 별신굿의 적극적인 현실과 관객 수용을 감안할 때 더욱 가능하다고 하겠다. 그러하기에 오히려 인근 지역의 탈놀이를 보고 여흥을 위해 재도입한 여흥 굿이라고도 하겠다.

5. 결어

탈굿의 존재는 제의(굿)에서 연희로 넘어가는 실증적인 자료로, 매우 드문 현존하는 자료라고 하겠다. 물론 현존하는 최고(最古)의 탈놀이인 <하회별신굿놀이>가 별신굿의 일부로 행해졌음을 상기할 때, 이 역시 제의에서 놀이로 넘어가는 연행 배경이 같다. 그러나 현재는 <하회별신

굿놀이>의 경우 부락제가 없어진데 반하여, 탈굿은 여전히 굿과 연희의 한 중간적 단계를 생생하게 보여주는 오늘날에도 현존하는 공연이다. 즉 탈굿이야말로 굿(제의)이자 놀이(오락)인 것이다. 이는 세계적으로도 중요한 연극의 제의 기원설을 뒷받침하는 자료가 된다.

또한 탈놀이가 굿에서도 놀아진다는 사실은 우리의 민속예능이 밀접하게 연관되어 있음을 다시금 알려준다. 탈놀이의 연희자가 무속 집안에서 나왔다는 속설이나 탈놀이가 제의 즉 굿에서 비롯되었다는 일부 학자들의 주장을 구체적으로 뒷받침 하고 있다고 하겠다. 굿의 일부로 탈놀이와 유사한 탈굿이 행해진다는 것은 그 근원을 캐기 위해서 앞으로 학자들 간의 많은 공동연구를 필요로 하겠다. 본고에서는 일단 풍요제의에서 굿으로 수용되었으며, 이후 놀이화가 되면서 현재의 탈굿이 된 것으로 추정하였다. 즉 <영산 할아뱜, 할맘굿>은 아직 풍요제의성이 많이 남아있는 탈굿인 반면, <탈굿>은 인근 지역 탈놀이를 수용하면서 관중의 오락성에 맞게 놀이화하였다.

이는 많은 탈놀이 과장에서 어째서 <할아범/할멈> 과장만이 굿에서 행해졌나를 간접적으로 말해주기도 한다. 즉 풍요제의는 굿에서 수용하기 쉬웠으며, 이가 놀이화되었기 때문이다. 물론 탈놀이의 <노장>, <양반>, <할아범/할멈> 등 여러 이야기 과장 중, <할아범/할멈> 과장이 가장 서민의 희로애락을 반영한다는 점도 작용했을 것이다. 탈굿이 풍요를 내려주는 부부신의 근원과 깊이 관련된 사실은 <영산 할아뱜, 할맘굿>에서 더욱 확실하게 드러나며, <탈굿>은 굿의 놀이화, 유희화 과정을 보여주는 것이 아닌가 싶다.

제8장 한국 탈놀이의 '수행성' 연구

1. 서어

세기말 1990년대부터 시도된 공연예술을 보는 새로운 시각은, 이제 새 밀레니엄에 들어와서 일반화 되었다고 하겠다. 물론 이는 1960년대 이후, 역사적 아방가르드 전통을 이어받아 연극을 문학적 연극에서 해방 시키고자 새로운 실험을 했던 네오아방가르드 물결과 직결된다. 종래 텍스트나 의미를 강조했던 공연에서 점차 몸과 행위를 중시하며 공연을 하나의 문화적 현상의 진행형으로 받아들였다. 그리고 이러한 진행형 현상을 소위 '수행성'으로 명명하며 강조하였다.

이러한 '수행성'은 한국 전통연희와 많은 유사성을 보여준다. 특히 탈놀이의 경우, 문학적 연극이 아니라는 점, 그때그때 배우의 연기가 강조되었던 점, 관중의 분위기에 따라 공연시간이 길고도 짧아질 수 있다는 점 등등 많은 특징들이 '수행적' 공연과 관련되어 있음을 보여준다. 실로 문학적 연극이 아닌 동양연극은 근본적으로 '수행적' 공연과 관련되어있다고 해도 과언이 아닐 것이다.

본고는 '수행성'의 개념으로 한국 탈놀이를 분석하고자 한다. 즉 구조적으로 탈놀이의 어떤 측면들이 구체적으로 공연에서 '수행성'을 높이게 되어 있는가를 조명해 보고자 한다. 탈놀이의 수행성을 추구하는 다른 한 방법으로는, 구체적으로 한 탈놀이를 선정하여 그 공연의 이본과 비교 연구하며, 어떻게 수행성에 의해 공연이 달라졌나를 살필 수도 있겠다. 그러나 이는 국지적인 연구라고 사료되어, 본고에서는 우선 탈놀이의 어떤 전반적 구성적 특질이 공연의 수행성과 밀접하게 상관되어 있는지를 가름하여 보겠다. 어찌 보면 탈놀이의 기존 공연성(Theatricality) 논의에서 이미 수행적 특질이 언급되었다고도 하겠지만, 본고는 '수행성'이라는 입장에서 다시 조명해 보겠다. 이는 공연성(Theatricality) 가운데서도 특히 그 공연되어 가는 과정과 역동성에 중점을 두고 탈놀이를 조명하는 것이라 하겠다. 우선 '수행성'의 개념을 살펴 정의하고, 이에 따른 탈놀이의 구성 구조에서 수행성을 살피고자 한다.

다만 이러한 이론이 존재하기 전부터 있어온 우리 전통 탈놀이를 서양 이론에 적용하는 것이 과연 맞는가 하는 의문이 들기도 한다. 특히 그 이론의 적용에 있어서 항시 논리의 정치하지 못함이 따르기도 한다. 이는 비교(comparison)와 대비(juxtaposition)의 차이이기도 하다. 즉 전혀 상호 영향관계가 없이 존재했던 두 개를 대조하다보니, 자연 비교이기보다는 대비이다. 그러나 최신 서구적 이론을 적용하여 우리 탈놀이를 설명하는 것이 최선은 아니더라도 하나의 방법일 수 있을 뿐만 아니라, 탈놀이 연구의 새로운 방법론을 여는 계기도 될 것이다. 실로 탈놀이 연구는 구술조사 이후 방법론의 한계에 봉착해 있다고 해도 과언이 아닐 것이다. 나아가서 수행성 적용연구는, 한국 탈놀이 미학의 세계적 보편성과 현대성을 살펴볼 수도 있다. 다시 말하면 '수행성'이 근본적으로 우리 탈놀이에 존재해 있다면, 서구의 최신 공연들과의 미학적 동질성을 논할 수 있고 그러하기에 동시에 그 미학적 보편성을 논의할 수 있는 것이다.

2. 수행성이란 무엇인가: 행위와 문화의 차원

'수행성(performativity)'을 정의하기란 쉽지 않지만 대략 두 가지 방향에서 생각할 수 있다. 하나는 광의의 '극장성(theatricality)'과 관련된 유사한 공연을 생각할 수 있고, 다른 하나는 언어학의 철학적 개념이다. 에코는 수행적 상황(Performative situation)과 공연(performance)을 같은 말로 이해했다. 즉 연극적 공연(theatrical performance)이란 특별한 수행적 상황(a specific performative situation)인 것이다.[1] 따라서 수행적 기호란 사물의 기호이기보다 기호의 기호라고 하겠으며, 광의의 극장성이라 하겠다. 한편 언어 철학적 개념으로는, 사실 '수행성'이란 단어는 언어학자 오스틴(John L. Austin)이 60년대 초반 언어학에서 최초로 사용했다. 오스틴은 언어를 '확언적 발화'와 '수행적 발화'로 구분했는데, 전자는 사실에 대한 옳고 그름이나 사실의 보고 및 상황을 묘사하는 반면, 후자는 단순히 사실관계의 진위를 넘어서 그 사실을 수행하며 그것을 변화시키는데 일조한다. 오스틴은 후자, 즉 '수행적 발화'를 주시했으니, 가령 예를 들면, 혼인 부부의 서약에서 '네'라는 답변은 '네'라는 사실을 넘어서 앞으로의 상황을 변화시키고 기혼의 상태로 진입하는 상황을 행동으로 보여주는 것이다. 그러므로 오스틴에 의하면 어떤 말을 하는 것은 어떤 행위를 하는

1) Umberto Eco. "Semiotics of Theatrical Performance" *The Drama Review:TDR*, 21(1), p.110.

것이다.[2] 요컨대, 수행적 발화가 행위 실천의 가능성을 지님으로써 기존의 의미를 변환 혹은 전복시키는 것처럼, '공연예술에서는 그 대상을 양식화 하고 문제를 제기하여 관객의 의식을 전환시키는 표현 전략'이라고 하겠다.[3] 다시 말하면 수행성이란 계획하는 프로듀서에게서 독립된 행위나 사건으로서, 예술가의 창의적 행위나 관객의 경험에만 존재한다. 그러므로 기호학적 미학으로가 아니라, 현상학적 미학이나 육체적 경험으로 받아들이는 미학이 필요하다.[4]

데리다는 "Signature event context(1971, 영문번역 1982)에서 무대 언어가 일상 언어와 다르다는 데는 동의했으나, 오스틴이 일반적인 수행성 이론에서 배우가 무대에서 한 말을 제외한 것에 대해서 반박했다. 데리다는 배우의 말은 인용구 같은 기능이 있는데, 그 말은 관습에 기인했기에 발화자의 경험을 뛰어넘는 무엇을 지시한다고 보았다. 여기서 더 나아가 데리다는 모든 언어는 그 의도와 수용에서 어떤 갭이 있으며, 연극의 대사는 특별한 경우이기보다는 일반적인 인용의 확실한 변형이라고 보았다. 그에게는 모든 언어는 일종의 다시 말하기인데, 모든 언어는 공연(Performance)으로 이해할 수 있다. 바로 이것이 '수행성'의 의미와 상통하니, 공연으로서의 언어(speech/behavior as performance)는 곧 행동으로서의 언어(speech/behavior as action)이다.[5]

이러한 '행동으로서의 언어'라는 언어철학적 개념의 단어가 문화에 적용되면서, 놀라운 증폭을 일으켰다. 연극에서는 60년대 이후 네오 아

---

2) John. L. Austin. "How to do things with words: lecture II" *The Performance Studies Reader*. Henry Bial Ed. (London and New York: Routledge, 2004), p.177.

3) 최영주, 「연극성의 실천적 개념」, 『한국연극학』 31, 2007, p.249.

4) Erika Fischer-Lichte, *The Transformative Power of Performance: A New Aesthetics*. (London: Routledge, 2008), pp.29~33.

5) Derrida. "Excerpt from 'Signature Event Context'" *The Performance Studies Reader*. Henry Bial Ed. (London and New York: Routledge, 2004), p.185.

방가르드들의 '텍스트'에 대한 거부와 후기구조주의의 다원적인 차이의 강조가 그 배경으로 작용한다. 즉 연극은 더 이상 해석해야 하는 완결된 텍스트라는 기왕의 형이상학적 믿음이 사라졌으며, 후기구조주의자들은 합의가 아닌 다양한 이견을 강조한다. 그리하여 연극은 더 이상 '완결된 작품'이 아니라, 끊임없이 운동하고 변화하는 과정이며, 생산자와 수용자 간의 상호교환 작용이다. 따라서 수행성은 자연히 스스로를 돌아보는 반성성(Self-Reflexivity)도 갖게 된다.[6] 버틀러는 인간의 성별마저도 "양식적으로 반복되는 행동들을 통해 변화의 과정에 놓여 있는 젠더의 형성과정을 '수행적'이라 지칭"했다.[7] 바로 이 역동성이 '수행성'으로 이해되며 오늘날 문화적 화두인 것이다.

그러나 수행성은 오늘날 거의 모든 문화현상을 수렴하는 핵심적 주요단어이면서도 동시에 관점과 분야에 따라 각기 다르게 이해되기에 사실상 비어 있는 개념이기도 하다. 포스트모던 이론을 모두 활용한 이해에도 불구하고, 실상 언어학적 수행성과 연극적 수행성의 상관성은 여전히 강한 의문으로 남기도 한다.[8] 어쩌면 이렇게 정치하지 못하게 완전히 합의되지 않고 어딘가 비어있는 개념이기도 하기에, 전혀 영향관계가 없는 우리 탈놀이에 응용하여 적용할 수 있는 여지가 있는지도 모르겠다.

---

6) 2010년 한국연극학회 춘계 정기 학술대회에 주현식의 「한국 탈춤에 관한 반성성의 연행시학 연구」 역시 '수행성'을 '반성성'에 맞추어 논의한 것이다.

7) 이경미, 「현대공연예술의 수행성과 그 의미-사건으로서의 '몸'과 '공간'-」, 『한국연극학』 31, 2007: p.139.

8) Henry Bial. *The Performance Studies Reader*(London and New York: Routledge, 2004), p.176.

3. 탈놀이의 수행성

한국 탈놀이의 수행성을 살피기 위해서, 본고에서는 전반적인 탈놀이의 어떤 구조적 특질이 수행성을 강하게 갖게 하는가를 연구하고자 한다. 그리하여 탈놀이에서 보이는 텍스트의 유동성, 제의와 극의 전이 영역, 현실과 극의 전이 영역, 몸의 강조와 해체주의적 수행성 및 공간에서 그 수행성이 강하게 드러난다고 보았으며, 각각의 분야에서 수행성과의 상관성을 살폈다. 물론 이외의 분야에서도 약간의 수행성이 드러날 수도 있으며, 언급된 분야 중 일부는 이미 공연성(Theatricality) 연구에서도 언급된 바가 있을 수도 있다. 이는 어찌 보면 공연성은 수행성과 긴밀하게 연결되어 있기 때문이기도 하다. 그러나 탈놀이를 더 이상 '완결된 작품'으로 보지 않고, 끊임없이 운동하고 변화하는 과정으로 보는 수행성의 개념으로 다시 집어보는 것도 또 다른 의의가 있을 것이다. 즉 탈놀이라는 공연의 형성과정 즉 연기자의 창의적 행위와 관객의 경험에서 기인하는 탈놀이를 설명하는 것도 중요하다. 그 수행성 연구로 탈놀이가 역동적이며, 가장 현존적이며 동시에 육체적 경험 연극일 수 있음을 조명할 수 있기 때문이다.

1) 텍스트의 유동성

수행성을 강조하다 보면 우선 요지부동의 텍스트를 경계하게 된다. 텍스트는 공연 상황에 따라 얼마든지 변하고 바뀔 수 있다면, 그 수행성은 더욱 드러나는 것이다. 이렇게 본다면 탈놀이의 텍스트는 매우 유동적이다. 우선 여러 이본이 있는데, 이들은 핵심 개념만 같을 뿐 다양한 변이를 보여준다. 가령 봉산 탈춤에 대한 채록본을 보면 송석하, 임석재, 이두현 등의 이본이 있다. 비교적 적은 시기 차이가 나는 임석재와 이두현 채록본에도 큰 차이를 볼 수 있다. 가령 <노장과장>의 동작만을 보아도 다음과 같은 차이가 있다.[9)]

	임석재 채록본	이두현 채록본
소무의 등장	노장과장이 처음 시작될 때, 팔목중이 소무들을 가마에 태우고 들어와 소무와 어울려 춤을 추다가 적당한 시기에 살며시 퇴장하였다가 다시 등장한다.	팔목중은 전원이 퇴장한 다음 소무 1인을 남녀에 태우고 들어와 소무가 남녀에서 내리면 빈 남녀를 메고 모두 퇴장한다.
노장의 등장	목중과 소무들이 난무하는 동시에 남모르게 가만히 등장하여 한 쪽 구석에 사선선으로 얼굴을 가리고 육환장을 짚고 바티고 서서 그 난무의 상을 물끄러미 본다.	목중들이 노장의 육환장을 어깨에 메고 노장을 끌고 개복청으로부터 타령곡에 맞추어 탈판에 들어 온다.
팔목중의 대사	노장을 찾으러 갔다가오는 장면 없이 곧바로 노장 쪽을 가리키며 노장을 조롱하는 대사를 첫째 목중부터 시작한다.	노장을 찾아보고 온다고 하며 노장이 있는데 까지 팔목중들이 한 명씩 노장이 있는 데까지 가까이 갔다가 돌아온 다음에 노장을 조롱하는 대사를 시작한다.
노장의 육환장	육환장을 무릎으로 꺾어 버린다. (땅에서 떼는 과정이 생략되어 있다.)	비장한 결심을 하고 소무 곁으로 오려고 육환장을 땅에서 떼려고 하나 떨어지지 않으므로 육환장을 중심으로 한 바퀴 돈 후에야 땅에서 뗀다. 육환장을 집어 던진다.
신장수의 등장과 퇴장	원숭이를 업고 등장, 원숭이가 노장에 맞는 것을 보고 쫓아가서 원숭이를 잡아가지고 치료하러 간다고 하며 같이 퇴장한다.	신장수가 신짐을 끄르니까 원숭이가 등장, 원숭이가 가져온 편지를 보고 원숭이를 잡고 퇴장한다.

9) 이윤자, 「봉산탈춤의 노장춤 연구서」, 채희완 역, 『춤, 탈, 마당, 몸, 미학 공부집』(민속원, 2009), p.35.

취발이와 소무의 대무	타령곡에 맞추어 춤추며 노래한 후 소무가 배 앓는 양을 한다. 이와 같은 동작을 소무에게도 되풀이 한다. 아이를 낳았다고 하고 소무 둘 다 퇴장한다.	소무와 취발이가 같이 춤을 추다가 취발이가 소무의 치마를 치켜들고 머리를 들어 민다. 이 때 취발이는 자기의 머리털 몇 개를 뽑아 가지고 인형의 사타구니에 꽂아 주고 나온다. 소무가 갑자기 배 앓는 양을 한다. 작은 인형을 치마 속에서 빠뜨리고 아이를 낳았다 하고 퇴장한다.

이상은 주요 동작 지문의 차이이다. 이러한 차이를 볼 때 대사의 변형은 더욱 손쉽게 일어났으리라 짐작할 수 있다. 아예 과장 자체가 변하기도 한다. "양주별산대놀이에는 없고 봉산탈춤에는 들어 있는 사자춤 과장도 약 80여 년 전에 새로이 들어오게 되었다고 한다."[10]라는 구전이 단적으로 과장의 변화를 증명하여 주고 있다. 이는 텍스트가 고정되어 있는 것이 아니라, 공연에 따라 변했다는 증거이다.

이렇듯이 다양한 이본이 있을뿐더러, 탈놀이 공연 시간의 축소나 연장은 익히 알려져 있다. 오늘날에는 현대 연극 공연시간에 맞추어 축소판으로 대강 2～3시간에 압축해서 놀지만, 불과 100년 전만 하여도 밤새 놀기도 했다고 하는데, 봉산탈춤의 마지막 대사 "일어나거라, 남창동창 다 밝았다"라는 대사가 이를 단적으로 말해준다. 이렇듯이 공연시간은 노래나 춤 혹은 대사의 가감에 의해 많은 유동성을 갖는다. 이러한 유동성은 공연성을 전제로 했을 때에만 가능하다. 이 공연성은 배우와 관객의 수행성에 의해 수행되어진다. 정해진 텍스트에 의해서는 이러한 가감이 불가능하기 때문이다.

즉 텍스트는 완결된 것이 아니라 공연의 수행에 의해 하나하나 완성

---

10) 이두현, 『한국가면극』(문화재관리국, 1969), p.277.

된다고 하겠다. 이렇듯이 열린 텍스트는 공연을 통한 행동으로 완결된다. 이는 마치 버틀러(Judith Butler)의 젠더 철학, 즉 젠더가 사실을 나타내는 것이 아니라 그 수행성을 통해서 사실을 만들어간다는 수행성의 논리처럼,[11] 탈놀이 공연은 정해진 텍스트의 표현이 아니라 수행성을 통해서 매번 하나의 텍스트를 만들어 간다고 하겠다. 이러한 텍스트의 다변화를 종전에는 즉흥성으로 설명하기도 했으나, '수행성' 논리로 더욱 확실하게 설명될 수 있겠다.

2) 제의와 극의 전이 영역(Liminality)

탈놀이에는 제의와 극의 전이 영역이 있다. 즉 제의의 흔적 혹은 제의의 일부를 포함하고 있으니, 이 사실은 탈놀이가 보다 '수행적'일 수 있는 하나의 중요한 근거가 된다. 즉 제의는 완결을 향한 현재에서 행해지기보다, 타인과의 화합을 향한 상징적 혹은 미래적 시간을 향한다. 제의가 미래를 향한다 함은 정해진 텍스트를 현재에 공연하기보다는, 공동의 창조물로 함께 만들어 가는 것이기에 '수행성'이 작용할 범위는 넓어진다. 단일한 완결된 해석이 아니기에 비평은 가급적 자제되며, 관객은 제의에 참여하여 공연을 함께 만들어가는 것이다. 공연은 효능성, 즉 '공연 이후의 결과를 초래하는 동기가 되'기에 미래적이며, 따라서 수행적이다.

제의와 연극은 시간과 공간을 소유해야 한다는 공통점으로 인해 종종 그 유사성이 언급되어 왔으나, 이들의 차이점은 다음과 같이 논의되

---

11) Judith Butler. "Performative acts and gender constitution: an essay in phenomenonology and feminist theory" *The Performance Studies Reader*. Henry Bial Ed. (London and New York: Routledge, 2004), p.196.

었다. 결국 주술적 효능성의 차이가 강조되었다.

제의(주술적 효능성)	연극(오락성)
결실	오락
부재한 자들과의 만남	참석한 자들 뿐임
상징적인 시간	현재 강조
타인과의 화합	관객이 타인임
공연자는 영매상태에 있음	공연자는 자신의 행위를 인식함
관객은 공연을 믿음	관객은 공연을 감상함
비평은 금기임	비평은 격려됨
관객은 참여함	관객은 구경함
공동의 창조물	개인적인 창조물[12]

> 제의와 예술이 가장 기본적인 차이점은 제의는 그 자체로부터 어떤 결실이 유래할 것이라는 믿음이다. 반면 연극 공연에 있어서는 관중의 기대가 공연이 끝남으로써 끝난다. 연극에서는 인과관계가 공연 안에서만 얽혀 있지만 제의에서의 공연은 공연 이후의 결과를 초래하는 동기가 된다. 제의는 꼭 결과를 얻으려 한다. 그러므로 어떤 공연이 공연 후의 효과를 기대하기보다 그 자체로 감상된다면 이는 제의에서 연극으로의 이양이라고 하겠다.[13]

즉 제의는 공연 이후의 미래적 결과 즉 주술적 효능성을 목표로 하기에 공연과 구별된다. 그러므로 제의는 현재의 완결보다, 타인과의 화합을 통해서 미래적 시간을 만들어 간다. 미래적 시간을 향한 공연에는 당연히 '수행성'이 작용할 여지가 넓어진다. 그만큼 관객이 참여하여, 함

---

12) Richard Schechner, *Essay on Performance Theory, 1970~1976*(New York: Drama Book Specialists Publishers, 1977), p.75.

13) A. Grahm White. "Ritual and Drama in Africa" *Educational Theatre Journal* X XII(Dec. 1970), p.339.

께 만들어가는 수행적 공연이 가능한 것이다. 순수한 제의의 경우 적어도 효능성 경험이라는 관객의 수행성이 없이는 완결된 공연이 될 수가 없는 것이다. 이렇듯이 제의의 개입은 미래적 공연의 여지를 남겨두고, 이 여지가 많을수록 더욱 '수행적'인 공연이 된다고 하겠다.

탈놀이는 제의와 많은 전이영역이 있다. 현존하는 탈놀이 중 가장 고형(古型)이라고 할 하회 별신굿의 경우 별신굿과 별신탈놀이를 구분한다는 것은 불가능하다시피 한데, 그것은 춤과 음악과 곡예들이 별신굿 전반에 걸쳐 행해지며 또 별신탈놀이도 많은 부분이 춤으로 이루어졌기 때문이다. 그 내용에 있어서도 엑스타시의 경험, 벽사의 춤 및 신성결혼 모티브와 죽음과 재생 모티브, 새 것과 낡은 것의 대결 모티브 등등 무속과 풍요제의적 요소가 강하다. 별신굿탈놀이라는 이름처럼, 신에게 특별히 바치는 굿(제의)이자 놀이(연극)인 것이다. 별신굿탈놀이를 보지 않으면 죽은 후에 극락에 갈 수 없다고 주민들은 믿었으며, 광대로 지목되면 이를 신의 뜻으로 받아들여 참가했으며, 합숙훈련 중에는 타부를 엄격히 지켰고, 이때 음식을 제공하면 복을 받는다고 하여 서로 다투어 음식을 날랐다. 이런 모든 순간순간의 '수행성'을 통해서 그 해만의 하나뿐인 별신굿놀이가 결정되는 것이다.

후대의 도시형 탈놀이에도 제의와의 전이영역은 분명히 존재하며, 이런 영역에서 수행성은 더욱 돋보인다. 봉산탈춤의 경우 <사상좌>의 의식무로 시작하여 죽은 미얄을 위한 굿으로 끝나는데, 이는 공연 전체에 제의적 틀을 만든다. <사상좌>는 오락무로도 볼 수 있으나, 사방에 치성을 드리는 의식무로 관중을 '부재한 자들과의 만남'에까지 인도하기도 한다. 즉 매번 공연의 수행성에 의해, 오락에서 제의까지 그 완성도는 다양하다. 다음 <먹중> 과장 역시 벽사의식으로도 오락으로도 해석할 수 있으며, 매 공연마다 혹은 관중 개개인마다 참여하는 만큼 다양한 의미를 찾을 수 있다. 더구나 마지막 무당굿은 확연하게 전 공연을 마무리하여, 관객을 끌어들여 제의로 끝나고 있다. 이제 무당굿은 죽은 미얄만을 위한 공연이 아니라 관객의 못 이룬 해원을 듣고 수행하는 것이다. 그리고 그 공연은 관객의 절실함에 따라 공연의 농도가 달라지기에, 매번 다른 수행성이 작용하는 것이다. 내용에 있어서도, 여전히 신성결혼, 복화술, 샤머니즘적 불구, 신구의 대결 등 다양한 제의적 해석이 가능하다. 이런 다의성과 열림은 관객으로 하여금 다양한 해석을 가능하게 할 뿐더러, 개개인의 수행적 능력에 따라 개개로 다양한 공연일 수도 있다. 일례로 영감이 뜬금없이 던지는 대사, "너하고 나하고 이 동네를 떠나면 이 동네에 인물 동티난다. 너는 저 윗목에 서고 내가 아랫목에 서면 이 동네에 잡귀가 범치 못하는 줄 모르더냐?"[14]라는 대사는 극의 진행과 거의 무관하여 보이나, 마을 수호신인 천하대장군과 지하여장군 신앙에 익숙한 관객이라면 곧 미얄과 영감을 이들과 관련지을 수 있다. 즉 미얄과장에서 말해지는 줄거리 이외에도 제의적 의미를 찾아내어 그 다의성을 품을 수 있다. 바로 이 다의적 능력이야말로 관객이 참여하는 수행성인 것이다.

지면상 탈놀이의 제의성을 간단히 약술했으나, 실로 그 제의와의 관련성은 매우 깊다. 이러한 제의와 극의 전이영역이야말로 배우와 관객의 수행성이 필요하며 또 잘 드러날 수 있는 곳이다. 공연 텍스트에 다의성을 부여하는 것은 물론 미래적 시간으로 관객과 함께 만들어 가는 공연이기 때문이다. 이 전이영역이야말로 공연의 수행성에 의해 매 공연 완성된다고 하겠다.

---

14) 이두현, 앞의 책, p.321.

3) 현실과 극의 전이 영역(Liminality)

'수행성'을 강조하는 공연은 종종 현실과 극의 경계를 흐린다. 완결된 작품이 아닌 사건(Happening)으로 공연을 '수행' 하기에, 종종 현실이 끼어든다. 역으로 이 현실은 공연에 엮이면서, 공연에 의해 변화되기에 일종의 '수행성'이 작용한다. 즉 일례로 해프닝은 수행적 공연이며 현실이 공연의 일부가 된다.

탈놀이에도 현실이 종종 끼어든다. 우선 가장 종합적인 경우로, 탈놀이가 진행되는 무대 귀퉁이에 나와서 춤을 추는 관객들이다. 요즈음은 보기 힘들기도 하지만, 늙으신 어르신들이 진행되는 무대 풍악에 맞추어 거나하게 춤을 추며 노는 것을 볼 수 있다. 이들은 진행 중인 공연을 잘 이해하고 있으면서도, 무관한 듯이 춤을 춘다. 어찌보면 무대에는 극과 현실 두 사건이 진행 중이라고도 하겠다. 그리고 무관한 듯 보이는 두 사건은 서로의 흥을 돋우고, 또 가끔 서로 즉흥적인 대사도 오간다. 이 순간이야 말로 배우와 관객 각각의 '수행성'에 의해 극과 현실이 만나서 완벽하게 엮인 순간이다. 즉 극과 현실이 만나는 전이영역이라고 하겠으며, 그 수행성으로 공연이 완성되는 순간이다.

공연 중에 갑자기 현실이 도입되는 경우도 있다. 가령 봉산탈춤의 경우 마지막에 남강노인이 등장하여 미얄의 극락왕생을 빌다가, 갑작스럽게 "아이덜아, 일어나거라. 남창동창 다 밝았다"[15]라는 뜬금없는 대사로 끝난다. 그러나 과거 봉산탈춤이 밤부터 새벽녘까지 놀아졌던 것을 생각하면, 이는 날이 밝은 것을 말하는 현실이다. 극 속에 현실적 시간개념이 들어온 것이다. 그리고 이를 어떻게 받아들이냐는 관객의 몫으로,

15) 같은 책, p.324.

그 수행성에 의해 공연의 의미가 결정된다. 또한 취발이가 노장한테 얻어맞고 "한 잔 두 잔 이 삼배를 마셨더니, 얼굴이 불그레하여 마침 이곳에 당도하니 산천은 험준하고 수목은 진잡한데 중천에 뜬 솔개미란 놈이 나를 고기덩이로 알고 이놈도 휘익, 저놈도 휘익, 아마 나를 희롱하는가 보다"[16]라는 대사가 나온다. 술을 마셔 얼굴이 붉어져서 솔개미란 놈이 고기덩이로 착각하고 취발이에게 달려든다는 이야기이다. 즉 극중 취발이에서 현실의 취발이의 상태를 묘사한 대목이라고 하겠다. 즉 현실이 공연에 엮이면서, 공연에 의해 변화되기에 일종의 '수행성'이 작용한다. 매 공연 현존하는 관객만이 만들 수 있는 탈놀이의 수행성이라 하겠다.

이렇듯이 한국 탈놀이에는 현실이 극 중에 언뜻언뜻 얽혀있다. 이러한 극과 현실의 전이영역에서는 확정되어진 텍스트는 없고 수행성에 의해 현실이 개입되며 공연이 완성된다. 공연자가 관객과의 상태를 어떻게 또 얼마나 파악하느냐에 따라서 그 수행력은 달라질 수 있다. 그러므로 연극이 현실로까지 확장되는 것은 종종 즉흥성을 동반한 수행성이 극대화 된 경우라고 하겠다. 연극과 현실이 부딪히는 곳은 결국 수행성에 의해 그 공연이 결정되기 마련이다.

4) 몸의 수행성: 재현에서 행위로

네오 아방가르드 이래 모든 문화는 텍스트에서 행동 및 사건으로 그 중심을 옮겨왔다. 따라서 그간 형이상학적 의미에 가려졌던 몸과 그 몸이 행하는 일련의 문화적 현상을 '수행성'이라고 부른다고 해도 과언이

---

16) 같은 책, p.312.

아니다. 대다수의 문화적 현상은 존재론적으로 이미 주어진 것이 아니라, 행동들이 반복되는 가운데 양식화 되고 그 흐름이 현상으로 드러나는 것이다. 그간 배우는 자신이 체현해내야 하는 인물을 위해, 현상학적 몸을 뒤로 하고 가능한 한 기호학적 몸에 주력해 왔었다. 그러나 20세기 초 문학적 연극에 저항하며 몸의 물질성을 제기했던 아르토나 메이어홀드의 작업은 현상학적 몸에 대한 발상의 전환이었다. 특히 네오 아방가르드 이후 퍼포먼스나 행위 예술가들이 자신의 몸에 직접 물리적 폭력을 가하는 등의 극단적인 방법을 택한 것도 자신의 몸을 드러내기 위해서였다.

탈놀이에서 몸이 강조되고 있음은 쉽게 느낄 수 있으니, 등장하는 인물들은 어떤 인물을 표현하는 것은 사실이지만 그 인물의 기표로만 집중하는 것이 아니라 자유롭게 자신을 그 인물에 더한다. 일례로 양주산대놀이에 완보라는 중이 등장하는데, 이 이름의 유래인즉 "사직골 당직이 이름이 완보였는데 그가 <팔먹승> 즉 관 쓴 중역을 썩 잘했기에 그의 이름이 전화되어 관 쓴 중을 완보라고 부르게 되었다."고 한다. 다시 말하면 관 쓴 중이라는 한 역할이 한 뛰어난 연기자에 의해 연기되다, 아주 그 연기자의 성격이 주된 인물로 굳어졌다고 하겠다. 즉 연기자는 기표로서만 작용하는 것이 아니라, 자신이 스스로 '관 쓴 중'에 완보라는 이름을 부여함으로써 자신의 현상학적 존재를 내세울 수 있었다. 다시 말하면 말뚝이면 말뚝이, 취발이면 취발이라는 한 극중 인물에, 개개 연기자의 현상학적 존재가 더해지면서 한 인물의 전형을 이루어왔다고 하겠다.

뿐만 아니라 탈놀이가 이미 알고 있는 텍스트를 반복해서 공연한다는 것도, 몸의 강조와 연결된다. 관중은 이미 그 내용이 알려져 있으므로 플롯의 전개에 신경 쓸 것이 없이, 배우의 연기 즉 그 몸에 관심을 갖는다. 배우 각자가 어떻게 그 인물을 만들어 가는가 하는 진행형에 관심이 쏠리게 된다. 어찌보면 관객은 텍스트라는 기억을, 배우의 몸이 어떻게 만들어 가느냐를 보게 되는 것이다. 따라서 연기에 의해 텍스트는 매번 변형될 만큼 텍스트보다는 배우의 연기가 중요하니, 이는 궁극적으로 몸에 대한 주목이다.

탈놀이의 연기는 거의 춤동작을 수반한다. 그만큼 사실적 재현이나 묘사보다는 동작, 즉 몸을 앞세웠음을 말해준다. 그리고 많은 춤과장의 경우 의미보다는 제의적이건 오락적이건 간에 몸이 전하는 경험을 중시한다. 따라서 탈놀이 연기연습은 춤을 배우는 것에서 시작한다. 몸에 의한 표현이 가능한 이후에, 최소한의 필요한 대사가 덧붙는 것이다. 이렇듯이 탈놀이에서 춤의 중요성은 곧 몸의 중요성과 비례한다고 하겠다.

더구나 배우의 몸은 각자 쓴 탈을 통해서 확대되고 다중화 된다. 도저히 배우가 표현할 수 없는 표정과 형상을 배우는 탈을 통해서 얻게 되고, 또 다각적인 몸짓을 통해서 그 표정을 더욱 풍부히 하는 것이다. 즉 탈을 통해 축적되어온 모든 연기자의 표정을 빌린다는 점에서, 연기자에게 탈은 다원적인 현상학적 몸의 경험이라 하겠다. 그러므로 탈조차 몸의 강조를 더욱 부각시키는 도구이다. 의상 역시 피부의 확장으로 볼 수 있겠는데, 대체로 탈놀이에서 일상복보다 화려함이나 누추함을 과장하여 강조하였다. 이는 무엇보다도 관객의 익숙한 지각방식을 파괴하여 몸의 새로운 지각방식을 대치시키기 위함이다.

이렇듯이 탈놀이의 몸은 재현보다는 행위로 표현된다. 춤동작으로 탈로 몸의 범위를 확장시키며 몸을 주목하게 한다. 몸을 강조했던 서구 아방가르드의 시작이, 동양 연극으로부터 영향을 받았다는 것은 결코 우연이 아닐 것이다. 몸과 행위를 중시했던 탈놀이의 전통 속에 이미 수행성은 잠재되어 있는 것이다.

5) 해체주의적 수행성

탈놀이에서는 사물을 인지할 때, 다양한 묻기에서 시작한다. 일례로 <봉산탈춤>에서 노장을 인지할 때 취발이는 여러 질문을 한다. "반뜻번뜻한 것도 보이고, 희뜩희뜩한 것도 보이고, 저 번들번들한 것도 보이는 것은 아마도 금인가보다" 하다가 "그러면 옥인가!" 하다가 "너 귀신이어든 귀신의 내력을 들어봐라" 하다가 "그러면 네가 대망이냐?"고 묻는다. 즉 이것도 저것도 그것도 아니다. 원숭이를 본 신장수 역시 여러 질문을 한다. "짐승은 짐승인데 무슨 짐승이냐 개냐?" "돼지냐?" "그러면 고양이냐?" "고양이도 아니야, 그러면 산에서 내려온 노루냐?" "사슴이냐?" "사슴도 아니야, 그러면 토끼냐?" 등등 기표와 기의를 즉각적으로 대응하지 않는다. 마치 데리다의 '차연'이 무수한 부정을 통해서 기의를 찾아내는 과정을 연상시킨다.

해체주의가 의미의 확정을 가능한 한 연기하면서 복수의 열린 의미들과 현실을 연결 짓는다면, 탈놀이에서도 이러한 우회적인 인지는 탈놀이의 텍스트에 다양한 복수의 의미를 열어놓는다고 하겠다. 즉 가능한 의미의 확정을 연기하면서 다양한 해석을 가능하게 하고자 한다. 이는 해제주의적 연기요 그 의미의 다변화로 인하여, 일종의 수행성이라고도 하겠다.

뿐만 아니라 데리다에 의하면 모든 언어는 일종의 다시 말하기인데, 이 모든 언어는 공연(Performance)으로 이해할 수 있다. 바로 이것이 '수행성'의 의미와 상통하니, 공연으로서의 언어(speech/behavior as performance)는 행동으로서의 언어(speech/ behavior as action)이다.[17] 즉 탈놀이의 언어들은

17) Derrida, 앞의 논문, p.185.

재현이나 감정을 포현하기보다는 행동을 표현한다. 가령 노장을 모시고 나온 목중들은 노장을 소생키 위해 염불을 한다. 염불로 노장이 갱생하니까, 이때 언어는 행동이다. 또 신장수가 "신값을 받을랴면 장작전 뒷골목으로 오너라"라는 편지를 읽고 도망하는 것을 보면, 지시를 넘어서 어떤 행동을 예고하고 있다. 또한 말뚝이 과장에서 "이놈 뭐야!" 하는 양반의 호령은 말뚝이의 여태까지의 행동을 중지시키고, 새로운 방향으로 변명을 늘어놓게 한다. 즉 양반의 언어는 반전을 위한 행동이다. 이렇듯이 탈놀이의 언어는 지시적 언어도 있으나 수행적 언어가 월등하게 많다.

탈놀이가 옴니버스식으로 에피소드와 에피소드를 이어가는 것은 주지의 사실이다. 전체적인 구성으로 볼 때 단일한 직선 플롯의 진행보다는 구성 자체가 다원적이며 느슨하다. 과장과 과장은 생략될 수도, 순서가 바뀔 수도 있으며, 단일한 이야기라기보다는 삶의 복합적인 이야기가 펼쳐진다. 크게 보면 이런 구성 역시 해체주의의 확정되지 않은 다원을 보여준다 하겠다. 이런 플롯의 빈 공간이 보이며, 이 빈 공간을 채워서 완성해가는 것은 배우와 관객의 몫이다. 바로 그 과정에서 '수행성'이 존재하며 또 돋보인다.

6) 공간의 수행성: 빈 공간

무대는 공연이 행해지는 장소로, 공연의 의도가 시각적으로 제시된다고 하겠다. 극장 무대 역시 종래에는 공연의 재현적 기능을 더하기 위하여 극중 공간을 가능한 한 사실적으로 제시하려고 했다. 더구나 극장 건물을 특정한 공간구조와 부피감을 가지고 있어서 쉽게 바꿀 수 없다.

그러나 20세기 초 전통적 연극공간에서 벗어나려는 라인하르트를 비롯한 아방가르드의 움직임이 있었다. 무대에 관한 이러한 실험은 1960년대 네오아방가르드의 등장과 함께 급부상한다. 소위 '수행적 전환'을 내세우는 이들은 공장이나 지하벙커, 도살장 등 본래 공연과 무관한 공간에서 공연하며, 무대 자체를 아예 비워버리거나 기호학적 층위에서의 표현 가능성을 완전히 차단하였다. 더구나 무대는 배우를 수용하는 공간이라는 전통에서 벗어나서, 관객을 아우르는 통합된 공간을 찾았다. 공간은 종종 단절과 여백을 드러내며 관객의 참여와 해석으로 완성되는 곳이니, 관객들이 허구 속으로 빠져드는 곳이기 보다 항상 자신의 현존을 주목하게 만드는 곳이었다.

탈놀이의 무대는 악사석과 개복청 그리고 관객으로 둘러싸인 둥그런 빈 무대이다. 즉 서구식 의미의 극장과 무대는 없다. 빈 공간을 환유를 통해서, 극중 공간으로 바꾸어 가야 하는 것은 배우들의 몫이다. 우선 등장인물들의 대사 곳곳에 극중 텍스트 공간의 장소를 묘사하여 무대의 사실적 재현을 대신한다. 그러나 <봉산탈춤>에서 몇몇 예를 들어보면, 우선 목중들의 장면묘사부터 장황하나 현실감이 떨어진다. 취발이의 장면 묘사 역시 별반 다르지 않다. 중국의 고사에서 장면을 끌어내어, 장소의 사실적 묘사라고는 보기 어려운 점이 있기 때문이다. 하지만 이러한 묘사를 통해서 무대공간을 보다 적극적인 허구적 극중 장소로 공연을 이동시키고 관객의 상상력을 자극시켰다. 즉 등장인물들의 장면묘사는 처음부터 사실적 재현과 거리가 멀 뿐만 아니라, 빈 공간을 활용하여 더욱 가상적인 극중 장소로 자유롭게 이동하고 있다.

뿐만 아니라 일부 대사들은 텅빈 무대를 대신하여 극중 텍스트 공간과 무대공간 및 나아가서 일상공간을 실재적으로 잇고 있다. 가령 신장수의 극중공간 묘사는 실재적인 무대공간 및 일상공간과의 좋은 교감의 예이다. "야아, 장 자알 섰다. 장이 하 좋다기로 불원천리하고 왔더니 과연 허언이 아니로구나. 좌우로 살펴보니 인물 병풍 둘러쳤으니 태평장 인데, 태평장이거나 무엇이거나 속담에 이른 말이 쌈은 말리고 흥정은 붙이라 하였으니, 장수가 되어서는 물건이나 팔아보자"[18]라고 말하는 신장수의 극중공간 묘사는 극 구경을 위해 사람들이 모여 있는 상황을 장터로 인지했다. 그리하여 '인물 병풍'이 둘러쳐 있는 상황은 현재의 일상공간이자 무대상황이며 극중 텍스트 공간의 상황이다. 공간의 수행성이 자신의 현존을 직시하게 하는 것이라면, 이처럼 적절한 지적도 드물 것이다.

이러한 예는 미얄과장에서도 나타난다. 영감이 할멈을 찾으며, "쉬이이, 정처없이 왔더니 풍악소리 낭자하니 참 좋긴 좋구나. 풍악소리 듣고 보니 우리 할맘 생각이 간절하구나. 우리 할맘이 본시 무당이라 풍악소리 반겨듣고 혹 이리로 지나갔는지 몰라"라고 말한다. 즉 '풍악소리' 들리는 현실과 극중 공간이 겹쳐지는 것이다. 이렇듯이 일상공간과 극중 공간이 연결되며, 관객 스스로 자신을 직시하며 공연을 즐기게 된다.

양반과장에서는 더욱 적극적으로 양반들을 관객이 원하는 장소로 이동시켰다가 양반의 호통에 제 자리로 돌아온다. "서울 본댁을 찾아가니 샌님도 안계시고 종가집 도련님도 안계시고 마나님 혼자 계시기로 벙거지 쓴 채 이 채찍 찬채 감발한 채 두 무릎을 꿇고 하고 하고 재독으로 됐습니다"[19]라는 대사는 모든 서민 관객의 판타지이기도 하다. 그러나 "이놈 뭐야!" 하는 양반의 호통에 "등산 갔다 남아온 어두일미라고 하면서 조기 대갱이 하나 줍디다 그리 하였소"라고 정정한다. 즉 관객은 환상을 통해서 욕망을 실현하는 동시에, 현실의 직시를 통해서 자신의 현존을 돌아보게 되는 것이다. 이러한 빠른 장소의 이동은 빈 공간이기에

---

18) 이두현, 앞의 책, p.310.
19) 같은 책, p.317.

가능하기도 하다.

뿐만 아니라 탈놀이가 굿이나 벽사 의식을 행할 때는 제의적 공간이기도 하다. 가령 미얄이 죽고 굿을 할 때, 무당은 미얄을 달랜 후 관객들에게 공수를 준다. 이때 관객들은 앞을 다투어 나아와서 공수를 받고 복을 빈다. 바로 이 행위는 이 공간이 제의의 공간임을 일깨운다.

이렇듯이 탈놀이는 '빈 공간'을 기본으로 환유적 극중 대사로 상상의 세계와 현실을 잇고 있다. 즉 무대공간은 가상이면서도 제의와 현실 공간과 연결된다. 다시 말하면 극중이면서도, 항시 제의나 현실을 일깨우며 우리의 현존을 주목하고 있다 하겠다. 이처럼 탈놀이의 공간은 수행성이 극대화 될 수 있는 공간인 것이다.

4. 결어

'수행성'이란 행동으로서의 언어라는 언어철학적 개념의 단어가 공연현상에 연결되면서, 서구 연극에 놀라운 변화를 가져왔다. 기성의 '완결된 작품'이라는 형이상학적 믿음이 사라졌으며, 연극은 더 이상 '완결된 작품'이 아니라, 끊임없이 운동하고 변화하는 과정이며, 생산자와 수용자 간의 상호교환 작용이 되었다. 나아가서 이 수행성은 마치 제의와 같이 관객과 사회를 변화시키려는 효험적 기능까지를 포함하게 된다.[20]

본고는 이러한 '수행성'의 개념으로 우리 탈놀이를 살펴보았다. 전반적인 탈놀이 구조에는 수행성이 높아질 수밖에 없는 여러 구성적 요인들이 산재해 있었다. 우선 탈놀이의 텍스트는 유동적인데, 이는 수행성

20) Jon. McKenzie. *Perform or Else: From Discipline to Performance.* (London: Routledge, 2001), p.30.

의 여지를 높여준다. 탈놀이 텍스트는 매번 공연 상황에 따라서 늘어나거나 압축될 수 있다. 그리고 이를 결정하는 것은 역시 배우와 관객이 함께 만들어 가는 '수행성'이다. 뿐만 아니라 탈놀이는 제의와 전이영역을 이루는데, 제의의 미래적 시간성은 탈놀이에 더욱 '수행성'을 부여한다. 미래는 완료되지 않았기에 관중과 함께 만들어 가는 과정이다. 탈놀이는 동시에 현실과도 전이영역을 이룬다. 즉 탈놀이 과정은 완결된 작품이 아닌 사건(Happening)으로 공연을 수행하기에, 종종 현실이 끼어든다는 것이다. 즉 제의나 현실과의 전이영역은 특히 '수행성'이 높은데, 이는 공연이 매번 연기자와 관객들의 수행성에 의해서 완성되기 때문이다.

'수행성'이 행동을 중시하는 만큼, 그 행동을 행하는 몸의 중요성은 '수행성'에서 강조되어왔다. 배우가 텍스트의 기표가 아니라, 몸의 현존을 부각시키며 이를 경험하게 하고자 하는 시도는 역사적 아방가르드 이래 서구 사회에 끊이지 않았다. 우리 탈놀이를 돌아볼 때, 역시 배우들의 몸은 강조되어 왔다. 한 인물이 그 특정한 역할을 잘 하는 배우의 이름을 따서 '완보'라고까지 변형된 것을 보면, 배우는 훈련된 연기를 넘어서 즉흥성을 더할 뿐더러 자신의 현존을 그 인물에 덧붙였던 것 같다. 바로 이것이 몸의 현존성이요 수행성이 아닌가 싶다. 뿐만 아니라 탈이나 의상으로까지 자신의 몸을 확장했다 하겠다. 아시아 연극에서 항시 무대장치보다는 의상이나 탈이 주목되는 것은, 그만큼 몸에 집중한 탓이라고 하겠으며, 이는 우리 탈놀이도 예외가 아니다.

해체주의에서 지연을 통해서 의미의 확정을 연기시키고 다의성을 부과하는데, 탈놀이에도 종종 이러한 지연이 보인다. 가령 쉽게 알아볼 수 있는 인물을 영 알아보지 못하며, 그 인물의 의미를 지연시킨다. 이러한 지연은 해석의 여지를 다원화하며 배우나 관객의 수행성 여지를 넓혀준다. 뿐만 아니라 종종 대사의 언어 역시 확약보다는 행동으로 작용함을 알 수 있다. 사실 탈놀이 전체 구조 자체도 역시 다원적이며 느슨하다. 과장과 과장은 순서가 바뀔 수도, 생략될 수도 있으며, 한 과장 역시 그 길이의 가감이 가능하다. 즉 매번 그때그때 공연의 '수행성'에 따라서, 다른 공연이 가능하게끔 구조적으로 만들어져 있다고 해도 과언이 아니다.

서구의 극장공간도 그 정형성이 논란이 되고 있다. 이제는 여기서 벗어나서 다양한 공간을 공연의 장소로 찾고 있다. 즉 극장공간이 몰입하여 환상 속에 있게 하기 보다는, 자신의 존재를 직시하고 현존을 깨닫는 장소로 변하고 있다. 우리 탈놀이의 경우 '빈 공간'이다. 이 빈 공간은 몇 마디의 대사로 손쉽게 장소가 바뀔뿐더러, 등장인물들의 장면묘사는 처음부터 사실적 재현과 거리가 멀 뿐만 아니라, 빈 공간을 활용하여 더욱 가상적인 극중 장소로 자유롭게 이동하고 있다. 뿐만 아니라 극중 공간과 현실 공간이 자유롭게 만나서, 그 '수행성'의 여지를 더욱 열어 놓고 있다.

따라서 '수행성'은 탈놀이의 주요한 공연 요소이다. 비록 서구적 이론에서 왔으나, 원래 우리 탈놀이에 내재되어 있던 중요한 작동원리라고 하겠다. 서구 아방가르드 운동이 동양 연극에서 자극을 받은 것이라면, 거기서 파생된 이론이 우리 탈놀이에도 잘 적용될 수 있는 것은 우연이 아닐 것이다. 매 공연 달라지는 탈놀이 공연을, 우리는 '수행성' 이론으로 보다 잘 설명할 수 있을 것이다.

제9장
탈놀이의 재구:
伎樂-동북아시아 문화 블록의 가능성

1. 불교계의 가무악인 技樂

오늘날 연희가 전해오지 않는 탈놀이는 항시 많은 관심의 대상이었다. 특히 일본에 그 가면이 전해오고 있는 기악(伎樂)은 옛 백제의 가무극 내지 탈놀이로, 지금은 전해오지 않고 있다. 본래 기악은 통칭 고대 불교 계통의 가무악(歌舞樂)으로, 부처를 공양하기 위한 가무를 뜻한다. 이 기악은 부가꾸(舞樂)와 노오가꾸(能樂)와 같이 일본 대표 고전 악무로 꼽히며, 일본이 자랑하는 노오(能) 형성에 지대한 영향을 주었다고 간주된다.

이 기악을 단순히 일본의 탈놀이로 간주할 수 없는 기록이 남아있다. 일본서기(日本書記)에는 이 기악을 612년 백제인 미마지가 남중국인 오나라에서 배워서, 일본에 전했다는 기록이 전한다.[1] 동양 3국의 영향 관

1) 이두현, 『한국가면극』(문화재 관리국, 1969), p.58.
"百濟人味摩之歸化曰 學干吳得伎樂舞 則安置井集少年 令習伎樂舞"(日本書記 推古天皇

계를 보여주는 주요한 기록이다. 우리나라에서는 기악에 대한 기록이나 탈놀이의 흔적을 찾을 수 없고, 일본에서도 현존하는 놀이로는 전하지 않는다. 다만 그 탈만이 일본 왕실의 보고(寶庫)라 할 正倉院御物이나, 나라 부근의 호오류우지(廣隆寺) 등지에 전한다.

기악의 내용은 13세기 중엽에 쓰여진 일본 악서 교훈초(教訓抄)에 그 내용이 전하지만, 기악이 전래된 후 600여 년이 지난 후의 기록임으로 초기의 기악과는 상당한 차이가 있었으리라 추측된다. 그러나 교훈초의 기록은 간단하여 확실하지 않은데, 다만 '오공(吳公)' '가루라(迦樓羅)' '금강(金剛)' '파라문(婆羅門)' '곤륜(崑崙)' '오녀(吳女)' '역사(力士)' '대고(大孤)' '취호(醉胡)' 등의 인물들이 등장하는 일종의 소극(Farce)인 듯 싶다.[2)]

기악 가면의 존재는 기악 가무의 전모를 항시 궁금하게 했다. 그 전모를 파악하는 것은 동시에 고대 동북 아시아 가무의 단서를 제공하기도 하기 때문이다. 우리나라에서도 이혜구가 우리 탈놀이(특히 산대놀이)와 기악의 관계를 파악하려고 노력했었다.[3)] 이렇듯이 기악은 아마도 그 존재가 분명히 알려진 탈춤으로 최고(最古)의 가무악 중에 하나이며, 동북아시아의 교류를 알려주는 주요한 단서이다. 불교의 전파와 함께 범 아시아적 탈놀이였음을 추측할 수 있다. 이러한 탈놀이의 재구는 오늘날 탈중심의 포스트모던 세계에서 하나의 문화블록으로 주요한 의미를 가질 것이다.

20年條)

2) 위의 책, p.59.

3) 이혜구, 「산대극과 伎樂」, 『한국음악연구』, 1957 참조.

2. 伎樂의 현대적 재구: <眞伎樂>

바로 이러한 동북아시아의 교류를 알려주는 伎樂을 재현하고자 하는 노력이 새밀레미엄을 맞아 2002년 <眞伎樂>으로 시도되었다. 일본 교겐의 대표적 가문이라고 할 노무라 만조우 직계 장남인 노무라 만조죠(野村万之丞)에 의해 시도된 이 공연은, 노오(能)의 원류를 찾겠다는 의지도 강했다. 연출자는 옛 실크 로오드를 따라서 기악의 가무가 전래되었다고 보고, 각 고장 가무를 기악의 각 인물들과 연결시켰다. 가령 바라문은 인도의 승려로 보고 인도의 춤을, 오공과 오녀는 중국의 경극 배우가 맡았다. 서남방에 있다는 영산의 이름이기도 한 곤륜은, "중국의 남방에 살고 있다는 곱슬머리에 몸이 검은 사람들"이거나 "이국의 살결이 검은 사람의 총칭"으로 보아서, 흑인들의 빠른 춤을 연결시켰다. 우리나라에서는 사자춤을 선택하여 갔다. 이렇듯이 각 인물의 기원에 따라서 그 지역의 춤으로 재구하다 보니, 이번 공연은 한마디로 동양 가무악의 총체적 퍼레이드라고 하겠다. 이러한 연출의 기본 발상은 教訓抄의 단편적인 기록에 의존하여 기악을 재구하는 입장에서는, 그 원형에 충실하려는 노력이라고 하겠다. 즉 옛 실크로드 주변의 다양한 가악무에서 차용하여 현존하는 기악 가면의 인물들로 재현했다. 그러므로 범아시아적 가악들이 이번 공연에는 함께 공존했으니, 하나의 원형으로 생각할 수도 있겠다. 그러나 원래 기악 자체는 이러한 다양한 각양각색의 춤에서 각기 변형되어서, 어떤 하나의 통일된 스타일, 즉 기악이라는 스타일을 가졌으리라 추측된다. 기악 원형과 분명 가까우면서도, 실상 원형은 그 자체와는 다른 재구라고 하겠다.

공연은 天(천), 地(지), 人(인) 3부작으로 진행되었다. 天은 일종의 서막으로 치도(治道)의 의미를 강화시켰다. 전체 출연자가 하얀색 가면을 쓰고 행진하여 무대로 입장하고, 아울러 200명의 일본과 한국의 어린이들이 역시 하얀색 가면을 쓰고 뒤따라 무대 전면에 앉는다. 이어서 아시아 각국의 춤이 소개되며, 각자가 마음에 드는 伎樂 가면을 선택하여 그 인물을 연기할 것임을 보여준다. 행사장을 정화하는 의미의 치도가 무대로 등장하여 무대를 정화하고 사자춤이 뒤따른다. 한국의 북청사자, 인도, 발리 및 일본의 사자들이 등장하여 단독 및 합동 공연을 하여, 동양 사자춤의 진수를 느끼게 했다. 이어서 가루라[4]가 등장하여 춤을 춘다. 伎樂에는 치도와 사자 및 가루라가 있었다고 사료되는데, 연출가는 흰 가면을 쓴 출연자와 어린이의 행진을 통해 치도의 현대적 의미와 각국의 춤 공연을 덧붙였다. 또한 사자춤 역시 각국의 사자춤을 통합하여, 퍼레이드적 성격을 강화하였다. 그러나 현대화한 하얀색 가면의 의미가 와 닿지 않았으며, 특히 어린이들의 등장은 그 의미가 모호하였다. 환경친화적인 재료로 만든 하얀색 가면이나 어린이의 등장은 분명 오늘과 연결되는 의미가 있겠으나, 공연에서는 그 의미가 확실하지 않아서 전체적으로 군더더기 같이 느껴졌다. 또한 아시이 각 나라의 춤과 배역 결정은 작품 전체에 비하여 지나치게 길어서, 상대적으로 본격적인 伎樂의 장면들이 짧아 보였다.

다음 地 부분은 본격적인 伎樂의 인물들이 등장하였다. 오공과 오녀가 등장하여 두 사람 사이의 정을 나타내는 장면이 지나자, 금강과 역사가 등장하여 장차 닥칠 일에 대해서 복선적으로 표현한다. 오공은 사냥을 떠나기 위해 오녀를 떠나고, 그때 곤륜이 등장하여 오녀를 발견하고 희롱한다. 금강과 역사가 다시 등장하여 곤륜을 저지하고, 이때 등장한 오공이 오녀의 행동을 오해하여 벌로 코를 잘라버린다. 바라문이 등

4) 불경에 나오는 상상의 큰 새로, 머리는 매와 비슷하고 몸은 사람을 닮았으며 날개는 금빛이고 머리에 여의주가 박혀 있고 화염을 내뿜으며 용을 잡아먹는다고 전한다.

장하여 기저귀를 빨고, 오녀의 사정을 들은 다음 오녀의 코를 원래대로 붙여 놓는다. 뱀이 등장하여 가루라와 싸우고, 가루라는 뱀을 정복한다. 이 부분이 본격적인 伎樂의 재건이라고 하겠는데, 원래 묵극(默劇)이었던 탓도 있지만, 우선 너무 짧다고 느껴졌다. 가령 "바라문이 기저귀를 빨고" 하는 부분만 해도 기저귀에 관한 많은 추측이 가능하다. 승려가 어째서 기저귀를 빠느냐 하는 질문에 대한 답변으로, 가령 파계하여 여성의 생리대를 빨러 온다는 가정도 유력하다. 또한 금강과 역사에 대한 해석도 미비하였다. 물론 이러한 부분에 대한 정확한 재현은 어떤 해석을 하던 의문시되겠지만, 적어도 보다 적극적인 해석으로 인물의 단순한 이미지 이상의 재현이 아쉬웠다. 또한 뱀과 가루라의 싸움은 차라리 앞의 天 부분에서 행해졌더라면, 사자춤과 함께 동물 춤의 장면을 함께 다루어서 동떨어진 느낌이 적었으리라 생각된다.

다음 人 부분은 전체적인 뒷풀이의 장으로 설정된 듯싶다. 전체 출연자들이 무대로 올라와 흥겨운 뒷풀이를 벌인다. 따라서 태고부(太孤父)와 아이들의 장면이나 취호왕의 등장을 연극적 인과관계로 풀이하기 어렵다. 이들에 대한 보다 구체적인 해석이 필요하다 하겠다. 하여간 이번 공연에서는 眞伎樂의 갈등이 종료된 것을 축하하는 인물들로 그려졌다 하겠다. 그러나 人 부분이 전체적으로 다른 天이나 地 부분에 비하여서도 너무 짧아서 3부로 나눈 취지가 미약했다.

공연 전반을 돌아볼 때, 우선 天, 地, 人 3부의 나눔이 고대 伎樂의 재현에 적절했나가 의문으로 남았다. 치도(治道)와 마침을 지나치게 확대한 것이 아닌가 싶다. 따라서 뱀과 가루라의 싸움이나 태고부와 취호왕 부분이 어색하다는 느낌을 지울 수 없었다. 또 하얀 가면을 쓴 어린이의 입장도 어색했다고 하겠다. 따라서 전체적으로 현대적인 해석에 너무 많은 공연 시간을 할애하지 않았나 싶다. 다음으로 인물들과 얽힌 이야기의 재구가 보다 상세했으면 싶었다. 물론 기록이 단편적으로 남아 있지만, 그것을 바탕으로 보다 이야기를 엮어야 하겠다. 이번 공연은 이야기의 재현이라기보다, 인물들의 재구였다고 하겠다. 또한 인물들이 각 나라의 특징만을 반영하고 있어서, 통일된 조화도 부족했다.

그러나 실로 가면의 재현은 뛰어났다. 伎樂 가면이 남아있었기 때문이기도 하지만, 얼핏 보아도 가면 제작에 상당한 공을 들였다는 것이 다가왔다. 또한 의상 역시 공을 들여 범아시아적인 의상 제작에 무리가 없어 보였다. 가면과 의상의 복원이라는 점에서는 성공적이었다 하겠다. 그리고 무엇보다도 범아시아적 공연의 가능성을 열었다고 하겠다. 각국의 춤의 소개나 다양한 사자의 등장은 伎樂 본연의 재구와는 거리가 멀겠으나, 아시아적 연극 축제의 한 방향을 제시하였다. 이제 천사백 년의 시간을 넘어서 우리에게 다시 다가온 伎樂은 그 고증적 재현이 문제가 아니라, 어쩌면 범아시아적 공연의 가능성과 필요성을 일깨웠는지도 모르겠다. 그리고 실크로오드를 역으로 집어갔던 이번 공연은 문화 전파의 위력을 다시금 생각하게 하였다.

본 시도는 伎樂의 온전한 복구로는 의문이었던 공연이었지만, 범아시아적 가치와 공연의 가능성을 열었다는 점에서 실로 글로벌한 공연이기도 했다. 이러한 시도는 앞으로도 계속되어야 하겠으니, 이는 단순히 하나의 가무극이나 탈놀이의 재현을 넘어서, 범 동아시아 문화권의 확인이다. 이러한 과정은 문화의 뿌리를 확인하는 작업이요 상호간의 영향을 확인할 수 있는 최상의 작업이기 때문이다.

3. <眞伎樂>의 의의와 동북아시아 연희문화 블록의 가능성

위에서 지적한 아쉬움에도 불구하고 <眞伎樂>은 훌륭한 시도였다. 이 탈놀이 재현의 의의는 실로 크니, 무엇보다도 동북아시아 연희문화 블럭을 재구한다는 의미가 크다. 과거 서로가 밀접한 교류가 있었음에도 불구하고, 20세기 동양은 서구 제국주의 영향과 서구 근대적 중심 가치로 인하여 서구 지향적이었다고 해도 과언이 아니었다. 유구한 전 역사를 돌아볼 때, 이처럼 동양 국가간의 영향이 미미했던 때도 없었다. 그러나 20세기 말 포스트모더니즘의 부상과 함께 서구 중심사고를 배격하고, 더 이상 중심과 주변의 개념을 무너뜨렸다. 이에 따라서 그간 소홀히 대해 왔던 제3 문화가 부상하며, 특히 인근성에 대한 관심이 고조되었다. <眞伎樂>은 바로 이러한 시대를 반영하며 시도 되었던 것이다. 즉 단절된 관계 회복과 전통의 공통분모에 대한 관심인 한편, 세계가 경제 블록화 되어 가는 오늘날 문화블록에 관한 관심이기도 하다. 즉 동북아시아 문화블록은 특이한 문화의 경험인 동시에, 서구의 볼거리 위주의 뮤지컬에 대적할 만큼 스펙타클 하기에 그 대중문화성도 타진해 볼 수 있다.

일본식 <眞伎樂>의 시도는 인접 타 국가들의 실험을 유도해야 한다. 뿐만 아니라 한 개인에게 실험을 맡길 것이 아니라, 국가간의 연대를 통해서 보다 긴밀하게 문화공동블럭에 대한 시도를 해야 하겠다. 서구 문화블럭에 대한 실제적인 대안이 아직도 없는 지금, 동양 문화블럭은 세계를 풍요롭게 할 주요한 대안이자 동양의 자긍심이다.

제10장
탈놀이의 현대적 수용: 마당극

1. 새로운 창작극 운동: '마당극'의 등장

우리문화 전환의 시작은 70년대 초반을 전후해서 국사학계에서 일어났던 근대의 기점문제로부터 출발하였다고 하겠다. 서구의 압력에 의한 개방이라는 기존의 근대 개념을 버리고 18세기로 소급하여 우리 스스로의 근대적 조짐을 찾으려고 했던 이 논쟁은, 해방 후 축적되어 왔던 자아의식의 발로라고 하겠다. 70년대는 이러한 전환의 가능성을 조심스럽게 타진해보던 시기라면 80년대는 이러한 조짐들이 구체적인 모습으로 드러난 전환기라고 하겠다.

연극에 있어서도 예외는 아니어서, 70년대 초반 우리의 연극 탈놀이에 대한 관심이 일기 시작하여 탈놀이반이 각 대학에 생겼다. 이러한 탈놀이의 부흥은 70년대 중반에 이르면서, 전통을 이은 새로운 창작극 운동으로까지 발전했는데 이는 흔히 마당극이라고 불리었다. 이 마당극은 80년대의 변화하는 정치적, 사회적 상항에 따라 그 기복을 함께 하면서 마당극, 민족극, 민중극, 대학극 혹은 노동극 등의 다양한 이름으로 불리게 된다. 이러한 다양한 명칭이 말해 주듯이, 마당극은 대학가의 아마추어적 성격에서 점차 그 기반의 폭이 다양해지고 그 기저를 튼튼히 하였다고 하겠다. 1988년에는 연극제 '제1회 민족극 한마당'을 기존 극장에서 개최하면서 기성 연극에 정식으로 등장했다. 이렇듯이 마당극에서 민족극계에 이르기까지 새로운 양식으로 그 기반을 확대해왔다. 그러나 아직도 기성 연극계와는 별도의 실험적 장르로 간주되는 실정이며 민족극 자체 내의 개념 규정도 형성과정에 있다고 하겠다.

본고에서는 마당극을 기성연극사에 자리매김 하고 탈놀이와의 연계성을 살피기 위해, 기왕의 초기 마당극(1988년 '제1회 민족극 한마당' 직전까지)을 정리하여 그 의의를 살펴보고자 한다. 민족문학운동이 문학계에서 비교적 넓은 지지 기반을 가진 반면, 민족극운동은 기성연극계와 괴리된 느낌이다. 마당극의 자리매김은 전환기의 시대적 변화를 연극사에 담는다는 의의뿐만 아니라, 직접적인 자아의식이 연극으로는 어떻게 수용되었는가를 말해준다고도 하겠다. 뿐만 아니라 이 자리내김이 전통극과 마당극으로 이어지는 수용의 문제와 마당극과 기성연극의 단절 극복에도 도움이 되었으면 하는 바람이다.

2. 마당극의 개념

마당극의 개념을 한마디로 정의하기란 힘들다. 말 그대로 민족의 연극이니 광의로는 한 민족을 대표하는 연극이라 하겠다. 세계적으로 민족극으로 통용된 경우를 보면, 전래하는 고유의 민속극(folk drama)이나, 20세기 초반 아일랜드에서 예이츠나 싱그를 중심으로 일어났던 문예부

흥운동 또는 영국이 자랑하는 셰익스피어 연극을 비롯하여, 민중극(popular drama), 혹은 소위 진보적 엘리트가 주동이 되어 민중을 위한 사회투쟁(계급투쟁 포함)의 선발대로서의 선전극이나 교훈극 등등을 쉽게 꼽을 수 있겠다. 이 모두가 그 나름대로 민족극이라고 명명할 수 있겠으나, 지금 우리 사회에서 일고 있는 '마당극'은 그 마지막 범주에 속한다고 하겠다.

우리 사회의 '마당극' 명칭이 다양하다. 마당극, 민중극, 대학극, 노동극, 민족극 등등으로 불리우는데, 소위 이 민족극의 선구자적 위치를 갖는 사람들 사이에서도 이들 용어의 사용에 별 차이를 두고 있지 않는 것 같다. 기존에 발표된 몇 안 되는 대본집들이 『한국의 민중극』, 『민족극 대본선』, 『마당극 대본집』 등으로 그 명명이 다양한 것이 단적인 증거라고 하겠다. 다만 최근에 올수록 마당극이란 용어가 빈번하게 사용되는 경향이어서, 본고에서는 이들을 일괄적으로 마당극이란 용어로 통칭하겠다.

마당극이 선각자적 교훈극 내지 정치극의 범주에 속하는 것만은 분명하지만 완전히 동일하지만도 않다. 마당극 운동의 일선에 있는 연출가의 정의를 살펴보면 다음과 같다.

> 당연히 민족구성원의 대다수가 향유하는 연극이어야 한다. 또는 현재는 향유하고 있지 못하더라도 보다 많은 사람들이 그 연극예술을 향유함으로써 자신들의 삶을 보다 풍요롭게 할 수 있도록 그 운동이 전개되어야 한다.[1)]

"민족구성원의 대다수가 향유하는 연극"이라는 마당극의 정의는 마당극이 아직 우리사회의 소수집단의 연극임을 감안할 때 아이러니컬하게

1) 박인배, 「민족극 운동의 민중적 전망」, 『예술과 비평』 15, 1989.

도 들리지만, 이는 마당극이 시사적이고 편향된 정치극에서 탈피하여 보다 보편적인 도덕극을 지향하겠다는 의지로 여겨진다. 그러나 "연극예술을 향유함으로써 자신들의 삶을 보다 풍요롭게 할 수 있는" 연극이란 사실 모든 기존의 연극이 이를 지향하고 있다고 하겠으므로 마당극의 특수개념으로는 문제가 있다. 어쨌건 마당극은 전통 탈놀이가 지향했던 사회 풍자가 두드러진다. 물론 직접적인 비판인 공연도 있으나, 그 대부분이 사회를 향한 비딱한 풍자이다.

이렇듯이 폭넓은 공감대의 지향과 다양한 명칭이 말해 주듯이 마당극이 취한 형식도 폭넓다. 『한국의 민중극』, 『민족극 대본선』 및 제1, 2회 '민족극 한마당'에 선보인 연극들을 살펴볼 때, 전통 탈놀이나 굿 및 연희의 형태를 취한 것에서부터 서사극의 형식을 취한 것, 혹은 기존 사실적 연극양식을 취한 것, 나아가서 노래극이나 마임의 형태를 취한 것 등등 다양하다. 굳이 양식상의 특징을 꼽는다면 노래, 춤, 동작의 사용이 두드러져 전통적인 사실주의극과는 다르다. 그러나 마당극의 정의를 양식상으로 규정하기란 여러 다양한 시도 때문에 더욱 혼란스럽다.

마당극의 정의는 오히려 그 주제나 의도에서 찾을 가능성이 크다. 어떤 양식을 취했건, 마당극은 현 사회 고발을 의도로 현재 사회의 살아가는 모순을 그리고 있다. 따라서 플롯을 연극의 꽃으로 보았던 기존의 아리스토텔레스적인 연극과는 근본적으로 다르다. 아리스토텔레스가 말한 플롯, 인물, 사고, 언어, 멜로디, 장경 중에서, 마당극은 사고를 가장 중시하는 연극이므로 이념극에 속한다. 즉 사고를 위해 구성은 종속되고 바뀔 수 있다. 기성극들이 아직도 대부분 아리스토텔레스적인 연극을 취한 연극에 주력했다면, 마당극은 이념극을 목표로 한다는 것이 하나의 큰 차이라고 하겠다. 마당극의 의도를 굳이 기존의 연극형태에서 꼽는다면, 가장 유사한 것이 브레히트의 서사극이 될 것이다.

그러나 모순된 사회 현실을 재현하여 사회의 변혁을 기도한다는 기본원칙이 같을 뿐 상당한 차이가 있다. 마당극에는 서사극에서는 두드러지지 않는 시사성과 현장성 혹은 즉흥성이 강조되고 있다. 또한 서사극이 세계적 보편성을 강조한 반면 마당극은 우리민족의 독자성을 강조하고 있다. 마당극의 근본을 전통에서 찾았으니, 탈놀이의 민중지향성이나 사회 풍자가 강하게 드러난다. 이는 주제에서 뿐만 아니라 그 양식에서도, 우선 마당극은 전통적인 연희형식을 취했건 하지 않았건, 한국 전통연희에 그 근본적 정취를 두고 있다. 에피소드식 장면 구성이나, 노래나 춤의 빈번한 사용, 반복법 등은 전통과의 연결을 느끼게 한다.

기존의 마당극 이론은 '상황적 진실성', '집단적 신명성', '민중적 전형성', '현장적 운동성'을 그 근본 미학 내지 목표로 표명하고 있다. 이들 중 '집단적 신명성'은 탈놀이의 놀이성과 직접적으로 상통된다고 하겠다. 탈놀이의 놀이성을 한 두 마디로 정의하기란 어렵겠지만, 흔히 신명난다는 흥으로 대표될 수 있으며 서구식 표현으로는 자아와 세계의 구별이 없는 몰아적인 축제성이라고 하겠다. 한편, '현장적 운동성'을 굳이 전통성과 연결시킨다면 그 마당성과 관련이 깊다. 탈놀이의 마당성이란 그때 그때의 관중과 공연장소 혹은 연기자에 따라서 공연이 전혀 달라질 수 있는 '열린 구조'를 의미한다. 물론 마당극의 '현장적 운동성'에는 오히려 열린 구조는 부수적인 것이며, 그 현장 상황에 맞는 투쟁성이 문제라고 하겠지만, 이는 전통적 마당성에 조직적인 투쟁의식이 맞물린 것이라 하겠다. 따라서 서사극과는 달리 마당극은 넓은 개방적 구조와 구체적인 투쟁을 목표로 한다 하겠다. 즉 공연 상황에 따라 극의 구성이 유동적일 수 있으며, 관객이 연극의 장면들을 현실과 비교·상기하여 사회변혁을 가져 오려는 것에서 한 발 더 나아가서, 한 현장 현장에 맞는 구체적인 투쟁에너지의 분출까지를 의도한다고 하겠다. 물론 이때 전통적으로 내려오던 몰아적인 축제성까지를 포함한다.

그러나 이 놀이성과 마당성은 탈놀이와는 달리 어디까지나 분명하고 의식적인 삶의 방향성과 의식성을 전제로 하고 있다는 점에서 탈놀이와 변별된다. 이는 '민중적 전형성', '상황적 진실성'으로 표현된다. 마당극에서는 "민중 현장에서의 적절한 삶의 실재들을 소재적 차원에서 확보하고자 하는 의도"가 보편적으로 추구되고 있다. 따라서 민족주체성 및 고통의 문제, 농촌 문제, 근로자 및 도시빈민의 문제, 사회의 시사적인 문제 및 역사적 사실의 재해석이 그 주된 소재로 등장하며, 오늘, 여기의 문제에 초점이 맞춰진다. 뿐만 아니라 마당극은 단순한 소재주의나 고발을 넘어서, 미래에 대한 비전을 보여주는 소위 '전형성'을 갖추어야 한다고 주장한다. 이는 루카치가 주장했던 "예술작품에서는 시각이 가장 중요하다."[2]는 견해를 떠오르게 한다. 이렇듯이 사회의 부조리를 미래적 비전을 갖고 고발하고 바라보는 시각이야말로 마당극이 공유하고 있는 부분 중에 가장 폭넓고 중요한 부분일 것이다. 그리고 이러한 사회성은 탈놀이의 사회에 대한 날카로운 풍자성과 연결된다고 하겠다.

한편, 마당극이 갖는 시각의 선명성도 문제점으로 제기된다. 바로 이 점이 탈놀이의 풍자성에 못 미치는 점이기도 하다. 전형성과 비전으로의 강한 지향성은, 예술을 이념의 도구로 전락시킬 우려를 안고 있다. 즉 이데올로기에 의한 도식적인 사물인식이나 기계적인 해결 같은 문제는 실제로 마당극의 취약점으로 지적되어 왔다. 도식화 그 자체가 반드시 연극형태에 새로운 것은 아니지만 (연극 행위 자체가 어쩌면 하나의 도식화된 약속일 것이다.) 상투적이고 일률적인 결말은 연극 전체를 단순한 슬로건화 시킬 우려가 크다. 이는 사회주의 리얼리즘에서 무갈등

2) 루카치, 『우리 시대의 리얼리즘』(인간사, 1986), p.33.

이론 등의 실패에도 이미 나타났으며, 또 실제로 아마도 그 이해 당사자를 제외하고는 어쩐지 어색하게 느껴지는 몇몇 마당극을 보아도 그렇다. 이념이나 전형을 어떻게 예술화, 대중화할 것인가의 문제는 마당극의 당면과제라고도 하겠다. 새 밀레니엄을 맞이하여, 친환경 운동 등으로 그 이념을 넓혀가고 있는 것은 새 시대에 맞는 이념을 찾기 위한 자구책이라 하겠다.

이상으로 마당극의 이상적인 개념을 전통적인 탈놀이 놀이정신과 마당정신을 바탕으로, 민중적 정취를 지니면서 민족 다수의 복지를 위해 오늘을 주시 고발하며 전형을 제시하는 연극이라고 설정할 수 있겠다. 그렇다면, 근래의 기성극계의 몇몇 공연들, 예를 들어 「서울 말뚝이」, 「너도 먹고 물러나라」, 「망나니」, 「품바」 등등의 전통연희의 현대화 모색도 마당극과 그 궤를 같이 한다고 하겠다. 이들 공연이 마당극 운동가들과 동지적 입장을 표명한 것은 아니었으나 부지불식간에 마당극 운동의 영향을 받았다고 하겠으며 마당극 역시 탈놀이 등 전통극의 현대화 운동에 영향을 받았다 하겠다. 물론 이들의 동질성의 범주에 대하여 이의가 제기될 수도 있겠으나, 필자는 그 내용이나 형식상 같은 장르에 넣을 수 있다고 믿는다.

최근에는 제3세계나 흑인 연극운동의 새로운 흐름을 본받아 '우리가 어떻게 당했나'를 보여 주는 분노의 연극에서 '우리가 어떻게 승리했나'를 보여 주는 축제의 연극으로 전환할 것을 촉구하는 목소리도 대두되어 주목된다.[3] 분명 마당극의 새로운 전기를 마련할 것 같다. 한편 마당극의 아마추어리즘의 극복도 중요하다. 최근 두레패와 뜬패로 구별하여 뜬패를 전문극단화하는 움직임이 일고 있으니 이는 바람직하다고

3) 울림 편, 『민족극 정립을 위한 자료집』(우리마당, 1987), p.116.

하겠다.

오늘날 기성극계와 마당극계의 괴리상태는 지난날보다는 완화되었으나, 아직도 존재한다. 그러나 일단 한국연극이라는 전체적인 테두리 안에서 어느 정도 자리 잡았다고 생각되나, 마당극의 열린 실험성이 기존 연극에 활기를 불어 넣기는 역부족이다. 오히려 장외에 있었을 때가 더 생동적이었다고 하겠다. 마당극의 핵심이라고 할 이념극과 전통 탈놀이의 현대화 작업은 우리연극이 감당해야 할 중요한 부분임을 상기할 때, 마당극의 갈 길은 아직도 멀다.

3. 마당극의 미학과 실제

마당극의 공연 실태나 자료를 정확하게 파악하기란 어렵다. 다행히 몇몇 연희본들이 출간되어서 개략적인 상황을 나타내 주고 있으니, 『한국의 민중극』(채희완 · 임진택 편, 1985), 『민족극 대본선 1, 2』(민족극연구회편, 1988), 『전라도 마당굿 대본집』(놀이패 신명 엮음, 1989) 등이 그 대표적인 것이다. 또한 제1, 2회 민족극 한마당이 열려서 그 연행성의 대체적인 맛을 널리 알렸다. 본고에서도 기본적으로 이들 자료와 공연을 대표로 꼽아서 마당극을 논의하겠다. 최근 공연되는 마당극 보다는 이들이 좀 더 마당극의 전형을 대표한다고 보았다.

기존 마당극에서 분명히 밝히고 있는 미학 원리는 상술했듯이 '민중적 전형성', '상황적 진실성', '집단적 신명성', '현장적 운동성'이다. 그러나 이러한 원칙을 작품에 실제로 적용하여 분석한 실례도 드물며, 이들의 구체적인 의미도 분명하지가 않다. 이들은 대강의 방향성을 제시하는 정도에 아직 머물고 있다.

실제적인 마당극의 실체를 파악하기 위해서 본고에서는 작품을 중심으로 그 구성, 탈놀이나 전통 수용의 차원 및 미학을 몇몇 마당극을 분석함으로써 살펴보고자 한다. 미학에는 물론 마당극계가 표방한 4가지 원칙이 포함되나 여기에 국한시키지 않고 폭넓게 적용하겠다. 본고에서 분석 대상으로 선별한 마당극은, 우선 기존 마당극의 주요 소재분야를 대별하고 각 분야에서 많이 거론되었던 작품을 하나씩 정했다. 이 방법론은 엄밀한 의미에서 소재와 작품 선정의 임의성이라는 문제와 마당극의 최근 동향을 파악하기 어려운 문제를 안고 있으며, 무엇보다도 공연을 도외시한 점이 취약점이 되겠다. 그러나 논의가 구체성을 띨 수 있으며 정착화된 마당극 전반을 살핀다는 의의가 있다. 선정한 분야와 작품은 아래와 같다.

① 민족문제 소재 : 「불감증」
② 농촌문제 소재 : 「함평고구마」
③ 근로자, 도시 빈민 소재 : 「덕산골 이야기」
④ 사회 시사문제 소재 : 「진동아굿」
⑤ 역사 재해석 소재 : 「의병 한풀이」
⑥ 메시아 출현 소재 : 「홍동지」

우선 「불감증」은 그 구성면에서 마당극 일반과는 좀 특이하게 사실주의적 구성에 의존도가 높다. 8개의 소제목 아래 거의 각 장면마다 새로운 상황을 전개하면서도 한 주제를 향해 짜인 구성력이 뛰어나다. 특히 마지막에 가냘픈 소녀의 목소리로 읽는 위문편지는 남북 대립문제와 아이러니를 이뤄 주제의 효과를 한층 높였다. 또한 암시-기대감-성취(wait and fullfillment)를 통해 클라이막스로 이끌어가는 구성법은 입센 이래로 전통적인 사실주의 구성법으로, 멧돼지와 윤락녀의 에피소드를 통해 오인된 간첩으로서의 허 이병의 죽음이 예견되고 있었으며, 강 일병과 팽 중사의 대립은 강 일병의 죽음을 예시하고 있다.

그러나 정통적 사실주의와는 거리가 있으니, 반사실적 요소를 찾는다면 우선 다양한 시각의 동시적 부각이다. 여기에는 강제징집 당해 군에 온 강 일병, 인척이 이북에 있다는 이유로 감옥에 가 있는 아버지를 둔 농촌 출신인 한 일병, 공산당에게 아버지를 잃은 다혈질의 직업군인 팽 중사, 나약하고 짝사랑 중인 허 이병들이, 어느 한 화자의 고정된 시점 없이 다발적으로 이야기되고 있다. 이러한 다발성은 전통연극 탈놀이의 에피소드식 구성과도 연결되리라 생각된다.

주제에 있어서는 민족의 최대 문제인 분단에 대한 불감증을 고발하는 동시에 민족 분단으로 인한 비극과 군 내부의 문제 및 미군 주둔의 문제 등을 단편이나마 다양하고 실감 있게 전하고 있다. 우리 민족이 잊고 사는 오늘날 분단 현실의 절박한 문제를 환기시키고 있다는 의의가 크다.

「함평고구마」는 "농협의 파행적인 농산물 수매정책으로 막대한 피해를 입은 농민들이 집단적인 피해보상운동을 벌여 그 실제 목표를 성취했던, 1978년의 함평고구마 사건을 소재로" 했다.[4] 구성이 우선 「불감증」과 달리, 전통연희에 가까운 놀이적 형태를 취하여 플롯에서 오는 긴장감이나 박진감이 없다. 그러나 민속놀이나 민속춤이 그러하듯이 문답형식과 반복이 구성상의 주요 형태를 이루면서, 입심 좋은 구수한 넋두리체로 이어간 것이 주목된다. 꽹과리, 장구, 징 등의 농악은 이 공연에 필수적이며, 뒷풀이 춤판의 성공 여부가 이 공연의 성패를 좌우한다고 해

4) 채희완 · 임진택 편, 『한국의 민중극』(창작과 비평사, 1985), p.131

도 과언이 아닐 것이다.

그러나 극작법상의 아마추어리즘을 면하기는 어려운 작품이다. 문답 형식과 반복 기법에 대한 의식적인 파악과 노력으로 이를 극복했어야 되었으리라 믿어진다. 어쨌든 「함평고구마」의 기본구성은 탈놀이 형태의 순환적인 플롯으로 하나의 소주제와 이에 대한 질문과 반복을 구성 단위로 이룬다. 일례를 들면 다음과 같다.

소주제

고구마　작것들이 처음에는 이렇고롬 씨부렁거리드라고! "에, 우리는 여러분의 피땀으로 생산해낸 고구마를 깡그리 수매하기로 결정했습니다. …(중략)…

질문

농부1　어디서 많이 들어본 소리 같구만, 그래갖고?

소주제 확인

고구마　아, 그래갖고 …(중략)… 아, 지그들이 몽조리 수매하기로 신문이다, 라디오다, 테레비다 하다못해 통장, 이장을 통해 확성기로 철썩같이 약속을 해놓고는…

농부들　(일시에) 해놓고는… (사이)

질문의 진답

고무마　(갑자기 크게) 차부렀단 마시!

반복　- 차범근이가 축구공을 차대끼
- 일본놈이 조선놈 차대끼
- 미국놈이 한국놈 차대끼
- 깡패가 계집년 차대끼

농부1　(리듬에 맞추어서) 재벌이 노동자 차대끼
농부2　형사가 대학생 차대끼
농부3　소새끼가 개새끼 차대끼
　　　…(중략)…

이러한 순환적 구조를 좀 더 유의하여, 구성의 묘를 살리지 못한 것이 아쉽다.

이 작품의 성공여부는 현장에서의 놀이성과 공감성에서 이어지는 현장성에 있다고 하겠다. 이 작품은 전문적인 뜬패가 공연할 작품이기보다 현장과 직접 관계가 깊은 두레패의 아마추어 공연으로 하여 '집단적 신명성', '현장적 운동성'을 살릴 때에만 그 의의가 있다고 하겠다. 특히 이 작품의 주제는 많은 마당극과는 달리 성공 사례를 다루고 있어 '집단적 신명성'에 더욱 유의해야 하겠다. 우리가 어떻게 당했나에서 어떻게 승리했나를 보여줌으로써 '민중적 전형성'을 확인하여 축제성을 살리는 데 이 작품의 성패가 달렸다 하겠다. 한마디로 「함평고구마」 역시 우리 현실의 당면한 농촌 문제를 고발하여 그 해결책까지를 제시하고 있다는 점에서 마당극의 이념과 연결되며, 탈놀이의 형태를 실험했다는 점에서 전통의 현대화 정신에 부합된다고 하겠다.

「덕산골 이야기」는 "세칭 무등산 타잔 사건으로 알려진 광주 무등산 판자촌 철거반원 살해사건을 다룬 사건규명극으로서 사형언도를 받고 집행의 날을 기다리는 박흥숙 구명운동의 일환으로 공연되었다."[5] 굿으로 시작하여 마당과 거리로 이루어진 구성으로, 마당과 거리는 기존의 막과 장(act & scene)으로 보아도 큰 무리가 없다. 다만 각 마당과 거리가 점진적이고 연계적인 발전이기보다 단편적인 장면의 나열로 사건의 전

---

5) 같은 책, p.239.

모를 드러내는 점이 사실주의극적 기법과 다르나, 대체로 사실주의적 기법을 사용하였다. 더구나 「불감증」과 달리 박흥숙 한 사람의 입장에 그 시점을 고정하여 박흥숙이 분명한 주인공으로 부각되며 그와 동일시하는 감정의 투사가 일어나는 것도 사실주의 전통적인 작법이라고 하겠다. 따라서 마당이니 거리니 하는 장면 시도도 피상적으로 느껴지며 처음의 시작 굿도 구성상 전체와 연결되지 못한 느낌이다.

주제면에 있어서는 박흥숙의 철거 살인사건을 변론하는 입장에서 메스컴의 여론조작 의도와 편향성 및 유한마담, 종교계 인사, 관료, 판검사 등으로 대표되는 기성세대를 비판하면서도, 크게는 기성윤리, 질서를 벗어나지 않고 있으니 그 주장이 상당히 온건하다. 이는 구명운동을 위한 연극이었다는 점에서도 기인한 듯싶다. 실제적인 구명운동의 일환으로 공연되었음을 상기할 때, 현장성이 상당히 높은 작품이다.

「진동아굿」은 "74년 10월 자유언론실천선언과 함께 언론자유를 외치다가 경영주에 의해 거리로 내몰린 동아일보 기자들의 사건일지를 증언하고" 있다.[6] 당시의 공연은 구찌다데(口立)식으로 대본 없이 사건의 진상보고서를 들고 보면서 함으로써, 오히려 사태규명의 진실성에 확신을 주었고 신문지로 만든 펜촉 모양의 기자탈은 마치 사제의 모습을 방불케 하였다 한다. "출연자의 지시에 따라서 관중이 불러대는 흘러간 노래는 당시 동아방송의 방송내용을 그대로 재현하였다는데 격려광고 접수장면에서는 상당한 액수의 성금이 즉석에서 모아지기도 하였다. 공연이 끝난 뒤에는 즉발적인 항의시위가 뒤따라 1,500여 관중의 결의가 뒤풀이화 되었다."[7]고 보고되고 있다.

「진동아굿」은 우선 형식상 대본 없이 즉흥극이었으며 사건의 진실을

6) 같은 책, p.273.
7) 같은 책, p.273.

규명하려는 기록극의 한 형태라는 점이 분명해진다. 강력한 시사성을 띨 수밖에 없었으며 선동적 입장을 취한다. 따라서 '상황적 진실성'과 '현장적 운동성'을 그 생명으로 하고 있다. 관객의 노래로 동아방송의 방송내용을 재현한다든지 관객 중에서 지원자를 받는다든지 하는 관객 참여나 즉발적인 항의시위는 현장적 운동성의 대표적인 예라고 하겠다.

「진동아굿」을 굳이 서구의 장르와 비교한다면 정치극과 해프닝(happening)의 혼합으로 보겠으니 내용상으로는 정치극이지만 형식상에는 해프닝적 발상이다. 이와 같은 형식의 문제는 어떻게 시사성이나 일회성을 극복하느냐에 있다고 하겠다. 만일 오늘날 이 작품을 공연한다면 그 성과는 미미할 것이다. 일단 시사적인 중요성이 지나갔을 때 그 작품에 어떻게 보편성을 부과하느냐는 마당극의 중요한 과제라고 하겠다.

「의병한풀이」는 일제치하에서 소위 양반의병의 허구와 민중의 힘을 표방한 작품이다. 작품구성은 앞놀이로 굿을, 뒤따른 놀이판으로 전통가면극의 구조와 인물을 차용하였다. 뿐만 아니라 다양한 배역 바꾸기를 사용하여 빠른 전환구조를 가졌다. 또 뒤풀이로 군무를 갖고 있어 기존 마당극에서 보이는 독특한 구조를 거의 모두 사용하고 있다고 하겠다. 판쇠, 마당쇠, 덕진댁 3인의 다양한 배역 바꿈으로 일제 하에서 양반의병의 허상을 고발하며 참된 민중 의병의 넋을 기리고 있다. 특히 앞풀이에 의병 진영과 일본군 진영을 양분하여 동시에 보여주는 다분화나, 천진스러운 아이와 동요를 삽입하여 부활과 군무로 넘어가는 구조가 짜임새 있다. 마당극 극작술의 아마추어리즘 극복의 가능성을 제시하는 좋은 작품이다. 다만 계속되는 배역 바꿈과 단편적인 에피소드식 구성으로 약간 산만하며 통일성이 결여된 점이 아쉽다.

주제 면에서 의병운동이라는 역사적 사실을 재해석하여 민중의 힘을 부각시키려는 의도를, 생경한 구호 없이 처리한 점은 뛰어나다. 그러나 과연 왜곡 없는 역사의 해석인가는 의문으로 남는다. 민중과 양반을 획일적인 선악의 개념으로 다루고 있어서 의도적 작위성이 문제로 남는다.

「홍동지」는 외세, 특히 미국과 일본의 외세를 호랑이와 고양이에 빗대어 의인화하여 표현하였다. 의인화를 통해 우화극적 기법을 사용하였음은 물론 홍동지를 작품 전체의 중앙 상징으로 놓고 있다. 홍동지를 "미래에 대한 우리의 비전"으로 그렸다고 밝혔다. 구조적으로 역시 길놀이와 고사를 필두로 마당과 거리로 나누고 있어 탈놀이와 굿의 구조를 테두리로 우화극의 양식을 택했다. 그러나 그 구조가 단순하여 극적 구성에서 긴장감이 오기보다 만담이나 재치 있는 풍자에서 재미가 온다.

주제 면에서, 외세를 배격하고 민족 자주성을 표방한 「홍동지」는 주제 구분상 민족문제에도 해당되겠지만, 다른 민족극과 달리 강력한 메시아의 이미지가 부각되어 있어 메시아 출현이라는 새로운 구분을 하여 보았다. 역시 상당한 시사성을 띄고 있는데, '돌머리'나 '돈순이' 등의 인물들이 단적인 예이다.

이상으로 6편의 작품들을 살펴보았다. 논의한 작품들은 일반적으로 굿의 구조가 큰 틀거리가 되고 에피소드식 장면연속과 뒤풀이를 주축으로 하고 있다. 이러한 전체적인 구조는 탈놀이의 구조와 유사하다. 대사는 반복과 재담이 특징이며 즉흥적인 경우도 많다. 최소한 에피소드식의 다발적 구성을 갖고 있으며, 공연에 따라 바뀔 수 있는 '현장성'과 공동체 연대의식에 중요한 '신명성'이 기성연극에 비하여 상당히 열린 작품 구성의 구조를 갖게 하고 있다고 하겠다. 또한 마당극 형식이 심각하게 실험하고 있는 탈놀이나 전통연희의 현대화 노력은 많은 문제점에도 불구하고 높이 살만하다.

내용은 현실비판과 이와 직접 관련 있게 느껴지는 역사의 재해석으로 국한된다고 할 정도이며, 일부 작품은 일회적이라 할 만큼 시사적이다. 기성논리를 고발 시정하려는 시각이 대부분이며, 따라서 진보적이다. 때로는 주관이 너무 분명하다 보니, '상황적 진실성'을 넘어서 '민중적 전형성'이 지나치게 두드러져서 작위적인 느낌을 주는 경우도 있다. 이 점에 바로 탈놀이의 폭넓은 풍자성에 못 미치는 것이라 하겠다. 일회적 시사성의 보편성 획득과 전형성의 흑백논리 극복이 마당극의 과제라고 하겠다. 이러한 남은 문제들에도 불구하고, 마당극 주제가 향하는 기본방향은 우리연극에 새로운 이념극의 장을 열었다 하겠다.

4. 마당극의 자리매김

70년대 '자아 주체 확립' 문화의 일환으로 대학에서 신선한 충격으로 실험되어 왔던 마당극도, 80년대 전환기의 한 연극으로 자리 잡았고, 90년대 '민족극 한마당' 축제를 시작으로 연극계에 자리 잡았다. 간혹 작품 개개는 아마추어리즘을 벗어나지 못한 것이 있다 하더라도, 자아확립과 시대비판이라는 근본정신이 존재하는 한 선배들의 작업을 딛고 끊임없는 실험은 계속되리라고 생각된다.

기성연극보다 적극적인 탈놀이 양식의 현대적 수용실험과 날카로운 현실비판으로, 마당극은 이미 우리연극에서 전화기 문화의 한 몫을 담당하였다. 한민족의 주체성과 나아가 다수를 위한 사회를 향해서 일어났던 전환기 문화의 한 양상답게, 마당극은 그 형식이나 내용에 있어서 이를 향해 부단히 실험했던 것이다. 실로 우리 전통의 현대 수용이라는 면에서 큰 공헌을 하였으니, 탈놀이의 에피소드식 구성이나 반복 구조 등을 마당극 이상으로 잘 수용한 연극은 찾기 힘들다. 과거 우리 연극사를 돌아볼 때, 항시 학생들의 아마추어 연극이 새로운 기폭제의 역할을 하였듯이 대학가에서 시작된 마당극도 기성극에 더욱 새로운 활력소가 되었던 것도 사실이다.

김대중, 노무현 정권을 거치면서, 마당극은 기성연극계에 자리를 굳혔다. 몇몇 극단은 전문극단으로 자리를 굳혔고, 지원금도 상당하다. 그러나 그 열기는 오히려 식어가고 있는 듯하다. 공감할 수 있는 새로운 사회 이념을 발굴하여 사회적 합의를 이끌어내지 않는 한, 이념극인 마당극의 부진은 어쩔 수 없기도 해 보인다. 일원적인 리얼리즘적 시각이나 시사적 소재에서 어떻게 일반성과 보편성을 획득하느냐가 문제로 남는다고 하겠다. 마당극이 탈놀이 형식의 현대적 수용을 넘어서 그 풍자정신을 보다 잘 이어받는다면, 공격의 대상이 분명한 흑백논리적 이념극에서 탈피하여 보다 폭넓은 사회 풍자극으로 발전할 수 있을 것이다.

참고문헌

김금화, 『김금화 무가집』 문음사, 1995.

김신효, 「동해안 탈굿의 변화양상과 축제성」 안동대학교 박사학위 논문, 2006.

김은희, 「황해도 굿의 "광대탈대감거리" 신명풀이 연구」 한국예술종합학교 전통예술원 석사학위 논문, 2006.

김재철, 『조선 연극사』 청진서관, 1933.

김지하, 『탈춤의 민족미학』 실천문학사, 2004.

김태곤, 『한국무가집』 1, 2, 3, 4. 집문당, 1971, 1971, 1978, 1980.

김택규, 『씨족부락의 구조연구』 일조각, 1979.

김헌선, 『황해도 무당굿놀이 연구』 보고사, 2007.

박진태, 『탈놀이의 기원과 구조』 새문사, 1990.

서대석, 『한국무가의 연구』 문학사상사, 1980.

서연호, 「한국무극의 원리와 유형」 『한국무속의 종합적 고찰』 고려대 민족문화 연구소, 1982.

_____, 『한국전승연희의 현장 연구』 집문당, 1997.

소자, 에드워드, 이무용 외 역, 『공간과 비판사회 이론』 시각과 언어, 1997.

송석하, 『민속사진특별전 도록』 한국민속박물관, 1975.

안동문화연구소, 『하회탈과 하회탈춤의 미학』 사계절, 1999.

유민영, 『전통극과 현대극』 단국대 출판부, 1984.

유정화 · 이삼출 · 민승기 역, 『포스트모던의 조건』 민음사, 1994.

이균옥, 『동해안 별신굿』 도서출판 박이정, 1998.

_____, 『동해안 지역 무극 연구』 도서출판 박이정, 1998

이두현, 『한국가면극』 문화공보부, 1969.

_____, 『한국가면극선』 교문사, 1997.

_____, 『한국무속과 연희』 서울대학교출판부, 1996.

이영미, 『마당극 양식의 원리와 특성』 한국예술종합학교 한국예술연구소, 1996.

이미원,『한국근대극 연구』현대미학사, 1994.

이상일,『굿, 그 황홀한 연극』도서출판 강천, 1991.

_____,「굿이냐 연극이냐」『한국연극』1990년 7월.

이윤택,「굿과 연극에 대한 인식의 전환을 위하여」『한국연극』1990년 8월.

이혜구,『한국 음악 서설』서울대학교출판부, 1967.

임석재 채록,「봉산탈춤」,『국어국문학』18(1957).

임진택,「새로운 연극을 위하여: '마당극'에 관한 몇 가지 견해」『민족극 정립을 위한 자료집』제2권 (우리마당, 1987).

장한기,『한국 민속극』정음사, 1976.

전경욱,『한국가면극, 그 역사와 원리』열화당, 1998.

정상박,『오광대와 들놀음 연구』집문당, 1986.

조동일,『탈춤의 역사와 원리』홍성사, 1979.

키스터, 다니엘 A.『무속극과 부조리극』서강대학교 출판부, 1986.

채희완 편,『춤, 탈, 마당, 몸, 미학 공부집』민속원, 2009.

_____,『탈춤의 사상』현암사, 1984.

최상수,『해서 가면극의 연구』대성문화사, 1967.

최영주,「연극성의 실천적 개념」『한국연극학』31, 2007: 243~278.

허 규,『민족극과 전통예술』문학세계사, 1991.

홍태한,「황해도 <배연신굿>의 <영산할아뱜 할맘거리> 연구」『공연문화연구』제15집, 한국공연문화학회, 2007.

황루시,「무당굿놀이 연구」이화여대 박사학위 논문, 1986.

_____,「배연신굿 한 판에 조기그물이 출렁」『한국의 굿 1-옹진 배연신굿』열화당, 1986.

Aurebach, Erich. *Scenes from the Drama of European Literature* Minneapolice: Minnesota UP, 1984.

Auslander Philip. *Theory for Performance Studies*. New York. Routledge, 2008.

Austin, John. L. "How to do things with words: lecture II" *The Performance Studies Reader*. Henry Bial Ed. London and New York: Routledge, 2004.

Bial, Henry. *The Performance Studies Reader*. London and New York: Routledge,

2004.

Brook, Peter. *The Empty Space*. New York: The Atlantic Monthly, 1968.

Carlson, Marvin. *Performance: A Critical Introduction.* New York: Routledge, 1996.

Eco, Umberto. "Semiotics of Theatrical Performance" *The Drama Review:TDR*, 21(1): 107~117.

Fischer-Lichte, Erika. *The Transformative Power of Performance: A New Aesthetics.* London: Routledge, 2008.

Issacharoff, Michael. *Discourse as Performance*. Standford: Standford University Press, 1989.

Kirby, E.T. *Ur-Drama: The Origins of the Theatre*. New York:New York University Press, 1975.

Lefebvre, Henri. *The Production of Space*. Trans. Donald Nicholson-Smith. Oxford: Blackwell, 1991.

Lord, Albert. *The Singer of Tales*. Cambridge, Mass: Harvard University Press, 1969.

Lyotard, Jean-Francois. *The Postmodern Condition* The University of Minnesota, 1984.

McAuley, Gay. *Space in Performance: Making Meaning in the Theatre*. Ann Arbor: The University of Michigan Press, 2000.

McKenzie, Jon. *Perform or Else: From Discipline to Performance*. London: Routledge, 2001.

Parry, Millman. 「Studies in the Epic Technique of Oral Verse-Making 1: Homer and Homeric Style」 *Harvard Studies in Classical Philosophy* 41, 1930

Pavis, Patrick. *Dictionnaire Du Theatre*. Paris: Messidor/Editions Socials, 1980.

Redmond, James. ed. *The Theatrical Space*. Themes in Drama, vol 9, Cambridge: Cambridge University Press, 1987.

Schechner, Richard. *Essay on Performance Theory, 1970~1976* New York: Drama Book Specialists Publishers, 1977.

________________, *Performance Theory*. London and New York: Routledge, 1988.

Steen, Jansen. 「Le Role de l'espace scenique dans la lecture de texte dramatique.」 In *Semiotics of Drama and Theatre*, ed. Herta schmid and Aloysius van

Kesteren, 254~79. Amsterdam: John Benjamins, 1984.

Ubersfeld, Anne. *Lire le Theatre*. Paris: Editions Sociales, 1977.

White A. Grahm. "Ritual and Drama in Africa" *Educational Theatre Journal* X XII, Dec., 1970.

Wiles, David. *Tragedy in Athens*. Cambridge: Cambridge UP, 1997.

www.mudang.org, 서해안 풍어제 보존 홈페이지

한국 탈놀이 연구

초판 1쇄 인쇄 • 2011년 8월 16일
초판 1쇄 발행 • 2011년 8월 20일

저 자 • 이미원
발행인 • 박성복
발행처 • 도서출판 연극과인간
서울특별시 강북구 수유2동 252-9
등 록 • 제6-0480호
등록일 • 2000년 2월 7일
전 화 • (02) 912-5000
팩 스 • (02) 900-5036
www.worin.net

ISBN 978-89-5786-387-9 93680

값 12,000원